묘법연화경
妙法蓮花經

묘법연화경
妙法蓮華經

이운허 옮김

동국역경원

차례

해제解題 / 8

묘법연화경 제1권 ——— 23

1. 서품(序品) / 24
2. 방편품(方便品) / 64

묘법연화경 제2권 ——— 109

3. 비유품(譬喩品) / 110
4. 신해품(信解品) / 169

묘법연화경 제3권 ——— 197

5. 약초유품(藥草喩品) / 198
6. 수기품(授記品) / 213
7. 화성유품(化城喩品) / 229

묘법연화경 제4권 ─────────────── 271

8. 오백제자수기품(五百弟子受記品) / 272
9. 수학무학인기품(授學無學人記品) / 289
10. 법사품(法師品) / 297
11. 견보탑품(見寶塔品) / 312
12. 제바달다품(提婆達多品) / 330
13. 권지품(勸持品) / 341

묘법연화경 제5권 ─────────────── 351

14. 안락행품(安樂行品) / 352
15. 종지용출품(從地踊出品) / 380
16. 여래수량품(如來壽量品) / 399
17. 분별공덕품(分別功德品) / 412

묘법연화경 제6권 ························· 433

18. 수희공덕품(隨惠功德品) / 434
19. 법사공덕품(法師功德品) / 445
20. 상불경보살품(常不輕菩薩品) / 470
21. 여래신력품(如來神力品) / 479
22. 촉루품(囑累品) / 486
23. 약왕보살본사품(藥王菩薩本事品) / 489

묘법연화경 제7권 ························· 503

24. 묘음보살품(妙音菩薩品) / 504
25. 관세음보살보문품(觀世音菩薩普門品) / 513
26. 다라니품(陀羅尼品) / 526
27. 묘장엄왕본사품(妙莊嚴王本事品) / 534
28. 보현보살권발품(普賢菩薩勸發品) / 543

찾아보기 / 552

해제解題

박경훈

1. 경명(經名)에 대하여

『법화경(法華經)』의 원명(原名)은 범어(梵語) saddharma-puṇḍarīka-sūtram(薩達磨芬陀利迦經)으로서, 직역(直譯)하면 '무엇보다도 바른 백련(白蓮)과 같은 가르침'이다. 이것을 중국어로 번역할 때 서진(西晋)의 축법호(竺法護)는 이 본래의 뜻에 따라『정법화경(正法華經)』이라고 한역(漢譯)하였고, 요진(姚秦)의 구마라집(鳩摩羅什)은 '바른[正]'을 '묘(妙)'라고 해석하여『묘법연화경(妙法蓮華經)』이라고 한역하였다.

경의 이름을 지음에는, 첫째『법구경(法句經)』과 같이 부처님의 거룩한 가르침을 뜻하는 경우가 있고, 둘째는『대일경(大日經)』이나『아미타경(阿彌陀經)』과 같이 부처님의 이름을 드는 경우가 있으며, 셋째로는『유마경(維摩經)』이나『승만경(勝鬘經)』과 같이 주인공의 이름을 따는 경우가 있으며, 넷째는『반야경(般若經)』과 같이 경의 내용이나 사상을 나타내는 경우가 있으며, 다섯째는『대집경(大集經)』과 같이 몇 개의 경들이 모여 이루어졌음을 나타내는 경우 등이 있다. 『법화경』의 경명은 이 가운데서 설하고 있는 경의 내용과 사상을 나타낸 범주에 속한다. 즉, 이 경명에서 들고 있는 연꽃 내지는 흰 연꽃이, 이 경이 사상적으로 빼어나고 가치에 있어서도 다른 어떠한 경보다 우위에 있음을 단적으로 말해 주고 있다.

이 경명이 나타내는 의미에 관해서는 옛부터 여러 가지 설이 있어 왔다. 그 대표적인 것으로 지의(智顗)의 설을 들 수가 있는데, 그는 『법화경』이 선 입장, 즉 1승(乘)의 가르침은 가장 뛰어난 교법이며, 그 교법은 가장 뛰어나 그것을 말로써 직접 표현할 수가 없으므로 세간에 있는 여러 가지 모양 중에서 가장 아름다운 미(美)의 극치라고 할 연꽃, 그중에서도 가장 빼어난 흰 연꽃을 들어 비유함으로써 그 지상(至上)의 우위성(優位性)을 표방하였다고 한다.

또 세친(世親)은 연꽃이 진흙 속에서 싹터 나왔음에도 청정하고 무구(無垢)한 꽃을 피우는 것과 같이, 최승(最勝)의 법, 즉 불승(佛乘)은 소승(小乘)의 진흙 속에서 나왔으되, 그 진흙과 진흙으로 인하여 흐려진 물을 떠난다. 그와 같이 성문(聲聞)도 『법화경』을 지님으로써 그들이 처한 진흙을 떠나 성불(成佛)할 수가 있다고 한다. 또 연꽃이 꽃과 열매를 동시에 갖추고 있는 것과 같이, 믿음이 어려운 사람에게 『법화경』은 부처의 실체(實體), 즉 법신(法身)을 열어 보여 신심을 일으키게 한다고 한다. 또 양대(梁代)의 법운(法雲)은 『법화경』에는 역겁(歷劫)의 수행에 의해서 모든 사람은 성불한다는 것[因]과 구원(久遠)의 부처[果]를 설하고 있고, 이것은 연꽃의 꽃[因]과 열매[果]가 동시(同時)에 존재하는 것과 같아서 인과(因果)를 함께 갖추고 있어, 『법화경』이 지닌 가르침의 우수함을 나타내고 있으므로 묘법(妙法)이라 이름한다고 한다.

　이같이 연꽃의 꽃과 열매가 동시에 존재하는 인과의 관계에 있는 『법화경』을 적문(迹門)과 본문(本門)으로 나누어 설명하기도 한다. 적문(迹門)이란, 『법화경』 28품(品) 중 전반의 14품으로서, 이는 현세에 모습을 나타낸 부처님은 그 근원불(根源佛)이 중생을 제도하기 위하여 본지(本地)로부터 흔적을 드리운 것이라는 뜻이다. 또 본문(本門)은 후반의 14품으로서, 이는 진실한 부처님은 구원(久遠)의 옛날에 성도(成道)하셨으며, 이 부처님의 본지(本地)와 근원과 본체를 밝히는 부문이라는 뜻이다. 따라서 이 본적(本迹)은 무시무종(無始無終)하며 상주(常住)하여 멸하지 않는 존재인 법신불(法身佛)이 중생을 구제하기 위하여 응신불(應身佛)인 석존(釋尊)이 되어 이 세상에 출현하여 법을 설한 것을 구별하는 것으로, 적문은 응신불로서의 석존의 교설을 가리키며, 본문에서는 응신불의 본체인 구원의 근본불(根本佛)을 설한다. 이것은 석가모니불이 구원의 부처임을 나타내는 것이다. 그리고 본문과 적문의 관계, 적문을 열어 본문을 드러내고 본문에서 적문이 나온다고 하는 관계를 연꽃의 꽃과 열매가 동시에 존재하는 것으로 나타낸 것이 이 경의 경명이라고 지의는 또 말하고 있다.

2. 경의 성립과 한역(漢譯)

『법화경』은 대승경전(大乘經典) 중 대표적인 경전이다. 인도에서 대승불교가 일어난 것은 기원 전후의 시기라고 한다. 이 대승불교는 인도에서 불교가 멸하는 서기 1200년까지 끊임없이 발전해 왔다. 이것을 연대적으로 구분하면 초기(기원 전후로부터 서기 350년경)·중기(서기 350년경부터 650년경 혹은 700년경)·후기(그 이후로부터 서기 1200년경)로 나뉜다. 『법화경』은 『반야경(般若經)』·『유마경(維摩經)』·『화엄경(華嚴經)』 등 정토 계통(淨土系統)의 경전들과 함께 초기 대승불교의 주요 경전으로 손꼽히고 있다.

『법화경』의 원형(原型)은 기원 전후 무렵 서북 인도(西北印度)에서 성립되었다고 한다. 『법화경』 자체에서는 그 성립 연대에 관해서 설하고 있지는 않으나 경전에 등장하는 주요한 인물, 도시에 사는 자산가(資産家)나 상인(商人)들, 그리고 사회적 배경의 내용을 검토해 볼 때 성립 연대의 상한선을 그와 같이 추정하는 것이 가능해진다. 그러나 처음부터 『법화경』이 오늘과 같은 모습으로 성립된 것은 아니다. 지금까지의 연구는 『법화경』 성립의 단계를 몇 가지로 나누고 있다. 제1 「서품(序品)」으로부터 제20 「여래신력품(如來神力品)」까지를 최초기(最初期)로 보는 견해, 제1부터 제9 「수학무학인기품(授學無學人記品)」까지를 제1기, 제10 「법사품(法師品)」에서 제20까지를 제2기라고 보는 견해가 있다. 그리고 이 두 가지 견해는 모두 오늘날 전해지고 있는 『법화경』 안의 제12 「제바달다품(提婆達多品)」을 제외하고 있으며, 거기에서 서품을 제외하는 견해도 있다. 또 제2 「방편품(方便品)」이 최초에 성립하였다고 보는 견해와 제7 「화성유품(化城喩品)」이 최초에 성립하였다고 보는 견해도 있다.

이러한 견해들은 모두가 경전의 내용을 토대로 해서 추정한 것이다. 예를 들면 탑(塔)에 대한 용어의 경우, 부처님의 사리탑(舍利塔)을 가리키는 스투파(stūpa)와 대승이 일어난 이후 성행하게 된 경탑(經塔)을 가리키는 짜이땨(caitya)의 두 용어에서 성립 연대를 가늠하는 경우가 있고, 불도(佛道)의 다섯 가지 수행, 즉 수지(受持)·독(讀)·송(誦)·해설(解說)·서사(書寫) 가운데 다섯 가지 모두를 설하고 있는가, 혹은 서사가 빠진 네 가지만을 설하고 있는가에 따라서 성립 연대를 추정한다. 이 경우 네 가지 수행은 다섯 가지 수행보다 먼저라는 시대 구분을 하고 있다. 또 교설(敎說)을 듣는 상대에 따라서 성립 연대를 추정하기도 하며, 경전의 사상적 경향, 예를 들면 21품 이후의 밀교의 요소가 농후한 부분은 밀교가 대승불교의 후기에 성립한 것을 근거로 해서 아주 뒤에 첨가되었다고 추정한다.

이 밖에도 경의 형식, 즉 게송(偈頌)과 산문(散文)을 기초로 해서 가늠하는 경우가 있다. 이 경우 게송은 장문(長文)인 산문에 비해 오래된 것으로 간주되고 있고, 또 그 내용이 게송과 산문으로 반복되어 있는가의 여부에 따라 성립 연대를 추정한다. 또 전체적인 성립 연대를 한역 연대(漢譯年代)를 기준으로 하는 경우도 있다. 이것은 경전 성립의 연대를 추정하는 일반

적인 방법이다. 여하튼 일시에 성립되지 않은 것을 알 수 있는 『법화경』의 성립에 대해서 학자들 사이에 약간 의견의 차이는 있으나, 대체로 성립 연대의 상한선은 기원전 1세기 내지 기원 후 40년, 하한선은 기원후 150년 내지 220년 이후라고 한다. 이 하한선에 대해서는 오늘날 전해지고 있는 한역본(漢譯本) 『정법화경(正法華經)』이 286년에 번역되었으므로, 그 이전에 오늘과 같은 모습의 『법화경』이 성립된 것은 틀림없기 때문에 그것을 바탕으로 한 것이다.

이같이 『법화경』이 오랜 시일에 걸쳐 완성되었다고 하는 사실은 『법화경』의 작자가 한 사람이 아니며 여러 사람이 관여하였음을 말해 준다. 동시에 그 여러 사람이 시대를 달리하면서 성립에 관여하였다고 하는 사실은 그때마다 시대의 요구가 있어 그 영향을 받았음을 알 수 있다. 따라서 이같은 성립에 관한 요소는 작자가 어떤 집단의 의사를 반영해 성립되었음도 시사한다. 『법화경』 성립의 배경은 앞의 성립 연대의 추정에서 본 바와 같이 대승불교의 시작으로부터 초기 융성기(隆盛期)에 걸쳐 있다. 따라서 이 기간 동안의 대승불교 신봉자들, 즉 대승불교 집단을 『법화경』의 작자로 볼 수 있다.

오늘의 학자들의 정설(定說)에 의하면, 대승불교 교단은 부처님의 사리탑을 중심으로 불교를 신앙하는 재가 보살(在家菩薩) 집단과 이들을 지지하는 출가 보살(出家菩薩)들이 모여 성립되고 발전하였다고 하며, 『법화경』도 이들에 의해서 지어졌다고 본다.

『법화경』은 서북 인도 지역에서 성립하여 중앙아시아를 거쳐 중국에 전해졌다. 오늘날까지 탐험의 결과, 중앙아시아에서 출토된 경전의 사본(寫本)들에 의하면 그 지역의 경전 간행이 매우 성행하였음을 알 수 있고, 4세기 말에서 5세기 중엽에 걸쳐 인도의 불적(佛跡)을 순례한 법현(法顯)에 의하면 중앙아시아 지역에서 불교가 융성한 사실을 알게 한다.

중앙아시아를 거쳐 중국에 전해진 이러한『법화경』은 전후 여섯 번에 걸쳐 한역(漢譯)되었다. 이 가운데 지금까지 온전히 전해진 것은 세 가지가 있으며, 나머지는 흩어져 없어졌다. 그 여섯 가지 중 현존하는 것은 축법호(竺法護)가 286년에 한역한『정법화경(正法華經)』을 비롯하여 406년 구마라집(鳩摩羅什) 역의『묘법연화경(妙法蓮華經)』, 601년 사나굴다(闍那崛多)·달마급다(達摩笈多) 공역의『첨품묘법연화경(添品妙法蓮華經)』이 있으며, 흩어지고 없어진 것으로는 252년 정무외(正無畏) 역의『법화삼매경(法華三昧經)』, 225년 지도근(支道根) 역의『방등법화경(方等法華經)』, 축법호 역의『살담분타리경(薩曇芬陀利經)』의 셋이다.

현존하는 세 가지『법화경』의 관계에 대해서『첨품묘법연화경』의 서문은 축법호 역과 구마라집의 역을 검토한 결과 원전이 같지 않음을 알 수 있고, 축법호 역은 다라수(多羅樹) 잎에 쓴 사본을 기초로 하고 있고, 구마라집의 번역은 구자국(龜玆國)에 전하는 사본을 바탕으로 하고 있다.『첨품묘법연화경』은 구마라집의『묘법연화경』에 바탕을 두면서 인도에서 전해진

다라수 잎에 쓰인 사본에 따라 구마라집의 『묘법연화경』을 보충하기 위해 번역한다고 말하고 있다. 그러나 그렇다고 해서 구마라집의 번역본이 결코 『첨품묘법연화경』에 비해 못하다는 것을 뜻하는 것은 아니다. 현존하는 『법화경』의 범본(梵本)을 5세기 이후라고 추정하고 있고, 『첨품묘법연화경』의 서문에서 말하는 다라수 잎의 사본이 이 범본을 가리키지만, 오늘날 『법화경』이라고 하면 구마라집 역의 『묘법연화경』을 가리킬 만큼 그의 번역은 가치를 인정받고 있고, 여기 우리말로 번역한 『법화경』도 구마라집의 한역을 옮긴 것이다. 물론 위의 세 번역이 다 불교사적인 의의가 큰 것은 사실이다.

3. 경의 내용과 사상

세친(世親)은 『법화경』의 주석서에서 열일곱 가지 『법화경』의 이명(異名)을 들어 『법화경』의 내용이 얼마나 훌륭한가를 말하고 있다. 즉, 그가 쓴 『묘법연화경우바제사(妙法連華經優波提舍)』, 일명 『법화경론(法華經論)』이라고 하는 주석서 상권에 기술된 열일곱 가지 『법화경』의 이명은, 『무량의경(無量義經)』·『최승수다라(最勝修多羅)』·『대방광경(大方廣經)』『교보살법(敎菩薩法)』·『불소호념(佛所護念)』·『일체제불비밀법(一切諸佛秘密法)』·『일체제불지장(一切諸佛之藏)』·『일체제불비밀처(一切諸佛秘密處)』·『능생일체제불경(能生一切諸佛經)』·『일체제불지도량

(一切諸佛之道場)』・『일체제불소전법륜(一切諸佛所轉法輪)』・『일체제불견고사리(一切諸佛堅固舍利)』・『일체제불대교방편경(一切諸佛大巧方便經)』・『설일승경(說一乘經)』・『제일의주(第一義住)』・『묘법연화경(妙法蓮華經)』・『최상법문(最上法門)』이다. 이같은 경명에서 알 수 있듯이 세친은 경명 하나 하나를 들고, 그 경명에 담긴 문장을 통하여『법화경』의 내용을 찬탄하고 있다. 세친 이외에도『법화경』의 대표적 주석서인『법화문구(法華文句)』의 저자 천태 지의(天台智顗)도『법화경』의 내용을 찬탄하는 데 인색하지 않다.

『법화경』은「방편품(方便品)」과「여래수량품(如來壽量品)」두 개의 주요한 골간(骨幹)을 가지고 있다. 이 두 품은 교의적(敎義的)으로 가장 중요한 품이라고 하는 것이 정설이다. 이 중「방편품(方便品)」은 부처님의 제자 중 지혜가 제일인 사리불(舍利弗)이 등장하는 지적(知的)으로 깊은 문답이 전개되는 품이다. 부처님은 사리불에게 부처의 위대한 지혜를 무량하고 무변(無邊)하고 미증유(未曾有)의 법이라고 찬탄한다. 이 때 설해진 법문이 저 유명한 10여시(如是)이다. 이 10여시란, 부처의 지혜로 본 만물의 실상(實相), 즉 제법실상(諸法實相)을 제시한 것이다. 그 열 가지란 상(相: 形態)과 성(性: 特質)과 체(體: 本質)와 역(力: 能力)과 작(作: 作用)과 인(因: 原因)과 연(緣: 攀緣)과 과(果: 結果)와 보(報: 果報)와 본말구경(本末究竟: 相으로부터 報에 이르는 관계가 평등한 것) 등의 열 가지이다. 이 열 가지는 만물이 갖추고 있는 실상이므로 이 열 가지 카테고리에 의해서만 만물의 실상은 파악될 수 있으나, 그러한 구명(究明)은 오직 부처님만이 가능하며 성문(聲聞)과 연각(緣覺)의 2승(乘), 즉 소승(小乘)은 불가능하다고 설한다.

때문에 부처가 2승에 출현한 것은 2승(乘)에 머물러 있는 이들을 1승으로 나아가게 해서 만물의 실상을 깨닫게 하는 데 있다고 한다. 즉, "모든 부처가 2승에 출현하는 것은 일대사인연(一大事因緣)을 위해서이다. 그 일대사인연이란, 부처의 지견(知見: 지혜)을 열어 보여 주고 사람들로 하여금 깨닫게 하여 부처의 지견에 들게 하는 것이다."라고 하는 개시오입(開示悟入)을 말한다.

따라서 모든 사람을 개시오입(開示悟入)하게 하기 위해서는 대상에 상당하는 수단과 방법이 있어야 하므로, 부처님은 사람마다 다른 부처님의 가르침을 이해하는 능력과 그것을 실천하는 능력에 따라 그에 맞도록 선교(善巧)한 방편을 써서 교화한다. 그리고 사람마다 능력[根機]에 차이가 있다고 해서 부처님의 가르침에도 차별이 있는 것은 아니다. 부처님이 설하는 것은 모든 사람을 평등하게 성불(成佛)하도록 하는 것을 가르치므로 그것은 1불승(佛乘)이며, 이 1불승 밖에 다른 도(道)는 없다. 그러나 1불승 이외에 다른 도가 있는 것처럼 보이는 것은 선교방편(善巧方便)이라고 하는 좋은 수단의 다양성 때문이다. 이 다양성에 대해서 경은 방편의 힘으로 1불승을 세 가지로 나누어 설한다고 하였다. 그것을 개삼현일(開三顯一) 또는 회삼귀일(會三歸一)·개권현실(開權顯實)이라고 한다.

이같이 『법화경』은 모든 사람에게 부처의 지혜를 얻게 하는 것이 목적임을 이 「방편품」에서 설하고 있다. 그리고 10여시라고 하는 열 가지 카테고리를 통하여 사물의 진실한 모습에 깨달아 들어가게 하는 논리는 『법화경』의 사상을 이해하는 데 주요한 위치를 점하고 있다. 이 10여시는 구마라집이 한역한 『묘법연화경』의 기록과 범본(梵本)의 기록이 동일하지는 않다. 구마라집이 한역할 때 용수(龍樹)의 『대지도론(大智度論)』32권의 글을 빌려 와 의역하였다고 추정되고 있다. 그러나 후세에 이르러 구마라집의 이 부분에 대한 해석으로부터 천태교학(天台教學)의 여러 가지 교의(教義)가 전개되었다.

「방편품」과 함께 두 골간 중의 한 품인 「여래수량품(如來壽量品)」은 『법화경』의 본문(本門)의 중심임과 동시에 『법화경』의 중심 안목(眼目)이다. 경에서 부처님은 "그대들은 내가 이승에서 처음으로 성불(成佛)하였다고 생각하나, 그렇지 않다. 내가 성불한 이래 지금까지 무량백천만억(無量百千萬億)의 아승기겁(阿僧祇劫)이니라. 이로부터 무수억(無數億)의 중생을 교화하여 불도로 이끌어 왔으며, 그 사이에 연등불(燃燈佛) 등으로 출현하였고, 또 중생을 구하기 위하여 방편으로 열반을 나타내었느니라. 그러나 나는 본래 보살의 도를 행하여 이룬 수명(壽命)이 아직 다하지 않았으며, 상주(常住)하여 법을 설하느니라."라고 설하고 있다. 이것은 곧 석가모니부처님만이 아니고 모든 부처님이 구원(久遠)의 본불(本佛)임을 설하는 것이다. 다만 중생을 구제하기 위하여 석가모니불로도, 연등불(燃燈佛)로도 이승에 출현하며, 출현하여 열반을 나타내어 보인다.

「여래수량품」은 열반을 나타내어 보이는 부처를 『법화경』의 유명한 일곱 가지 비유 중 하나인 양의치자유(良醫治子喩)로 설명하고 있다. 아버지인 양의(良醫), 즉 부처님이 길을 떠나 집에 없을 때 아이들, 즉 중생이 잘못해서 독약[無明: 번뇌]을 마시고 괴로워하고 있었다. 집에 돌아온 아버지는 양약(良藥), 즉 『법화경』을 주어 치료하였으나 정신[本心]을 잃어 약을 받아먹을 수 없는 아이가 있는 것을 보고 가엾이 여겨 약을 주고서 다시 길을 떠난다. 아버지는 떠나면서 고용인에게 아버지가 죽었다고 아이들에게 말하라고 한다. 아버지가 죽었다는 말을 들은 아이들은 본심(本心)을 되찾고 약을 복용하여 병이 나았다는 비유이다. 아버지의 방편의 죽음은 방편으로 나타내어 보이는 열반이다. 따라서 부처의 수명은 영원하다는 것을 설한다.

또 「여래수량품」은 그 제목이 가리키듯이 여래의 수명을 설하는 장이다. 이에 대해 「여래수량품」에서는 세 여래의 세 수명에 대해서 설한다. 화신불(化身佛)은 수명이 유시유종(有始有終)하며, 보신불(報身佛)은 무시무종(無始無終)이라고 설한다. 이 품에서 화신불의 수명을 밝히는 것은 방편문(方便門)을 여는 것이며, 보신불과 법신불의 수명을 설하는 것이 이품의 진실한 뜻을 나타내는 것이다. 이것은 곧 『법화경』이 앞의 「방편품」에서 중생의 성불을 위해서 설해진 경임을 알 수 있는 것과 함께, 『법화경』이 진리 그 자체인 법신불(法身佛)을 설하는 경임을 알게 한다.

　이 밖에 『법화경』이 설하고 있는 내용 가운데 다른 경과 취지를 달리하고 있는 것으로 악인(惡人)과 여인(女人)의 성불설(成佛說)이 있다. 어떠한 악인일지라도, 예를 들면, 부처님을 해치고 교단을 분열시킨 제바달다(提婆達多)와 같은 악인일지라도 성불하며, 여인이 성불한다고 하는 주장은 『법화경』이 갖는, 모든 중생을 남김없이 성불시키고자 하는 원대한 의욕과 원의 발로이다. 이러한 사상에서 「상불경보살품(常不輕菩薩品)」이 설하는 인간의 찬탄이 필연적으로 나오며, 이 인간에 대한 찬탄은 곧 모든 사람에게 갖추어져 있는 불성(佛性)에 대한 예배이다.

　『법화경』은 이같이 인간 누구에게나 평등하게 갖추어져 있는 불성(佛性)을 인정함으로써 인간에 대한 신뢰를 설하고, 그 약속을 인간 각자가 실천하여 성불하도록 구체적인 실현을 설하고 있다. 그것은 근원적인 선행(善行)의 장려이다. 인간의 세계에 범람하는 5탁(濁), 즉 무질서한 시대의 혼란인 겁탁(劫濁)과, 욕망이나 의혹 등의 번뇌가 치성하는 번뇌탁(煩惱濁)과, 인간이 악업(惡業)의 과보를 두려워하지 않는 중생탁(衆生濁)과, 이기주의와 편견과 사견(私見)이 횡행하는 견탁(見濁)과, 인간의 생명이 비명(非命)으로 감축되는 명탁(命濁)의 상황 속에서 인간의 회복, 다시 말해서 불성의 발견과 개발을 위해 선행할 것을 설하고 있다. 그러나 『법화경』은 그러한 악을 본질적으로 인정하고 있지는 않다. 아무리 5탁이 극에 달한다 해도 그

악이 크면 클수록 부처가 출현하여 악을 제거한다고 예언하고 있기 때문이다. 이 예언이야말로 불성을 가진 인간에 대한 신뢰에서 출발한 것이며, 이 점에서 『법화경』은 인간의 진실한 구원의 생명을 설한 경이라고 할 것이다.

٧

妙法蓮華經

묘법연화경

제1권

1. 서품(序品)

이와 같이 나는 들었다.

어느 때 부처님께서는 왕사성(王舍城)[1]의 기사굴산(耆闍崛山)[2] 가운데서 큰 비구 대중 1만 2천 인과 함께 계셨다.

이들은 다 아라한(阿羅漢)[3]으로서 모든 번뇌가 이미 다하여 다시는 번뇌가 없고 자신의 이로움을 얻었으며, 모든 존재[有]의 결박으로부터 벗어나 마음에 자유로움을 얻은 이들이었다.

그들의 이름은 아야교진여(阿若憍陳如)·마하가섭(摩訶迦葉)·우루빈라가섭(優樓頻螺迦葉)·가야가섭(伽耶迦葉)·나제가섭(那提迦葉)·사리불(舍利弗)·대목건련(大目犍連)·마하가전연(摩訶迦旃延)·아누루타(阿㝹樓馱)·겁빈나(劫賓那)·교범바제(憍梵波提)·리바다(離婆多)·필릉가바차(畢陵伽婆蹉)·박구라(薄拘羅)·

---

1 범어 Rājagṛha의 음사. 인도 마갈타국의 수도이다.
2 범어 Gṛdhrakūṭa의 음사. 왕사성 동북쪽에 있는 산 이름. 영취산(靈鷲山)이라고도 한다.
3 범어 Arhan의 음사이다. 응공(應供)·살적(殺賊)·불생(不生)·이악(離惡)이라 한역하고, 존경받을 만한 성자를 말하며, 대승불교에서 소승의 성자를 이렇게 부른다. 또 부처님의 열 가지 다른 이름 중 하나이다.

마하구치라(摩訶俱絺羅)・난타(難陀)・손타라난타(孫陀羅難陀)・
부루나미다라니자(富樓那彌多羅尼子)・수보리(須菩提)・아난(阿
難)・라후라(羅睺羅) 등이니, 이렇게 여러 사람이 잘 아는 큰 아
라한들이었다.

또 아직 배우는 이와 다 배운 이[學無學]⁴가 2천 인이나 있었
고, 마하파사파제(摩訶波闍波提)⁵ 비구니는 그의 권속 6천 인과
함께 있었으며, 라후라의 어머니인 야수다라(耶輸陀羅) 비구니
도 또한 그의 권속들과 함께 있었다. 또 보살마하살(菩薩摩訶
薩)⁶ 8만 인이 있었으니, 다 아뇩다라삼먁삼보리(阿耨多羅三藐
三菩提)⁷에서 물러나지 아니하였으며, 다라니(陀羅尼)⁸와 말 잘
하는 변재를 얻어서 물러나지 않는 법륜(法輪)⁹을 굴렸으며, 한

---

4 '아직 배우는 이'라는 말은 아라한의 경지에 이르지 못한 사람을 가리키
  고, '다 배운 이'라는 말은 더 배울 것이 없는 경지이니, 곧 아라한을 지칭
  한다.
5 범어 Mahā-prajāpati의 음사. 대애도(大愛道)라고 한역한다. 석존의 어머니
  인 마야부인(摩耶夫人)의 동생이나 언니로 마야부인이 죽은 뒤 정반왕의
  부인이 되어 석존을 양육하였다.
6 범어 Bhodhisattva-Mahāsattva의 음사. 보살과 마하살이 결합된 말로 보살
  은 대승불교의 이상적인 인간상으로 각유정(覺有情) 또는 도중생(道衆生)
  이라 번역하며, 마하살은 위대한 사람이라는 뜻으로 대중생(大衆生) 혹은
  대유정(大有情)이라 번역한다. 결국 같은 말이나 보살의 많은 계위(階位)
  중 10지(地) 이상의 보살을 표시하기 위해서 다시 마하살이라 한다.
7 범어 Anuttara-samyak-saṃbodhi의 음사. 무상정등정각(無上正等正覺)이라
  번역한다. 위없이 바른 깨달음. 곧 부처님의 지혜를 말한다.
8 범어 dhāraṇi의 음사. 총지(總持)라 번역한다. 진언(眞言)이나 주문(呪文)
  을 말한다. 번역하지 않고 범문(梵文) 그대로 적어서 외우는 것이다.
9 범어로는 dharmacakra. 전륜성왕(轉輪聖王)이 가진 보배로 된 바퀴(輪寶)
  가 온갖 것을 다 물리치듯, 부처님의 법은 모든 중생의 어리석음을 깨뜨

량없는 백천 부처님을 공양하였고, 여러 부처님 계신 곳에서 모든 덕의 근본을 심었으므로 항상 여러 부처님께서 칭찬하셨으며, 자비로써 몸을 닦아 부처님의 지혜에 잘 들어갔으며, 큰 지혜를 통달하여 피안(彼岸)[10]에 이르렀고, 그 이름이 한량없는 세계에 널리 들리어 무수한 백천의 중생을 제도하는 이들이었다.

그들의 이름은 문수사리보살(文殊師利菩薩) · 관세음(觀世音)보살 · 득대세(得大勢)보살 · 상정진(常精進)보살 · 불휴식(不休息)보살 · 보장(寶掌)보살 · 약왕(藥王)보살 · 용시(勇施)보살 · 보월(寶月)보살 · 월광(月光)보살 · 만월(滿月)보살 · 대력(大力)보살 · 무량력(無量力)보살 · 월삼계(越三界)보살 · 발타바라(跋陀婆羅)보살 · 미륵(彌勒)보살 · 보적(寶積)보살 · 도사(導師)보살 등이니, 이러한 보살마하살(菩薩摩訶薩) 8만 인과 함께 있었다.

그때 석제환인(釋提桓因)[11]은 그의 권속 2만의 천자(天子)[12]와 함께하였고, 또 명월천자(名月天子) · 보향(普香)천자 · 보광(寶光)천자 · 사대천왕(四大天王)[13]이 그들의 권속 1만 천자와 함께하

리므로 이렇게 부른다.
10 범어로는 pāramitā. 중생들의 미혹된 세계를 차안(此岸)이라 하는 데 대한 깨달음의 세계를 말한다.
11 범어 Śakra-devānāṃ Indra의 음역. 수미산(須彌山) 꼭대기에 있는 도리천(忉利天)의 주인인 제석천(帝釋天)을 말한다.
12 범어로는 sura. 천상계(天上界)에 사는 사람.
13 사왕천(四王天)의 주신으로 수미산의 4주(洲)를 수호하는 신이다. 동방의 지국천(持國天), 남방의 증장천(增長天), 서방의 광목천(廣目天), 북방의 다문천(多聞天)을 관장하는 네 왕으로 제석천의 명을 받아 불법을 수호한다.

였으며, 자재(自在)천자·대자재(大自在)천자도 그의 권속 3만의 천자와 함께하였고, 사바(娑婆)¹⁴세계의 주인이며 범천왕(梵天王)¹⁵인 시기대범(尸棄大梵)과 광명대범(光明大梵)이 그들의 권속 1만 2천의 천자와 함께하였다.

또 여덟 용왕이 있었으니, 난타용왕(難陀龍王)·발난타(跋難陀)용왕·사가라(娑伽羅)용왕·화수길(和修吉)용왕·덕차가(德叉迦)용왕·아나파달다(阿那婆達多)용왕·마나사(摩那斯)용왕·우발라(優鉢羅)용왕 등이 각각 백천의 권속들과 함께하였다.

또 네 긴나라왕(緊那羅王)¹⁶이 있었으니, 법(法)긴나라왕·묘법(妙法)긴나라왕 대법(大法)긴나라왕·지법(地法)긴나라왕도 각각 백천 권속들과 함께하였다.

또 네 건달바왕(乾闥婆王)¹⁷이 있었으니, 낙(樂)건달바왕·낙음(樂音)건달바왕 미(美)건달바왕·미음(美音)건달바왕이 각각

---

14 범어 Sabhā의 음사. 인토(忍土)·감인토(堪忍土)라 번역한다. 우리가 사는 이 세상을 말한다. 괴로움이 많아 참아야 하는 곳이라는 뜻이다.
15 범어로는 Brahma. 범왕(梵王)·대범천왕(大梵天王)이라고도 한다. 색계(色界) 초선천(初禪天)의 주신. 제석천왕과 함께 불법을 수호하는 호법신이다.
16 범어 Kiṃnara의 음사. 의인(疑人)·인비인(人非人)이라 번역한다. 생긴 모양이 사람인지 짐승인지 구별하기 어렵기 때문에 이같이 말한다. 노래를 담당하는 신으로 가신(歌臣)·가악신(歌樂神)·음악신(音樂神)이라고 한다.
17 범어 Gandharva의 음사. 심향(尋香)·식향(食香)이라 번역한다. 술과 고기는 일체 먹지 않고 향기만 먹고 살므로 이같이 말한다. 제석천을 섬기고 음악을 담당하는 신이다. 언제나 부처님이 설법하는 곳에 나타나 찬탄하고 불법을 수호한다.

백천 권속과 함께하였다. 또 네 아수라왕(阿修羅王)[18]이 있었으니, 바치(婆稚)아수라왕 · 가라건타(佉羅騫馱)아수라왕 · 비마질다라(毗摩質多羅)아수라왕 · 라후(羅睺)아수라왕이 각각 백천 권속과 함께하였다. 네 가루라왕(迦樓羅王)[19]이 또 있었으니, 대위덕(大威德)가루라왕 · 대신(大身)가루라왕 · 대만(大滿)가루라왕 · 여의(如意)가루라왕이 각각 백천 권속들과 함께하였다. 또한 위제희(韋提希)[20]의 아들인 아사세왕(阿闍世王)도 백천 권속들과 함께하였다. 이들은 제각기 부처님의 발에 예배하고 한쪽에 물러나 앉아 있었다. 이때 세존(世尊)[21]께서는 둘러앉은 사부대중[四衆][22]으로부터 공양과 공경과 존중과 그리고 찬탄을 받으시면서 여러 보살들을 위하여 대승경을 설하셨으니, 그 이름은 『무량의경(無量義經)』이었다. 보살을 가르치는 법이며, 부처님께서 보호하고 생각하시는 바였다. 부처님께서 이 경을 다 설하신 뒤 결가부좌(結跏趺坐)[23]하시고 무량의처삼매(無量義處

---

18 범어 Asura의 음사. 비천(非天) · 부단정(不端正)이라 번역한다. 싸우기를 좋아하는 귀신이다.
19 범어 Garuḍa의 음사. 독수리같이 사납게 생긴 새로. 용(龍)을 잡아먹는다고 한다. 금시조(金翅鳥) 또는 묘시조(妙翅鳥)라고 번역한다.
20 범어 Vaidehi의 음사. 중인도 마갈타국 빈바사라왕(頻婆娑羅王)의 부인이며, 아사세왕(阿闍世王)의 어머니이다.
21 범어 Bhagavat의 음사. 부처님을 지칭하는 열 가지 이름 중의 하나. 부처님은 세간을 이익케 하고 세상의 존경을 받으므로 이렇게 부른다.
22 사부중(四部衆)이라고도 한다. 출가 승려인 비구(比丘) · 비구니(比丘尼)와 재가 신자인 우바새(優婆塞) · 우바이(優婆夷)를 말한다.
23 앉는 법의 한 가지로, 먼저 오른발을 왼편 넓적다리 위에 놓고 왼발을 오른편 넓적다리 위에 놓고 앉는 자세를 말한다.

三昧)²⁴에 드시니, 몸과 마음이 흔들리지 아니하였다. 그때 하늘에서는 만다라꽃·마하만다라꽃·만수사꽃·마하만수사꽃을 내려 부처님 위와 대중들에게 흩으며, 넓은 부처님의 세계가 여섯 가지로 진동[六種震動]²⁵하였다.

그때 모인 대중 가운데 있던 비구·비구니·우바새(優婆塞)²⁶ 우바이(優婆夷)²⁷와 하늘·용·야차·건달바·아수라·가루라·긴나라·마후라가(摩睺羅伽)²⁸ 등 사람인 듯 아닌 듯한 것들[人非人]과 소왕(小王)·전륜성왕(轉輪聖王)²⁹ 등 모든 대중들이 전에 없던 일을 만나 환희하여 합장하고 한결같은 마음으로 부처님을 뵈었다. 그때 부처님께서는 미간의 백호상(白毫相)³⁰으로 광명을 놓으시어 동방으로 1만 8천의 세계를 비추시니, 두루하

---

24 범어 ananta-nirdeśa-pratiṣṭhāna-samādhi의 음역. 한량없는 가르침의 실상이라는 이름의 삼매이다.
25 세간에 상서로운 조짐이 있을 때 대지가 진동하는 여섯 가지 모양. ① 동(動): 한쪽으로 움직이는 것 ② 기(起): 아래에서 위로 흔들려 올라오는 것 ③ 용(涌): 솟아오르고 꺼져 내려가고 하는 것 ④ 진(震): 은은히 소리 나는 것 ⑤ 후(吼): 꽝 하고 소리를 내는 것 ⑥ 각(覺) 또는 격(擊): 큰 소리로 깨닫게 하는 것이다. 앞의 세 가지는 모양이 변하는 것이고, 뒤의 세 가지는 소리가 변하는 것이다.
26 범어 upāsaka의 음사. 재가(在家)의 남자 신자.
27 범어 upāsikā의 음사. 재가의 여자 신자.
28 범어 Mahoraga의 음사. 머리는 뱀 같고 몸은 사람과 같다. 용의 무리에 딸린 음악의 신이다.
29 범어로는 Cakra-varti-rāja. 윤왕(輪王) 또는 전륜왕(轉輪王)이라고도 한다. 하늘로부터 받은 전지전능한 보배 바퀴[輪寶]를 굴려 수미산의 4주를 다스리는 대왕이다.
30 32상(相)의 하나로 부처님의 두 눈썹 사이에 난 흰 털 덩어리이다. 오른쪽으로 감겨져 있으며, 끊임없이 광명을 발한다고 한다.

지 않은 데가 없어 아래로는 아비지옥(阿鼻地獄)[31]과 위로는 아가니타천(阿迦膩吒天)[32]에까지 이르렀다. 이 세계에서 저 세계의 여섯 갈래 중생들을 다 볼 수 있고, 또 저 세계에 계신 부처님들을 볼 수 있었으며, 여러 부처님들께서 설하시는 경법(經法)[33]을 들을 수 있었고, 아울러 그 여러 비구·비구니·우바새·우바이들이 여러 가지 수행으로 도를 얻는 것을 볼 수 있었고, 여러 보살마하살들이 가지가지 인연과 가지가지 믿음과 가지가지 모습으로 보살의 도 행하는 것을 볼 수 있었고, 여러 부처님들께서 반열반(般涅槃)[34]에 드신 뒤에 그 부처님의 사리로 7보탑을 일으키는 것도 볼 수 있었다.

그때 미륵보살은 이렇게 생각하였다.

'지금 세존께서 신기한 모습을 나타내시니, 무슨 인연으로 이런 상서를 일으키시는 것일까? 이제 부처님 세존께서 삼매에 드시니, 이는 부사의하고 희유한 일이다. 마땅히 누구에게 물어야 하며, 또 누가 능히 대답할 것인가?'

또 이렇게 생각하였다.

'문수사리법왕자(文殊師利法王子)[35]는 일찍이 지난 세상에서 한

---

31 범어 avicika의 음사. 무간지옥(無間地獄)이라고도 한다. 팔열지옥 중 가장 밑에 있는 지옥이다.
32 범어 Akaniṣṭha의 음사. 색구경천(色究竟天) 또는 유정천(有頂天)이라고 번역한다. 색계(色界) 18천(天)의 맨 위에 있는 천이다.
33 경의 가르침, 곧 부처님의 가르침을 말한다.
34 범어 parinirvāna의 음사. 입멸(入滅)·멸도(滅度)·원적(圓寂)이라 번역한다. 완전한 열반, 부처님의 죽음이다.
35 문수사리는 범어 Mañjuśrī의 음사로, 부처님의 지혜를 상징하는 보살이

량없는 여러 부처님을 공양하고 친근하였으므로, 반드시 이렇게 희유한 모습을 보았으리니, 내가 이제 이 일을 물어보리라.'

그때 비구·비구니 우바새 우바이와 여러 하늘 용·귀신들도 이렇게 생각하였다.

'부처님의 광명과 신통한 모습을 이제 누구에게 마땅히 물어야 할까?' 그때 미륵보살이 자기 의심도 결단하고, 또 사부대중인 비구·비구니·우바새·우바이와 여러 하늘·용·귀신들의 마음을 살펴 알고서 문수사리에게 물었다.

"무슨 인연으로 신통한 모습의 이런 상서가 있으며, 큰 광명을 놓으시어 동방으로 1만 8천 세계를 비추어 저 부처님 세계의 장엄을 다 볼 수 있게 합니까?"

미륵보살은 이 뜻을 거듭 펴려고 게송(偈頌)[36]으로 물었다.

문수사리보살이여,
도사께서는 무슨 일로
양 미간의 백호상에
큰 광명을 비추시며

만다라꽃·만수사꽃

다. 법왕자는 법왕, 곧 부처님의 아들이라는 뜻으로, 문수보살을 부처님의 아들에 비유한 것이다.

36 게(偈)는 범어 gāthā의 음사인 게타(偈陀)의 준말이고, 송(頌)은 그 번역이다. 경(經)이나 논(論)에서 부처님의 공덕을 찬탄하는 시구(詩句)를 말한다.

비 오듯 내려오고
전단향 맑은 바람
여러 마음 기뻐하니

이와 같은 인연으로
땅이 모두 엄정하며
이러한 세계마다
여섯 가지로 진동합니다.

그때에 사부대중
서로 모두 환희하여
몸과 뜻이 쾌락하니
처음 보는 일입니다.

미간으로 놓은 광명
동방으로 멀리 비춰
1만 8천 나라마다
금빛처럼 찬란하니

아래로는 아비지옥에서
위로는 유정천(有頂天)[37]까지

---

37 주 32) 참조.

그 여러 세계 중에
여섯 갈래 중생[六道衆生]³⁸의

나고 죽어 가는 곳과
선악의 업과 인연,
곱고 밉게 받는 과보
이 모두를 봅니다.

또 보니 여러 부처님
성주(聖主)이신 사자(師子)들이
연설하는 그 경전은
미묘하기 제일이며

그 음성이 청정하여
부드러운 말씀으로
수도 없는 여러 억만
보살들을 교화하며

범음(梵音)³⁹이 깊고 묘해

---

38 중생들이 지은 업(業)에 따라 윤회하는 여섯 가지 세계로 지옥(地獄)·아귀(餓鬼)·축생(畜生)·아수라(阿修羅)·인간(人間)·천상(天上)을 말한다.
39 범성(梵聲)·범음성(梵音聲)이라고도 한다. 맑고 깨끗한 소리로, 부처님이 교법을 설하는 소리를 가리킨다.

듣는 사람 기뻐하고,
각각 여러 세계에서
바른 법을 설하실

가지가지 인연들과
한량없는 비유로써
불법을 밝게 밝혀
많은 중생 깨우치며

어떤 사람 늙고 들고
죽는 고통 싫어하면
열반법(涅槃)⁴⁰을 설하여
그 괴로움 끊게 하고

만일 복 있는 이
부처님께 공양하며
수승한 법 구하면
연각법[緣覺]⁴¹을 설해 주며

---

40 범어 nirvāṇa의 음사. 멸(滅)·적멸(寂滅)이라 번역한다. 모든 번뇌의 속박에서 벗어나 불생불멸의 법을 체득한 경지를 말한다. 절대적 편안, 깨달음의 경지이다.
41 범어로는 pratyeka-buddha. 벽지불(辟支佛)이라고도 한다. 부처님의 가르침에 의지하지 않고 혼자 깨달은 사람을 말한다. 그래서 독각(獨覺)이라고도 한다.

만일 어떤 불자
가지가지 행을 닦아
무상(無上) 지혜 구하면
청정한 도 설해 주니

문수사리보살이여,
여기에서 보고 들은
천억 가지 많은 일을
이제 대강 말하겠습니다.

내가 보니 저 세계의
항하 모래와 같은[42] 보살
가지가지 인연으로
부처님 도 구하며

어떤 이는 베풀되
금과 은과 산호와
진주와 마니보배
차거(車渠)며 마노(瑪瑙)와

금강석과 여러 보배와

---

42 항하(恒河)는 인도의 갠지스강을 말한다. 무수히 많은 것을 비유할 때 쓰는 말이다.

남종과 여종과 수레들과
보배로 된 연[輦]과 가마
환희하여 보시(布施)[43]하며

불도에 회향(廻向)[44]하여
삼계(三界)[45]에서 제일가는
대승을 구할 적에
여러 부처님 찬탄 받고

혹은 어떤 보살은
네 말이 끄는 보배 수레
난간과 화개 있게
꾸민 것을 보시하며

또 보니 어떤 보살
몸뚱이와 손발과
처자까지 보시하며

---

43 범어로는 dāna. 아낌없이 모든 것을 베푸는 것이다. 보시에는 재시(財施)·법시(法施)·무외시(無畏施)가 있다.
44 자기가 닦은 선근 공덕을 널리 다른 이들에게 돌리는 것이다.
45 범어로는 trayo-dhātavaḥ. 미혹된 세계를 셋으로 나눈 것이다. ① 욕계(欲界): 음욕·식욕·탐욕 등이 치성한 세계 ② 색계(色界): 욕계와 같이 탐욕은 없으나 미묘한 물질의 세계 ③ 무색계(無色界): 물질의 세계마저 초월한 미묘한 정신적 세계이다.

위없는 도 구하고

또 어떤 보살들은
머리와 눈, 몸뚱이까지
기쁜 마음으로 보시하여
부처 지혜 구하며

문수사리보살이여,
내가 보니 여러 왕들
부처님께 나아가서
위없는 도를 묻고

국토와 좋은 궁전
첩과 신하 다 버리고
출가하여 머리 깎고
법복(法服)⁴⁶을 입으며

혹은 보니 어떤 보살
큰 뜻 품고 비구 되어
고요한 데 있으면서
경전 읽기 즐겨 하고

---

46 출가한 승려가 입는 옷이며 법의(法衣)라고도 한다.

또 보니 보살들이
용맹하게 정진하며
깊은 산에 들어가서
부처님 도 생각하며

어떤 이는 욕심 떠나
고요한 데 머물면서
깊은 선정(禪定)⁴⁷ 닦으면서
5신통(神通)⁴⁸ 얻으며

또 보니 보살(菩薩)⁴⁹들이
합장(合掌)⁵⁰하고 편히 앉아
천만 가지 게송으로

---

47 범어로는 dhyāna. 선(禪)은 범어 선나(禪那)의 준말이고, 정(定)은 그 역어(譯語). 참된 이치를 생각하고, 생각을 안정시켜 산란하지 않게 하는 것이다.
48 다섯 가지 뛰어난 능력을 말한다. ① 천안통(天眼通): 보통 사람이 보지 못하는 것을 보는 능력 ② 천이통(天耳通): 보통 사람이 못 듣는 것을 듣는 능력 ③ 타심통(他心通): 남의 마음을 꿰뚫어 보는 능력 ④ 숙명통(宿命通): 전생의 일을 환히 아는 능력 ⑤ 신족통(神足通): 걸림없이 어디든지 오갈 수 있는 능력이다.
49 범어 bodhisattva의 음사. 각유정(覺有情)·대사(大士)라고 번역한다. 대승불교의 이상적인 인간상이며 깨달음을 지향하는 사람이다. 부처가 되기 이전 단계의 사람을 말한다. 보통 우리 불가에서는 여자 신도를 이렇게 부른다.
50 범어로는 añjalikarma. 두 손을 합하여 공손히 하는 인사로 불가의 인사법이다.

부처님을 찬탄하며

또 어떤 보살들은
지혜 깊고 뜻이 굳어
부처님께 여쭙고
듣는 대로 간직하며

또 어떤 불자들은
선정·지혜 구족하여
한량없는 비유로써
대중 위해 법 설하고

기쁜 마음으로 설법하여
여러 보살 교화하고
마군들 파한 후에
법고를 둥둥 치며

또 보니 보살들이
묵연히 앉아 있어
하늘·용이 공경해도
기뻐하지 아니하고

또 보니 어떤 보살

숲속에서 광명 놓아
지옥 고통 제도하여
불도에 들게 하며

또 보니 불자들이
잠도 자지 아니하고
숲속을 거닐면서
불도를 잘 구하며

또 보니 계행(戒行)을 구족하고
깨끗한 보옥처럼
위의 (威儀)를 갖추어서
부처님 도 구하고

어떤 불자 인욕(忍辱)[51]의 힘으로
잘난 체하는 이[52]가 헐뜯어도
그 모두를 능히 참아
부처님 도 구하며

또 보니 보살들이

---

51 범어로는 kṣānti. 욕된 것을 참는 것이다. 인내를 말한다.
52 원문은 증상만(增上慢)으로, 훌륭한 교법과 깨달음을 얻지 못했으면서 도 얻었다고 생각하여 잘난 체 거만을 떠는 사람을 말한다.

희롱하고 웃는 일과
어리석음 다 여의고
지혜로운 이 친근하며

산란한 맘 가다듬어
산림 속에 고요히 앉아
억천만 년 지내면서
부처님 도 구하며

또 보니 어떤 보살
희유한 찬과 음식
여러 가지 탕약으로
부처님과 스님께 보시하고

천냥 만냥 값나가는
훌륭한 의복이나
값도 모를 좋은 옷을
부처님과 스님께 보시하며

천만억 가지가지
전단(栴檀)[53]으로 지은 집과

---

53 범어 candana의 음사. 향나무 이름이다. 인도 남부 데칸고원 지방에 많이 난다.

여러 가지 묘한 침구
부처님과 스님께 보시하고

꽃과 열매 무성한
맑고 깨끗한 숲과 동산
흐르는 물 맑은 못을
부처님과 스님께 보시하며

가지가지 아름다운
이런 것을 보시하되
환희하는 마음으로
위없는 도 구하고

혹은 어떤 보살
적멸한 법 설하여서
무수한 중생들을
갖가지로 교화하여

혹은 보니 여러 보살
법의 성품 허공 같아
두 모양이 없는 줄을
진실하게 관찰하며

또 보니 어떤 불자
집착하는 마음 없어
미묘한 지혜로써
위없는 도 구합니다.

문수사리보살이여,
또 어떤 불자들은
부처님 멸도 후에
사리에 공양하며

또 보니 어떤 불자들은
항하의 모래 같은
무수한 탑(塔)⁵⁴ 세워
나라마다 장엄하니

아름다운 그 보배탑
높이가 5천 유순(由旬)⁵⁵
너비로나 길이로나
똑같아서 2천 유순

---

54 원문은 탑묘(塔廟). 탑은 범어 stūpa의 음사이며, 묘는 그 의역(意譯)이다.
55 범어 yojana의 음사. 인도의 거리 단위이다. 성왕(聖王)이 하루 동안 가는 거리이며, 40리(혹은 30리)에 해당한다고 한다.

이러한 탑묘마다
당(幢)과 번(幡)[56]이 1천이요,
진주로 된 교로만(交露幔)[57]에
보배 방울 울려오니

모든 하늘과 용과 귀신들
사람과 사람 아닌 이들이
향과 꽃과 기악으로
항상 공양합니다.

문수사리보살이여,
그 많은 불자들이
사리 공양하느라고
모든 탑을 장엄하니

이 국토는 저절로
특수하게 아름다워져서
도리천의 수왕(樹王)[58]에
꽃이 핀 듯합니다.

---

56 불전(佛殿)을 꾸미는 장엄구(莊嚴具)로서 일종의 기(旗)라 할 수 있다.
57 보배 구슬로 만든 휘장인데 구슬 빛이 이슬을 머금은 듯하므로 이같이 부른다.
58 도리천(忉利天) 선견성(善見城) 동북쪽에 있다는 나무이다. 파리질다라수(波利質多羅樹)라고도 한다.

부처님 놓으신 광명으로
이 세계의 온갖
수승함과 미묘함을
우리들이 봅니다.

여러 부처님 신통한 힘
그 지혜가 희유하여
밝은 광명 놓으시사
무량 세계 비추시니

이를 보는 우리들이
미증유의 일이므로
불자이신 문수보살(文殊菩薩)이시여,
의심 풀어 주옵소서.

사부의 여러 대중
나와 당신 우러르니
세존께서 무슨 일로
이 광명을 놓습니까.

보살께서 답하시어
의심 풀어 기쁘게 하소서.
무슨 이익 있기에

이런 광명 놓습니까.

부처님 도량에서
얻으신 미묘한 법
말씀하려 합니까?
수기(授記)⁵⁹ 주려 합니까.

여러 불토마다
보배로써 장엄함과
부처님을 뵙게 되니
작은 인연 아닌가 합니다.

문수사리보살이여,
사부대중과 용과 신이
당신만을 우러르니
이 뜻을 말하소서.

그때 문수사리보살은 미륵보살마하살(彌勒菩薩摩訶薩)⁶⁰과 여러 대중들에게 말하였다.

---

59 범어로는 vyākarana. 부처님이 제자들에게 성불하리라고 예언하는 일을 말한다.
60 범어 Maitreya의 음사. 부처님 입멸 후 56억 7천만 년을 지나 이 사바세계에 출현한다는 보살이다.

"선남자(善男子)[61]들이여, 내가 생각건대 세존께서 이제 큰 법을 설하시며, 큰 법비[法雨]를 내리시며, 큰 법소라[法螺]를 부시며, 큰 법북[法鼓]을 치시며, 큰 법의 뜻을 연설하실 것입니다.

선남자들이여, 나는 과거 여러 부처님들의 이러한 상서를 보았나니, 이 광명을 놓으시고는 큰 법을 곧 설하시었습니다. 그러므로 지금 부처님께서 광명을 놓으심도 그와 같아서, 중생들로 하여금 일체 세간에서 믿기 어려운 법을 듣고 알게 하려고 이런 상서를 나타내신 줄 아십시오.

선남자들이여, 과거 한량없고 가없는 불가사의한 아승기겁(阿僧祇劫)[62]에, 그때 부처님께서 계셨으니, 그 명호는 일월등명(日月燈明) 여래(如來)·응공(應供)·정변지(正遍知)·명행족(明行足)·선서(善逝)·세간해(世間解)·무상사(無上士)·조어장부(調御丈夫)·천인사(天人師)·불세존(佛世尊)[63]이었습니다.

---

61 범어로는 kula-putra. 불법을 믿고 신앙이 두터우며 선을 닦는 남자 재가 신자를 말한다. 우바새(優婆塞)라고도 한다.

62 범어로는 asaṃkhya-kalpa. 헤아릴 수 없이 긴 시간이다. 겁(劫)은 인간의 머리로 상상하기 어려운 영원에 가까운 시간의 단위를 말한다.

63 각각 부처님의 열 가지 다른 이름의 하나이다. ①여래: 범어로는 Tathāgata. 실다운 진리에 수순하여 이 세상에 와서 진리를 보여 주는 사람이라는 뜻이다. ② 응공: 범어로는 Arhat. 마땅히 공양받을 만한 사람. 존경받을 만한 사람이라는 뜻이다. ③ 정변지: 범어로는 Samyaksaṃbuddha. 바른 깨달음을 얻은 사람이라는 뜻이다. ④ 명행족: 범어로는 Vidyācaraṇa-saṃpanna. 지혜와 행을 구비한 사람이라는 뜻이다. ⑤ 선서: 범어로는 Sugata. 부처님은 고해를 건너 저 언덕에 갔기 때문에 이렇게 말한다. ⑥ 세간해: 범어로는 Lokavit. 세간(세상)을 잘 알

바른 법을 연설하시니, 처음이나 중간, 그리고 맨 나중도 잘 하셨으니, 그 뜻은 매우 깊고 그 말씀은 공교하고도 묘하였으며, 순일하여 섞임이 없었고. 맑고 깨끗한 범행(梵行)[64]의 모습을 구족하였으므로, 성문(聲聞)[65]을 구하는 이에게는 4제법(諦法)[66]을 말씀하시어, 나고 늙고 병들고 죽는 것을 벗어나서 마침내 열반케 하시고, 벽지불(辟支佛)을 구하는 이에게는 12인연법(因緣法)[67]을 잘 말씀하시고, 보살을 위해서는 6바라밀(婆羅

고 있는 사람이라는 뜻이다. ⑦ 무상사: 범어로는 Anuttara. 부처님은 세상에서 가장 높고 훌륭한 사람이라는 뜻이다. ⑧ 조어장부: 범어로는 Puruṣadamyasārathi. 사람들을 잘 다루어 깨달음에 이르게 하는 사람이라는 뜻이다. ⑨ 천인사: 범어로는 Devamanuṣyaśāstṛ. 부처님은 천(天)과 인(人)의 스승이라는 뜻이다. ⑩ 불세존: 범어로는 Bhagavat. 불은 깨달은 사람, 세존은 세상에서 존귀한 스승이라는 뜻의 합성어이다.

64 범어로는 brahmacara. 맑고 깨끗한 행실. 정행(淨行)을 말한다.
65 범어로는 śrāvaka. 본래는 부처님의 제자라는 뜻이나. 대승불교에서 자기의 깨달음만 추구하는 소승의 성자. 부처님의 가르침을 듣고 깨닫는 성자를 말한다.
66 인생의 근본되는 네 가지 진리이다. ① 고제(苦諦): 모두가 괴로움이라는 진리 ② 집제(集諦): 괴로움의 원인은 집착에 있다는 진리 ③ 멸제(滅諦): 괴로움의 원인을 없애는 진리, 즉 집착을 끊는 것이 깨달음의 경지라는 것 ④ 도제(道諦): 깨달음에 이르기 위한 실천의 진리, 곧 8정도(正道)를 말한다.
67 연기(緣起)의 도리를 열두 가지로 나눈 것. ① 무명(無明): 근본적인 무지(無知) ② 행(行): 의식 작용을 일으키는 동작 ③식(識): 식별 작용 ④ 명색(名色): 명칭과 형태, 정신과 물질 ⑤ 6처(處): 마음의 작용이 성립하는 여섯 가지 근본, 곧 안(眼)·이(耳)·비(鼻)·설(舌)·신(身)·의(意)의 6근(根) ⑥ 촉(觸): 감각 기관과 대상의 접촉 ⑦ 수(受): 외계로부터 받아들이는 감각 ⑧ 애(愛): 맹목적인 충동, 고통은 피하고 즐거움만 찾는 망령된 집착 ⑨ 취(取): 자기가 욕구하는 것을 취함 ⑩ 유(有): 생존 ⑪ 생(生): 몸을 받아 태어남 ⑫ 노사(老死): 늙어 죽음을 말한다.

蜜)[68]을 잘 말씀하시어 아뇩다라삼먁삼보리를 얻어서 일체종지(一切種智)[69]를 이루게 하셨습니다.

그다음에 부처님께서 계셨으니, 이름이 또한 일월등명(日月燈明)이고, 다음에 또 부처님께서 계셨으니, 이름이 또한 일월등명이며, 이렇게 2만의 부처님이 모두 한가지로 일월등명이라 이름하였으며, 성도 똑같아서 모두 파라타(頗羅墮)였습니다.

미륵보살은 마땅히 아십시오. 첫 부처님이나 나중 부처님께서 모두 한가지로 일월등명(日月燈明)이라 이름하며, 10호(號)[70]를 구족하시고 설하신 법문도 처음과 중간, 그리고 나중이 모두 좋으셨습니다.

그 최후의 부처님께서 출가하시기 전에 여덟 왕자가 있었으니, 첫째 이름은 유의(有意)요, 둘째는 선의(善意)이며, 셋째 이름은 무량의(無量意)요, 넷째 이름은 보의(寶意)며, 다섯째 이름은 증의(增意)요, 여섯째 이름은 제의의(除疑意)며, 일곱째 이름은 향의(響意)요, 여덟째 이름은 법의(法意)였으니. 이 여덟 왕자는 위덕이 모두 자재하여 각각 4천하(天下)[71]를 거느렸습니

---

68 범어로는 ṣaḍ-pāramitā. 보살이 생사의 고해를 건너 열반에 이르기 위해 실천해야 할 여섯 가지 덕목이다. ① 보시(布施): 널리 베푸는 일 ② 지계(持戒): 계율을 지키는 일 ③ 인욕(忍辱): 욕된 것을 참는 일 ④ 정진(精進): 게으르지 않고 힘써 수행하는 일 ⑤ 선정(禪定): 고요히 마음을 가라앉혀 일심이 되는 것 ⑥ 반야(般若): 참된 지혜를 얻는 것
69 범어로는 sarvajña-jñāna. 일체 만법(萬法)을 낱낱이 다 아는 지혜이다. 부처님의 지혜를 말한다.
70 부처님의 열 가지 다른 이름. 주 63)에 나오는 이름과 같다.
71 수미산의 사방에 있는 네 개의 대주(大洲)로. 남쪽 섬부주[南瞻部洲]. 동

다. 그러나 이 여러 왕자들이 아버지께서 출가하여 아뇩다라 삼먁삼보리를 얻었다는 소식을 듣고, 모두 임금의 자리를 버리고 따라서 출가하여 대승의 뜻을 내어 항상 범행을 닦아 법사가 되었으며, 천만억 부처님 계신 데서 이미 여러 가지 선근을 심었습니다.

이때 일월등명불께서 대승경을 말씀하셨으니, 그 이름이 『무량의경』이었습니다. 보살을 가르치는 법이며, 부처님께서 보호하시고 생각하시는 바였습니다. 이 경을 다 설하신 뒤에는 곧 많은 대중 가운데서 결가부좌(結跏趺坐)하시고 무량의처(無量義處)삼매에 드시어 몸과 마음이 움직이지 아니하셨으니, 이때 하늘에서는 만다라꽃과 마하만다라꽃과 만수사꽃과 마하만수사 꽃을 내리어 부처님의 위와 대중들에게 흩뿌리며, 넓은 부처님의 세계가 여섯 가지로 진동하였습니다.

그때 그 회중에 있던 비구·비구니·우바새·우바이와 하늘·용·야차·건달바·아수라·가루라·긴나라·마후라가 등의 사람인 듯 아닌 듯한 것들과 소왕·전륜성왕·모든 대중들이 처음 보는 일이라 환희하여 합장하고, 한결같은 마음으로 부처님을 뵈었습니다. 그때 여래께서는 미간의 백호상으로 광명을 놓으시어 동방으로 1만 8천 세계를 비추시니, 두루하지 않은 데가 없는 것이 지금 보는 여러 부처님의 세계와 같았습니다.

쪽 승신주[東勝身洲], 서쪽 우화주[西牛貨洲], 북쪽 구로주[北瞿盧洲]를 말한다.

미륵은 아십시오. 그때 모인 대중 가운데 20억 보살이 법을 들으려 하다가, 이 광명이 넓은 부처님의 세계를 두루 비추는 것을 보고 처음 보는 일을 얻었으며, 이 광명이 비치는 인연을 알고자 하였습니다.

그때에 한 보살이 있었으니, 그 이름은 묘광(妙光)으로 8백 제자가 있었습니다. 이때 일월등명불이 삼매(三昧)에서 일어나 묘광보살을 인연하여 대승경을 설하셨으니, 이름이 『묘법연화경』입니다. 보살을 가르치는 법이며, 부처님께서 보호하고 생각하시는 바입니다. 60소겁(小劫)[72] 동안을 자리에서 일어나지 아니하시니, 모인 청중도 또한 한 자리에서 60소겁 동안을 몸과 마음이 동요하지 않고 앉아 부처님의 말씀 듣기를 밥 먹는 순간처럼 생각하여 그 회중의 한 사람도 몸으로나 마음으로 게으름을 내는 이가 없었습니다. 일월등명불께서 60소겁 동안이 경전을 설하신 후 범천·마군·사문(沙門)·바라문(婆羅門)[73]·천인·아수라들에게 선언하여 말씀하셨습니다.

'여래가 오늘 밤중에 마땅히 무여열반(無餘涅槃)[74]에 들리라.'

그때에 한 보살이 있었으니, 그 이름이 덕장(德藏)이었는데,

---

72 범어로는 antara-kalpa. 여러 가지 설이 있다. 8만 세에서 1백 년에 한 살씩 감해 10세에 이르고, 다시 10세에서 1백 년에 한 살씩 늘어가 8만 세가 되는 기간을 말한다.
73 인도의 4성(姓) 계급 중 가장 높은 계급. 힌두교의 제사를 주관한다.
74 범어로는 anupadiśeṣa-nirvāna. 완전한 열반. 깨달은 사람이 죽음으로써 몸마저 없어져 다시는 태어나지 않는 상태가 되는 것으로 유여열반(有餘涅槃)의 반대이다.

일월등명불께서 그에게 수기(授記)를 주시면서 여러 비구들에게 말씀하셨습니다.

'이 덕장보살이 다음에 마땅히 부처를 이루리니, 그 이름을 정신(淨身) 다타아가도(多陀阿伽度)·아라하(阿羅訶)·삼먁삼불타(三藐三佛陀)라 하리라.'

이렇게 수기하시고 문득 밤중에 무여열반에 드시니, 부처님께서 멸도(滅度)[75]하신 후에는 묘광보살이 또『묘법연화경』을 가지고 80소겁이 다 차도록 사람을 위하여 연설하였으니, 일월등명불의 여덟 왕자는 모두 묘광보살을 스승으로 삼았고, 묘광보살은 그들을 교화하여 아뇩다라삼먁삼보리를 견고하게 하였습니다. 그 여러 왕자들은 한량없는 백천만억 부처님께 공양하고 불도를 모두 이루었으니, 맨 나중에 성불한 이의 이름은 연등(燃燈)이었습니다.

8백 제자 가운데 한 사람은 이름이 구명(求名)이었으니, 이익에 탐착함이 많았으며, 비록 여러 경전을 읽더라도 영리하게 통하지 못하고 잊어버리는 것이 많으므로 구명이라 이름하였습니다. 그러나 이 사람도 선근을 많이 심은 인연으로 한량없는 백천만억 부처님을 만나 뵙고 공양하고 공경하고 존중하고 찬탄하였습니다.

지금 이 상서를 보니 그때의 근본과 다르지 아니하므로, 생각건대 오늘날 여래께서도 마땅히 대승경을 설하시리니, 그

---

75 부처님께서 돌아가시는 것을 말한다. 열반이라고 한다.

이름이 『묘법연화경』입니다. 보살을 가르치는 법이며, 부처님께서 보호하고 생각하는 바일 것입니다."

그때 문수사리보살이 대중 가운데서 이 뜻을 거듭 펴려고 게송으로 말하였다.

생각하면 지난 세상
한량없는 오랜 겁에
부처님 계셨으니
그 이름이 일월등명

세존께서 법 설하시어
무량 중생 제도하고
수없이 많은 보살
불지혜에 들게 하며

그 부처님 출가 전에
낳으신 여덟 왕자
부왕 출가함을 보고
범행을 따라 닦고

부처님 설하신 경
그 이름이 『무량의경』
여러 대중 가운데

널리 분별하였습니다.

이 경 다 설하시고
법좌에 가부좌 틀고
깊은 삼매 드시오니
그 이름 무량의처(無量義處)

하늘에선 만다라 꽃비 오고
하늘북 절로 우니
여러 천룡과 귀신들
세존께 공양하고

일체의 여러 국토
큰 진동이 일어나고
미간으로 놓은 광명
희유한 일 나타나며

이 광명이 동방으로
1만 8천 불토 비추니
일체 중생 나고 죽는
그 업보를 볼 수 있고

그 많은 불토마다

보배로써 장엄하니
유리 빛과 파리 빛을
광명 비춰 보게 되고

혹은 보니 천인들과
용과 신과 야차들과
건달바와 긴나라들이
부처님께 공양하고

또 보니 모든 여래
저절로 성불하사
금빛 같은 그 몸이
단정하고 미묘하기

깨끗한 유리병에
참다운 모습 나투신 듯
대중 가운데 계신 세존
깊은 법을 연설하시니

하나하나 불세계에
무수한 성문 대중
부처님의 광명으로
그 대중을 모두 보며

혹은 여러 비구들이
산림 속에 있으면서
정진하여 가진 계행
밝은 구슬 보호하듯

또 보니 여러 보살
보시하고 인욕하는
그 수가 항하 모래 같음을
부처님 광명으로 보게 되며

여러 보산 또 보니
모든 선정(禪定) 깊이 들어
심신이 부동하여
위없는 도 구하며

또 보니 여러 보살
적멸(寂滅)한 법을 알아
그 국토에 설법하여
부처님 도 구하네.

그때에 사부대중
일월등명 부처님의
큰 신통의 힘을 보고

그 마음이 환희하여
서로서로 묻는 말이
이런 일은 무슨 인연일까.

천인 공경 받는 세존
삼매에서 일어나서
묘광보살 칭찬하길,

너는 세상 눈〔世間眼〕[76]이 되니
모든 중생 귀의하고
법장(法藏)[77]을 받을진대
내가 말한 온갖 법을
네가 능히 증지(證知)하라.

세존께서 찬탄하시니
묘광보살 기뻐하네.

이 『법화경』 설하시기
60소겁 지나도록

---

76 불·보살의 존칭. 불·보살은 세상 사람의 눈 노릇을 하여 바른 길로 인도하기 때문에 하는 말이다.
77 범어로는 dharma-kośa. 법의 창고, 곧 부처님의 가르침을 담은 경전(經典)을 말한다.

자리에서 뜨지 않고
설하신 미묘한 법
묘광보살법사께서
모두 받아 지니셨네.

이 『법화경』 설하시니
중생들 환희하고
그날 바로 천인(天人)[78]들과
대중에게 선언하되

모든 법의 참다운 뜻
그대들에게 말했으니
나는 이제 오늘밤에
열반에 들겠노라.

그대들은 일심으로
정진하고 방일 말라.
부처 출현 어려우니
억 겁에나 만나 볼까.

세존의 여러 제자

---

78 범어로는 devāmanuṣyāḥ. 천신(天神)과 사람을 말한다.

부처님 열반 소식 듣고
슬픈 맘 각각 품어
왜 이리도 빠르신가.

성주(聖主)이신 법왕께서
무량 중생 위로하여
내가 열반하더라도
너희들은 걱정 말라.

여기 덕장보살께서
무루(無漏)의 참다운 상
마음에 통달하여
이 다음에 성불하면

정신(淨身)이라 이름하여
많은 중생 제도하리.
이날 밤에 멸도하시니
섶 다하여 불꺼지듯

많은 사리 나누어다
무량한 탑 일으키는
비구들과 비구니의
그 수도 항하 모래

더욱더 정진하여
위없는 도 구할 적에
묘광법사보살께서
부처님의 법장(法藏) 지녀

80소겁 긴 세월
『법화경』을 설하시니
그 왕자 여덟 사람
묘광법사 교화 받고

무상도에 견고하여
많은 부처님 뵈오면서
여러 부처님 공양하고
큰 도를 따라 닦아

차례대로 성불하며
점차로 수기하니
최후의 천중천(天中天)[79]은
그 이름이 연등불(燃燈佛)

여러 신선 도사되어

---

79 범어로는 devātideva. 부처님의 존칭이다. 신(神) 가운데 가장 뛰어난 신이라는 뜻이다.

무량 중생 제도하네.

묘광보살법사에게
한 제자가 있었으니
마음 항상 게으르고
이익에만 탐착하며

이름 또한 구하여서
명문 집안 드나들며
하던 공부 내던지고
모두 잊어 불통(不通)일세.

이러한 인연으로
그 이름이 구명(求名)이라.
그도 또한 선업으로
많은 부처님 만나 뵙고

부처님께 공양하며
큰 도를 따라 닦아
6바라밀 갖추어서
석사자(釋師子)[80] 만나 뵙고

---

80 부처님을 가리킨다. 부처님을 사자에 비유하여 이같이 말한다.

이 다음 부처 되어
미륵이라 이름하고
제도하는 많은 중생
그 수가 끝없으리.

저 부처님 멸도한 후
게으른 자 네 몸이요,
그때의 묘광법사
지금의 내 몸이라.

내가 본 등명불의
상서로운 광명이 이러할새
이 부처님 이런 일도
『법화경』을 설하리라.

지금 광명 옛날 상서
여러 부처님 방편이라.
이제 세존 광명 놓아
참다운 뜻 도우시니

그대들은 바로 알아
일심으로 기다려라.

부처님 법비 내려
구도자를 충족하리.

3승법〔三乘〕[81]을 구하는 이
만일 의심 가지면
부처님께서 그 의심
남김없이 끊어 주리.

---

81 범어로는 tri-yāna. 중생들의 근기에 따라 깨달음으로 이끄는 세 가지 가르침. 성문승(聲聞乘)·연각승(緣覺乘)·보살승(菩薩乘)을 말한다.

2. 방편품(方便品)

그때 세존께서 조용히 삼매에서 일어나시어 사리불에게 말씀하셨다.

"여러 부처님의 지혜는 매우 깊어 한량이 없으며, 그 지혜의 문은 이해하기도 어렵고 또 들어가기도 어려워서 일체 성문이나 벽지불은 알 수 없느니라. 왜냐하면 부처는 일찍부터 백천만억 무수한 부처님을 친근하여 여러 부처님의 한량없는 도법(道法)[82]을 행하고, 용맹하게 정진하여 그 이름이 널리 퍼졌으며, 매우 깊고 일찍이 없던 법을 성취하여 마땅함을 따라 설했으므로 뜻을 알기 어려운 까닭이니라.

사리불아, 내가 성불한 뒤로 가지가지 인연과 가지가지 비유로 널리 가르침을 폈으며, 무수한 방편으로 중생들을 인도하여 모든 집착을 여의도록 하였으니, 그것은 여래가 방편과 지견으로 바라밀을 이미 다 구족한 까닭이니라.

사리불아, 여래는 지견이 넓고 크며, 깊고 멀어서 4무량(無

---

82 깨달음의 길, 수행을 말한다.

量)⁸³·4무애변(無礙辯)⁸⁴·10력(力)⁸⁵·4무소외(無所畏)⁸⁶와 선정과 해탈삼매에 깊이 들어, 온갖 미증유한 법을 성취하였느니라.

사리불아, 여래는 가지가지로 분별하여 공교롭게 모든 법을 설하니, 말이 부드러워 여러 사람의 마음을 기쁘게 하느니라. 사리불아, 중요한 것을 들어 말하면, 한량없고 가없는 미증유한 법을 부처는 모두 성취하였느니라. 그만두어라, 사리

---

83 네 가지 끝없는 마음, 자(慈)·비(悲)·희(喜)·사(捨)를 말한다.
84 네 가지 걸림없는 이해와 표현 능력으로, ① 법무애(法無礙): 가르침에 관해 막힘이 없는 것 ② 의무애(義無礙): 가르침의 뜻에 대해 막힘이 없는 것 ③ 사무애(辭無礙): 여러 언어에 통달해 막힘이 없는 것 ④ 요설무애(樂說無礙): 설법에 막힘이 없는 것을 말한다.
85 부처님이 지닌 열 가지 지혜의 힘으로, ① 처비처지력(處非處智力): 도리에 맞는 일과 도리에 맞지 않는 일을 가리는 능력 ② 업이숙지력(業異熟智力): 하나하나의 업인(業因)과 그 과보와의 관계를 여실히 아는 능력 ③ 정려해탈등지등지력(靜慮解脫等持等至智力): 4선(禪)·8해탈(解脫)·3삼매(三昧)·8등지(等至) 등의 선정을 아는 능력 ④ 근상하지력(根上下智力): 중생의 근기의 상하·우열을 아는 지혜 ⑤ 종종승해지력(種種勝解智力): 중생의 갖가지 소망을 아는 능력 ⑥ 종종계지력(種種界智力): 중생과 제법(諸法)의 본성을 아는 능력 ⑦ 변취행지력(遍趣行智力): 중생들이 온갖 곳에 가는 것을 아는 능력 ⑧ 숙주수념지력(宿主隨念智力): 전생의 일을 생각해 내는 능력 ⑨ 사생지력(死生智力): 중생이 죽어서 어디에 태어날지를 아는 능력 ⑩ 누진지력(漏盡智力): 번뇌가 끊어진 상태와 그것에 도달하기 위한 수단을 여실히 아는 능력을 말한다.
86 설법함에 있어서 두려움을 느끼지 않는 네 가지 지혜로, ① 정등각무외(正等覺無畏): 온갖 현상에 대해 알고 있다고 분명히 말하는 것에 두려움 없는 것 ② 누영진무외(漏永盡無畏): 번뇌를 모두 끊었다고 분명히 말하는 것에 두려움이 없는 것 ③ 설장법무외(說障法無畏): 끊어야 할 번뇌에 대해 남에게 설하는 일에 두려움 없는 것 ④ 설출도무외(說出道無畏): 번뇌를 끊는 도에 관해 설하는 일에 두려움이 없는 것을 말한다.

불아. 다시 말할 것이 없느니라. 왜냐하면 부처가 성취한 가장 희유하고 이해하기 어려운 법은 오직 부처님들만이 모든 실상의 법을 다 아셨기 때문이니라. 이른바 이와 같은 모양[相], 이와 같은 성품[性], 이와 같은 체[體], 이와 같은 힘[力], 이와 같은 작용[作], 이와 같은 원인[因], 이와 같은 인연[緣], 이와 같은 결과[果], 이와 같은 갚음[報], 이와 같은 근본과 끝과 구경[本末究竟]87 등이니라."

그때 세존께서 이 뜻을 거듭 펴시려고 게송으로 말씀하셨다.

거룩하신 부처님을 측량 못하여
여러 하늘이나 세상의 인간들
여러 가지 중생의 그 누구라도
부처님을 헤아릴 자가 없느니라.

부처님의 크신 힘과 두려움 없음
해탈이나 여러 가지 삼매
그리고 부처님의 모든 법
능히 측량할 이도 없어

본래부터 무수한 부처님 따라다니며
구족하게 모든 도를 행하였으며

---

87 이른바 10여시(如是)를 말하는데, 온갖 법은 다 이 10여시를 갖추었다고 한다.

매우 깊고 미묘한 법을
보기도 어렵지만 알기도 어려워

한량없는 억겁 오랜 세월에
이와 같은 여러 가지 도를 행하고
도량(道場)에서 얻으신 거룩한 결과
내가 이미 그 모두 보고 아노라.

이와 같이 크고 크신 그 과보와
가지가지 성품과 모양의 뜻을
나와 시방세계 부처님만이
이에 능히 이런 일을 알고 있으니

이런 법은 보일 수 없는 것이요,
말로는 더더구나 할 수가 없어
하물며 그밖의 중생들이야
능히 알고 이해할 이 있으랴.

믿는 힘이 견고하여 흔들림 없는
그러한 보살들은 제외하나니
부처님의 그 많은 제자들이
일찍부터 부처님께 공양하고

온갖 번뇌가 이미 다하여
최후 몸에 머무는 이들
이러한 스승들은 어느 누구도
그 힘으론 이 일을 감당 못하리.

세상에 가득 찬 많은 사람들
모두 다 사리불과 같은 이들이
생각을 다하여 함께 헤아린대도
부처님의 지혜는 측량 못하고

시방에 많은 사람 사리불 같고
또한 제자들도 가득하게 차
그들이 합하여 사량하여도
부처님의 지혜는 알지 못하며

영리한 지혜 가진 벽지불이나
무루의 최후신에 머문 이들이
시방의 여러 세계 가득하여서
그 수효 대숲〔竹林〕과 같으며

그런 이가 한결같이 마음을 합해
무량한 억천만 겁 오랜 세월을
부처님의 참 지혜 생각하여도

그 중의 한 부분도 알지 못하고

처음으로 발심한 보살들이
무수한 부처님께 공양하여
여러 가지 뜻과 이치 요달하고
또한 능히 설법도 잘하는 이

그 수가 시방세계 충만하기를
벼·삼·대·갈대와 같아
한결같은 지혜로 생각하여도
부처님 그 지혜는 알 수가 없고

물러나지 않는 지위의 보살들
항하의 모래만큼 수가 많아서
일심으로 생각하고 찾아보아도
그래도 또한 다시 알지 못하네.

사리불에게 또다시 말하노니,
번뇌가 없고 생각하여 알 수도 없는
지극히 깊고 깊은 미묘한 법을
내가 이미 모두 갖추었노라.

오직 내가 이 모양을 알고 있으며

시방의 여러 부처님 또한 아시니
사리불아, 마땅히 알아 두어라.
부처님의 말씀은 다르지 않나니

부처님 설하신 미묘한 법문
마땅히 크게 믿는 힘을 내어라.
세존의 그 법이 오랜 뒤에야
진실한 법 요긴하게 말하느니라.

성문과 연각법을 구하는 이들
내가 이제 너희를 위하는 고로
고통의 속박에서 아주 벗어나
진실된 법 열반을 얻게 하리니

부처님 여러 가지 방편력으로
3승의 가르침 보이시지만
중생들 간 데마다 집착하므로
인도하여 벗어나게 한 것이니라.

그때 대중 가운데 여러 성문들과 번뇌가 다한 아라한인 아야교진여 등 1천 2백 인과 성문과 벽지불의 마음을 낸 비구·비구니·우바새·우바이들이 제각기 이런 생각을 하였다.
'지금 세존께서는 왜 은근하게 방편을 찬탄하시며 말씀하시기를 〈부처가 얻은 법은 매우 깊어 이해하기 어렵고 말하는 뜻도 또한 알기 어려워서 성문이나 벽지불로는 미칠 수가 없다〉고 하시는가? 그리고 부처님께서 말씀하신 한 해탈[一解脫]⁸⁸이란 뜻은 우리들도 그 법을 얻어 열반에 이르렀는데, 지금 말씀하시는 것은 전연 알 수가 없구나.'

그때 사리불이 사부대중의 의심을 알고 또한 자기도 분명히 알지 못하므로 부처님께 여쭈었다.

"세존이시여, 무슨 인연으로 여러 부처님들의 제일 방편과 깊고 묘하여 이해하기 어려운 법을 찬탄하십니까? 제가 예전에는 부처님께서 이런 말씀을 하시는 것을 들은 일이 없습니다. 지금 사부대중이 모두 의심하고 있사오니 바라옵건대 이 일이 무슨 뜻인지 말씀해 주십시오. 세존께서는 무슨 까닭으로 깊고 묘하여 이해하기 어려운 법이라고 은근하게 찬탄하셨습니까?"

그때 사리불이 거듭 이 뜻을 펴고자 게송으로 아뢰었다.

해같이 밝은 지혜 대성존(大聖尊)께서
오랜만에 이런 법 말씀하시네.
이런 힘과 두려움이 없는 일
삼매와 선정과 여러 해탈과

---

88 범어로는 ekaiva-vimuktih. 오직 하나뿐인 해탈이다. 부처님의 해탈만이 있을 뿐, 성문·연각의 해탈은 참된 해탈이 아니라는 뜻이다.

불가사의 큰 법을 얻었지만
찾아와 묻는 이가 하나도 없고
그 뜻이 심히 깊고 어려워서
또한 묻는 이가 하나도 없네.

부처님 도 행하여 얻으신 해탈
매우 깊고 미묘한 그 지혜를
여러 부처님들만 얻는 바라고
묻는 이가 없어도 말씀하시매

모든 번뇌 없어진 아라한들과
열반법을 구하는 여러 사람들
지금 모두 의심에 떨어져 있어
무슨 일로 그 말씀하십니까.

연각법을 구하는 비구·비구니
하늘·용과 귀신·건달바까지
서로 보고 그 의심을 풀지 못하여
양족존(兩足尊)[89]만 우러러보옵나니

이런 일이 어떠한 까닭인지

---

89 부처님을 가리킨다. 부처님은 지혜(智慧)와 자비(慈悲) 두 가지를 다 갖추신 분이므로 이같이 부른다.

바라건대 부처님께서는 해설하소서.
그 여러 성문들의 무리 가운데
제가 제일이라 말씀하시나

제 지혜로는 아무리 생각하여도
의혹을 결단하지 못하나니
이것이 저 끝의 구경법(究竟法)인지
우리들이 수행할 도리인지.

부처님 말씀 듣고 귀의한 불자
합장하고 우러러 기다리니
원하는 미묘하신 음성으로써
사실대로 말씀하여 주소서.

여러 하늘과 용과 귀신들
그 수가 항하의 많은 모래요,
보리를 구하는 여러 보살도
8만 명이 넘는 수 엄청나구나.

여러 세계 억만 국토 그 땅에서
모두 함께 모여든 전륜성왕도
합장하여 공경스런 마음으로써
구족하신 말씀을 원합니다.

그때 부처님께서 사리불에게 말씀하셨다.

"그만두어라. 그만두어라. 다시 말할 것이 없느니라. 만일 이 일을 말한다면, 모든 세상의 하늘이나 인간들이 다 놀라고 의심하리라."

사리불은 부처님께 다시 여쭈었다.

"세존이시여, 바라옵건대 말씀하여 주소서, 말씀하여 주소서. 왜냐하면 여기에 모인 무수한 백천만억 아승기 중생들은 일찍부터 여러 부처님들을 친견하고 모든 근[諸根][90]이 영리하여 지혜가 아주 밝사오니, 부처님의 말씀을 들으면 능히 공경하여 믿으오리다."

그때 사리불이 이 뜻을 다시 펴려고 게송으로 말하였다.

위없는 법왕이신 세존이시여,
염려치 마시고 말씀하소서.
여기 모인 무량한 대중들이
공경하고 믿을 이 있습니다.

부처님께서는 또 그런 말 말라고 하셨다.

"사리불아, 만일 이 일을 말한다면 모든 세상의 하늘과 인간과 아수라들이 다 놀라고 의심할 것이며, 뛰어난 체하는 비구들은 장차 큰 구렁[91] 속에 떨어지리라."

---

90 눈[眼]·귀[耳]·코[鼻]·혀[舌]·몸[身]의 다섯 가지 감각 기관을 말한다.
91 무간지옥(無間地獄)을 가리킨다.

그때 세존께서는 다시 게송으로 말씀하셨다.

그만두라. 그만두라, 말하지 말라.
나의 법은 미묘하여 어렵나니
증상만(增上慢)[92] 사람들이 이 법 들으면
반드시 믿지 않고 공경 않으리.

그때 사리불은 또다시 부처님께 여쭈었다.
"세존이시여, 바라옵건대 말씀하여 주소서, 말씀하여 주십시오. 지금 여기 모인 대중 가운데 저와 같은 백천만억 인들은 세세생생에 이미 부처님의 교화를 받아왔습니다. 이 사람들은 반드시 공경하고 믿고 긴긴 밤에 편안하여 이익이 많으리이다."
그때 사리불은 이 뜻을 거듭 펴려고 게송으로 말하였다.

위없는 양족존 세존이시여,
제일가는 그 법을 말씀하소서.
저희들은 부처님의 맏아들이오니
원컨대 분별하여 말씀하소서.

여기에 한량없이 모인 대중들

---

92 훌륭한 교법과 깨달음을 얻지 못하고도 얻었다고 생각하여 잘난 체하고 교만한 것이다.

이 경을 공경하고 믿으오리다.
부처님께서 일찍이 지나간 여러 세상에
이러한 무리들을 교화하시매

모두들 일심으로 합장하옵고
부처님의 말씀을 들으렵니다.
저희들 1,200 모든 사람과
그 밖에 불도를 구하는 이들

바라건대 이들을 위하시어
분별하여 말씀해 주시옵소서.
이 사람들 그 법을 듣기만 하면
한없는 환희심을 내오리이다.

그때 세존께서는 사리불에게 이렇게 말씀하셨다.
"네가 은근하게 세 번이나 청하였으니 어찌 말하지 아니하랴. 너는 이제 자세히 듣고 잘 생각하라. 내가 마땅히 너를 위하여 분별해서 말하리라."
이런 말씀을 하실 때에 회중에 있던 비구·비구니·우바새·우바이 5천 사람이 자리에서 일어나 부처님께 예배하고 물러났으니, 그 까닭은 이 무리들은 죄업이 무겁고 또 교만하여 얻지 못한 것을 얻은 체하고, 깨닫지 못한 것을 깨달은 체하는 까닭이었다. 이런 허물이 있으므로 여기에 있지 아니하고 물러갔으나 세존께서는 잠자코 말리지 아니하셨다.

그때 부처님께서 사리불에게 말씀하셨다.

"여기 이 대중은 가지나 잎은 하나도 없고 순전히 열매만 남아 있다. 사리불아, 그와 같은 교만한 사람들은 물러가는 것이 오히려 마땅하니라. 너는 이제 잘 들어라. 너를 위하여 말하리라."

사리불이 말하였다.

"그러하겠나이다, 세존이시여. 자세히 듣겠습니다."

부처님께서 사리불에게 말씀하셨다.

"이런 미묘한 법은 부처님 여래께서 때가 되어야 말씀하시는 것이니, 마치 우담바라꽃이 때가 되어야 한 번 피는 것과 같으니라. 사리불아, 너희들은 부처의 말을 반드시 믿을지니 그 말은 허망하지 않느니라.

사리불아, 모든 부처님께서 말씀하시는 법은 그 뜻이 이해하기 어려우니라. 왜냐하면 내가 무수한 방편과 가지가지 인연과 비유와 이야기로 법을 연설하지만, 이 법은 생각이나 분별로는 능히 이해할 수 없는 것이니, 오직 부처님들만이 아시느니라. 부처님 세존들께서는 다만 일대사인연(一大事因緣)[93]으로 이 세상에 출현하시기 때문이니라.

사리불아, 어찌하여 부처님 세존들께서는 다만 일대사인연으로써 이 세상에 출현하신다고 말하느냐? 부처님 세존들께서는 중생으로 하여금 부처님의 지견(知見)[94]을 열어[開] 청정케

---

93 범어로는 eka-kṛtya. 부처님이 이 세상에 출현한 지극히 중대한 인연이다.
94 범어로는 jñāna-darśana. 지혜에 입각한 견해, 지혜의 눈으로 보는 것이다.

하려고 세상에 출현하시며, 중생에게 부처님의 지견을 보이려는[示] 연고로 세상에 출현하시며, 중생으로 하여금 부처님의 지견을 깨닫게 하려는[悟] 연고로 세상에 출현하시며, 중생으로 하여금 부처님의 지견의 도에 들게 하려는[入] 연고로 세상에 출현하시느니라.

사리불아, 이것을 부처님들께서 일대사인연 때문에 세상에 출현하시는 것이라 하느니라."

부처님께서 사리불에게 말씀하셨다.

"여러 부처님 여래들께서는 다만 보살을 교화하는 법이며, 여러 가지 하는 것도 항상 한 가지 일만을 위하는 것이니, 부처님의 지견으로써 중생들에게 보여 깨닫게 하는 것이니라.

사리불아, 여래는 다만 1불승(佛乘)[95]만을 위하여 중생들에게 말하는 것이지, 다른 2승(乘)이나 3승은 없느니라. 사리불아, 모든 시방세계 여러 부처님들의 법도 역시 그러하니라.

사리불아, 과거의 여러 부처님들께서 한량없고 수없는 방편과 가지가지 인연이나 비유의 이야기로 중생을 위하여 법을 연설하셨으니. 이 법이 다 1불승을 위한 것이니라. 그러므로 모든 중생들이 부처님을 따라 법을 듣고 필경에는 모두 일체종지(一切種智)를 얻었느니라. 사리불아, 미래의 여러 부처님들께서 세상에 출현하시면 한량없고 수없는 방편과 가지가지 인연과 비유의 이야기로 중생을 위하여 연설하시리니, 이 법이

---

95 부처님이 되는 오직 하나의 가르침, 불교의 가르침은 오직 하나여서 부처되는 가르침만이 유일한 것이라는 말이다.

다 1불승을 위한 것이니라.

그러므로 모든 중생들이 부처님을 따라 법을 듣고 필경에는 모두 일체종지를 얻을 것이니라. 사리불아, 현재의 시방에 한량없는 백천만억 불국토에 부처님 세존들이 이익케 함이 많아서 중생들을 안락케 하나니, 이 부처님들도 한량없고 수가 없는 방편과 가지가지 인연과 비유의 이야기로 중생을 위하여 법을 연설하시나니. 또한 이 법도 다 1불승을 위한 것이니라.

그러므로 모든 중생들이 부처님을 따라 법을 듣고 필경에는 모두들 일체종지를 얻느니라. 사리불아, 이 부처님들이 다만 보살만을 교화하시어 부처님의 지견으로써 중생에게 보이려는 까닭이며, 부처님의 지견으로써 중생을 깨닫게 하려는 까닭이며, 중생으로 하여금 부처님의 지견에 들게 하려는 까닭이니라.

사리불아, 나도 그와 같아서 여러 중생들이 가지가지 욕망이 있어 마음에 깊이 집착함을 알므로 그 성품을 따라 가지가지 인연과 비유의 이야기나 방편의 힘으로 법을 설하나니, 사리불아, 시방세계에는 이승도 없거늘 하물며 3승이 있겠느냐?

사리불아, 부처님께서 5탁악세(濁惡世)[96]에 나셨으니, 그것은 겁(劫)이 흐리고, 번뇌가 흐리고, 중생이 흐리고, 소견이 흐

---

96 범어로는 pañca-Kaṣāya. ① 겁탁(劫濁): 시대적 더러움, 전쟁·기근·질병 등 이 많은 것 ② 견탁(見濁): 그릇된 견해와 사상이 넘쳐흐르는 것 ③ 번뇌탁(煩惱濁): 번뇌가 가득하여 악덕이 판을 치는 것 ④ 중생탁(衆生濁): 인류 도덕이 타락해 사람의 자질이 저하되는 것 ⑤ 명탁(命濁): 사람의 수명이 짧아지는 것을 말한다.

리고, 수명이 흐림이니라.

　그렇다. 사리불아. 겁이 흐려 어지러울 적에는 중생들이 번뇌가 많고 간탐하고 질투하여 여러 가지 나쁜 근성을 이루므로, 여러 부처님들이 방편의 힘으로 1불승에서 분별하여 3승을 말하는 것이니라.

　사리불아, 만일 나의 제자들이 스스로 생각하기를 '아라한이나 벽지불을 얻었노라' 하면서, 부처님 여래들께서 보살을 교화하시는 것을 듣지 못하고 아니니라. 알지 못하니, 이들은 부처님의 제자도 아니고, 아라한도 아니며, 벽지불도 아니니라.

　또 사리불아, 이 비구나 비구니가 스스로 생각하기를 '이미 아라한을 얻어서 맨 나중 몸이며 필경의 열반이다' 하면서, 아뇩다라삼먁삼보리에 뜻을 두어 구하지 않는다면, 이런 무리는 모두 교만한 사람인 줄 알아야 하느니라. 왜냐하면 만일 비구로서 참으로 아라한을 얻었다면 이 법을 믿지 않을 수 없느니라. 부처님께서 멸도하신 뒤에 부처님께서 안 계실 동안은 제외할지니, 왜냐하면 부처님께서 멸도하신 뒤에는 이런 경권을 받아 지니고 읽고 외우며 그 뜻을 해석하는 사람을 만나기 어렵거니와, 만일 다른 부처님을 또 만나게 되면 이 법에 대하여 분명하게 알게 되리라.

　사리불아, 너희들은 마땅히 한결같은 마음으로 부처님의 말씀을 듣고 믿으며 이해하여 받아 지녀라. 부처님께서 하시는 말씀은 허망함이 없나니. 다른 법은 없고 오직 1불승만 있느니라."

그때 세존께서는 이 뜻을 거듭 펴려고 게송으로 말씀하셨다.

이런 비구, 비구니들
잘난 체하는 마음을 품었으며
아만(我慢) 많은 우바새와
믿지 않는 우바이들

이와 같은 사부대중
그 수가 5천여 명
제 허물 보지 않고
계행만 깨뜨리며

제 잘못 숨겨두던
이런 좀생이들이 나갔으니
찌꺼기 같은 그 무리들
부처의 덕에 눌려 갔느니라.

이런 사람 복덕 없어
이 법문 못 듣나니
대중에는 이제 지엽(枝葉)이 없고
알맹이만 남았어라.

사리불은 잘 듣거라.

부처가 얻은 법
한량없는 방편의 힘으로
중생 위해 말하노라.

중생들의 여러 생각
갖가지로 행하는 도
그러한 욕망과 성질
지난 세상 선악의 업

부처가 모두 알아
모든 인연 여러 비유
이야기와 방편으로
그들을 기쁘게 하려고

어떤 때는 수다라(修多羅)[97]를
또는 가타(伽陀)[98] 본사(本事)[99]와
본생(本生)[100]이나 미증유(未曾有)[101]

---

97 범어 sūtra의 음사. 계경(契經)이라 한역한다. 가르침을 설한 산문(散文)이다.
98 범어 gāthā의 음사. 풍송(諷誦)이라 한역하며, 독립된 시·운문(韻文)을 말한다.
99 범어로는 itvṛttaka. 불제자의 과거의 인연을 설한 부분이다.
100 범어로는 jataka. 부처님의 전생 이야기이다.
101 범어로는 adbhutadharma. 불가사의한 일을 기록한 부분으로 기적(奇蹟)과 이적(異蹟)을 다룬 것이다.

인연(因緣)[102]을 설해 주며

혹은 비유(譬喩)[103]와 기야(祇夜)[104]
우바제사(優婆提舍)[105]를 말해도
아둔한 이들은 소승법을 즐겨서
생사에만 탐을 내며

한량없는 부처님 만나도
미묘한 도 행하지 않고
많은 고통에 시달릴새
열반법을 말했노라.

이런 방편 설한 것은
불지혜에 들게 함이며
너희들도 성불하리라고
진작 말하지 않았으니

그 말 일찍 아니한 것은

---

102 범어로는 nidāna. 경 속에서 갖가지 인연을 설한 부분이다.
103 범어로는 avadāna. 경전 안의 여러 가지 비유이다.
104 범어 geya의 음사. 응송(應頌)·고기송(孤起頌)이라 한역한다. 산문으로 서술한 것을 다시 시로 나타낸 것이다.
105 범어 upadeśa의 음사. 논의(論議)라 한역한다. 교리를 문답을 통해 의논한 것이다.

때가 아직 이른 까닭.
지금에야 때가 되니
대승법을 말하노라.

내 말한 9부의 법〔九部法〕[106]
중생 근기 따름이니
대승 근본 삼으려고
이 9부의 법을 말하노라.

깨끗한 마음 가진 불자
부드럽고 총명하며
한량없는 부처님께
미묘한 도 행했으니

이런 불자들에게는
대승 경전 말해 주며
이 사람 오는 세상에
부처 되리라 수기하노라.

마음 깊이 염불하고
청정 계율 가졌을새

---

106 경전을 내용과 형식에 입각해서 아홉 부분으로 나눈 것을 말한다. 9부경·9분교라고도 한다. 9부의 내용은 주 97)~105)에 나온다.

성불한단 말 들으면
큰 기쁨이 몸에 가득

부처 그 맘 알고
대승법을 말하노니,
성문이나 보살들이
내 설한 법을 듣고

한 게송만 기억해도
부처님 되기 의심 없네.
시방세계 각 국에는
1승법만 있을 뿐

2승 3승 없으니
방편 말은 버릴지니
일부러 거짓말로
중생 인도한 것이라.

부처 지혜 말하려고
출현하신 부처님
이 일만이 오직 진실
2승 3승은 방편일 뿐

소승으로는 끝내
중생 제도 못하나니
부처가 대승으로
얻은 바가 그와 같아

선정 지혜 장엄하여
중생을 제도할새
평등하고 위없는 도
대승법을 증득하고

만약 한 사람이라도
소승으로 교화한다면
나는 간탐에 떨어지리니
옳지 못한 일이니라.

사람들이 믿고 귀의한다면
여래는 속이지 않고
탐욕이나 질투 없어
모든 악을 끊었으매

부처는 시방에서
두려움이 없느니라.

좋은 상호(相好)[107]로써 장엄하고
세간마다 광명 비춰

중생 존경받는지라
실상인(實相印)[108] 말하노니
사리불아, 내가 본래
서원(誓願)[109]을 세운 것은

모든 중생 나와 같이
다름없게 하렸더니
오래전에 품은 소원
이제 만족하였나니
일체 중생 교화하여
불도에 들게 하네.
내가 만일 중생 만나
불도를 가르치면

무지한 이 미혹하여

---

107 범어로는 lakṣaṇa-vyañjana. 용모·모습·형상의 뜻이며, 부처님께서 갖춘 신체의 특징. 32상(相)이 있다.
108 범어로는 dharma-svabhāva-mudrā. 제법실상의 도리. 경전에 설해진 제법실상의 도리는 불설(佛說)임을 증명하는 표가 되므로 인(印)이라고 한다.
109 결정코 목적을 이루리라고 맹세하는 소원을 말한다. 사홍서원(四弘誓願), 법장 비구(法藏比丘) 48원(願) 등이 있다.

그 가르침 안 받나니
내 알기로 이 중생
일찍이 선근을 닦지 않고

오욕에만 애착하며
어리석고 성 잘 내고
탐욕에만 속박되어
3악도(惡道)[110] 에 떨어지며

여섯 갈래〔六趣〕 헤매면서
모든 고통 두루 겪고
태 속에서 받은 몸
생사가 끝없으며

덕이 없고 복도 없어
뭇 고통에 시달리며
혹은 있다, 혹은 없다
나쁜 소견의 숲속에 들어

삿된 견해에 의지하여

---

110 범어로는 durgati. 나쁜 짓을 한 사람이 태어나게 되는 세 가지 악한 세계인 지옥(地獄)·아귀(餓鬼)·축생(畜生)을 말한다.

62견(見)[111] 구족하고
허망한 법 고집하여
버릴 줄을 모르나니

아만과 자존심 높아
마음 굽어 부실하여
천만억 겁 지내어도
부처님 이름 못 듣고

법 또한 듣지 못해
제도하기 어려우니
사리불아, 이런 사람
방편법을 베풀어서

고통 끊는 길을 말해
열반법을 보여 주며,
열반이라 말했으나
참된 열반이 아니니

모든 법은 본래부터
항상 고요한 것이니

---

111 62가지의 그릇된 견해로, 부처님 당시 이교도들의 사상을 종합해서 부르던 말이다.

불자들이 이런 도 행하면
오는 세상 부처 되리라.

내가 비록 방편으로
3승법을 보였으나
시방세계 부처님들
1승법만을 말씀하시나니

여기 모인 대중들아,
의혹된 맘 다 풀지니
부처님 말씀 다르잖아
1승일 뿐 2승 없네.

지난 세상 무수한 겁
멸도하신 여러 부처님들
백천만억 그 수효를
헤아릴 수 없건마는

이런 모든 세존들께서
가지가지 인연과 비유
무수한 방편으로
법의 모습 연설하시니

이와 같은 여러 세존들
모두 다 1승 설해
무량 중생 교화하사
불도에 들게 하되

대성주(大聖主)이신 부처님들
일체 세간 중생들의
애착하는 모든 욕망
속속들이 다 아시고

다시 다른 방편으로
제일의 뜻 나타내시니
만일 어떤 중생들이
과거 부처님 만나 뵙고

보시하며 계율 갖고
인욕하고 정진하며
선정·지혜 법문 듣고
복과 지혜 닦았으면

이와 같은 여러 사람들
이미 다 성불했고
부처님 열반하신 뒤

그 마음이 선한 이들

이와 같은 여러 중생들
이미 모두 성불했고
부처님 열반하신 뒤
사리에 공양하려

만억 가지 탑 세우되
금과 은과 파리들과
차거와 마노들과
민괴와 유리·진주 등으로

청정하게 널리 장엄해서
모든 탑을 장식하고
혹은 돌로 사당 짓고
전단향과 침수향과

목밀(木樒)이며 다른 재목이나
기와 벽돌 진흙으로
넓고 거친 들 가운데
흙을 모아 절 지으며

어린애들 장난으로

흙모래로 탑을 세운
이러한 사람들도
모두 이미 성불했고

어떤 이는 부처님 위해
여러 형상 세우거나,
부처님 상 조각한
그들도 이미 성불했고

혹은 7보(寶)[112]로나
놋쇠나 백동들과
납 주석 쇳덩이나
나무 진흙으로 만들거나

교칠포(膠漆布)[113]로 치장하여
부처님 상 장엄한
이와 같은 여러 사람들
모두 다 불도 이루었고

---

112 일곱 가지 보배로, ① 금(金) ② 은(銀) ③ 유리(瑠璃): 검푸른 보옥 ④ 파리(玻璃): 수정 혹은 민괴(玫瑰) ⑤ 차거(硨磲): 흰 산호 ⑥ 적주(赤珠): 붉은 진주 ⑦ 마노(碼磠): 짙은 녹색의 보옥들을 말한다.
113 아교와 옻으로 칠한 베이다.

백복으로 장엄한
부처님 상 그릴 적에
제가 하나 남 시키나
모두 이미 성불했고

아이들 장난으로
풀 나무 붓이거나
혹은 꼬챙이로
부처님 모양 그린 이들

이와 같은 여러 사람들
공덕을 점점 쌓아
큰 자비심 갖추어
모두 성불하였나니

다만 보살 교화하여
무량 중생 건졌노라.
어떤 사람 탑과 묘나
불상이나 화상(畵像)에

꽃과 향과 번개(幡蓋)로써
공경하여 공양커나
사람 시켜 풍악 울리고

북도 치고 소라 불며

퉁소·거문고·공후나
비파·요령·바라들
이와 같은 묘한 음악
정성으로 공양하며

환희한 마음으로
노래 불러 찬탄하되
한마디만 하더라도
다 이미 성불했고

마음이 산란해도
꽃 한 송이 일심으로
불상에 공양하면
많은 부처님 뵙게 되며

혹은 어떤 사람
예배커나 합장커나
손 한 번을 든다거나
머리 한 번을 숙여도

이런 공양하는 이도

한량없는 부처님 뵙고
위없는 도 이루어서
무수 중생 제도하여

무여열반 들게 하되
섶 다하면 불 꺼지듯

마음 산란한 이도
탑묘(塔廟) 중에 들어가서
나무불(南無佛) 한 번에
모두 다 성불했고

지난 세상 여러 부처님들
계실 때나 열반하신 뒤
이 법을 들은 이는
모두 다 성불했고

오는 세상 부처님도
그 수효 한량없어
이러한 여래들도
방편으로 설법하며

일체의 모든 여래

또한 많은 방편으로
중생을 제도하여
불지혜에 들게 하니

이런 법문 들은 이는
모두 다 성불하네.

여러 부처님들 본래 서원
내가 행한 불도로써
중생들을 교화하여
똑같은 도 얻게 하며

오는 세상 부처님들
셀 수 없는 백천만억
많은 법문 설하지만
그 실은 1불승이라.

성품 없는 진실한 법
양족존은 알지마는
부처 되는 종성들이
인연 따라 생기므로

말씀하신 1승의 법

그 자리에서 머물러서
세간 모습 이미 알고
방편으로 말하느니라.

하늘 인간 공양 받는
시방에 계신 부처님들
그 수가 항하 모래
세간에 출현하사

중생들 편케 하려
이런 법문 말하나니

제일이고 적멸함을
알면서도, 방편으로
갖가지 길 보이지마는
그 실은 1불승뿐이니라.

중생들의 여러 행과
마음 깊이 생각하는 것
지난 세상 익힌 업과
욕심·성질·정진의 힘

여러 가지 근기 알고

가지가지 인연과
비유와 이야기로
방편 따라 설하나니

지금 나도 그와 같이
중생을 편케 하려
가지가지 법문으로
불도를 보이노라.

내가 지혜 힘으로써
중생들의 근기 알고
방편으로 설법하여
환희토록 하여 주네.

사리불아, 바로 알라.
내가 불안(佛眼)[114]으로
6도 중생 살펴보니
빈궁하고 지혜 없어

생사의 길 잘못 들어
그 고통을 끊지 못해

---

114 모든 법의 참모습을 비춰 보는 부처님 눈이다.

5욕락에 탐착하되
이우(犛牛)¹¹⁵가 꼬리 사랑하듯

탐애 속에 갇혀 있어
눈도 멀고 소견 없어
큰 부처를 구하잖고
고통을 못 끊으며

삿된 소견 깊이 들어
괴로움에 얽혔으니
이런 중생 위하여서
큰 자비심 내었노라.

도량에 비로소 앉아
나무 보고 경행하며
삼칠일 동안이나
이런 일을 생각하되

얻은 바 그 지혜가
미묘하고 제일이나
근기 둔한 모든 중생

---

115 남방에 사는 소의 일종으로 꼬리가 매우 긴데 그 꼬리를 아끼려다 도리어 해를 본다고 한다.

어리석고 눈 어두우니
이와 같은 무리들을
어떻게 제도하랴.

그때에 범천왕(梵天王)과
제석천왕 사천왕(四天王)과
대자재천(大自在天) 모든 하늘
백천만 권속들이

합장 공경 예배하며
나의 법륜 청하거늘
내 스스로 생각하니
만일 1불승 찬탄하면

고통 속에 빠진 중생
이 법 믿지 않을새
불신하여 훼방하면
3악도에 빠지리니

내 차라리 설법 않고
열반에 들려다가
지난 세상 부처님들
행한 방편 생각하고

내가 지금 얻은 도를
3승으로 설하리라.

이런 생각하올 때에
시방 부처님 나타나서
범음(梵音)으로 위로하시되
훌륭하도다, 석가모니불.

제일가는 대도사가
위없는 법 얻었건만
모든 부처님을 따라
방편법을 쓰는구나.

미묘하고 제일된 법
우리들도 얻었지만
모든 중생 위하여
3승법을 말하노라.

적은 지혜 소승들이
성불을 믿지 않아
방편의 분별로써
여러 과(果)를 설했으나

그 비록 3승이나
보살을 교화할 뿐
사리불아, 바로 알라.
부처님 말 내 들으니

청정하고 미묘하여
나무불 부르면서
이런 생각 다시 하되
흐린 세상 내가 나서

여러 부처님 말씀대로
나도 따라 행하리라.

이렇게 생각하고
바라나(波羅奈)¹¹⁶에 나아가니
모든 법 적멸한 모양
말로는 형용할 수 없지만

방편의 힘으로써
5비구¹¹⁷에게 연설했으니

---

116 범어 Vārānasi의 음사. 중인도 마갈타국의 서북쪽에 있는 나라이다. 석존 이 성도(成道)한 후 이 나라의 녹야원(鹿野苑)에서 첫 설법을 하였다.
117 부처님의 첫 설법을 듣고 출가한 다섯 비구. 아야교진여·아습바시·발

이 이름이 전법륜(轉法輪)
그와 같이 부르나니.

열반이라는 법과
아라한이라는 이름이 있어
법보(法寶)와 승보(僧寶)라고
그 이름이 차별 있네.

오랜 세월 내려오며
열반의 도 찬탄하되
생사의 고 다한다고
이런 설법 늘 했노라.

사리불아, 바로 알라,
불자들을 내가 보니
불도 구하는
한량없는 천만억 사람

모두 공경하는 마음으로
부처님께 온 것이니
일찍부터 부처님 말씀하신

제 · 마하남 · 십력가섭을 말한다.

방편설을 들었으니

이제 내가 생각하니
여래께서 출현하심은
불지혜를 설하려 하심이니
지금이 바로 그때이니라.

사리불아, 바로 알라.
근기 둔한 소승인들은
상(相)에 집착하고 교만하여
이런 법 못 믿을새

나는 이제 두려울 것 없어
여러 보살들에게
바로 방편 버리고
위없는 도 말하리라.

보살들이 이 법을 들으면
의혹 모두 풀어지고
1,200 아라한도
마땅히 다 성불하리라.

3세의 여러 부처님들

설법하던 의식대로
이제 나도 그와 같이
분별 없는 법을 설하노라.

여러 부처님들 출현하심
만나기가 어려우며
설사 출현해도
이런 법문 더 어렵고

한량없이 오랜 겁에
이 법 듣기 또 어려워
들을 줄을 아는 사람
더욱더 어려우니

우담바라꽃이 피면
일체가 다 즐겁지만
천상·인간에 희유하여
때가 되어야 한 번 피네.

법을 듣고 환희하며
찬탄의 말 한 번 하면
모든 3세 부처님께
공양함이 되는 것이나

이런 사람 희유하여
우담바라꽃과 같네.
너희들은 의심 말라.
나는 법의 왕이라.

대중에게 말하노니
1불승 묘한 도로
보살들만 교화하매
성문 제자 없느니라.

너희들 사리불과
성문과 보살들은
알지어다. 이러한 법은
부처님의 비밀한 법문

5탁악세의 사람
여러 가지 욕락만 탐하므로
이러한 중생들은
불도 구하잖고

오는 세상 악한 이도
1승 법문 듣게 되면
미혹하고 믿지 않아

악한 길에 떨어지고

부끄러움 알고 청정한 사람
불도를 구하는 이
마땅히 이들을 위해
1승의 도 찬탄하노라.

사리불아, 바로 알라.
여러 불법 이러하여
만억 가지 방편으로
마땅하게 설법하니

배우지 않은 이는
능히 이 도리를 모르지만
도사이신 부처님 세존
마땅하게 쓰는 방편

너희들이 이미 알고
여러 의심 다시 없어
크게 환희하는 마음으로
성불할 줄 알지어다.

妙法蓮華經

묘법연화경

제2권

3. 비유품(譬喻品)

그때 사리불이 뛸 듯이 기뻐하며 일어나 합장하고 부처님의 얼굴을 우러러보며 여쭈었다.

"이제 세존의 이러한 법문을 들으니, 마음이 매우 기뻐 전에 없던 일[未曾有]을 얻었습니다. 왜냐하면 제가 옛적에 부처님을 따라서 이런 법문을 들을 때, 모든 보살들이 성불하리라고 수기 받는 것을 보았으나, 저희들은 그와 같은 일에 참여하지 못하여 스스로 슬퍼하며 한탄하기를 '여래의 한량없는 지견을 잃었다'고 하였습니다.

세존이시여, 저는 항상 숲 속이나 나무 밑에서 홀로 앉기도 하고 또는 거닐기도 하면서 매양 생각하기를 '우리들도 법의 성품에 함께 들었는데, 어찌하여 여래께서는 소승법으로 제도하려고 하시는가?' 하였더니, 이것은 저희들의 허물일 뿐 세존의 잘못은 아니었습니다. 왜냐하면 만일 우리들이 아뇩다라삼먁삼보리를 성취할 수 있는 방법[所因]을 말씀하실 때까지 기다렸다면 반드시 대승으로 해탈할 수 있었을 텐데, 저희들은 방편과 마땅함을 따라 말씀하시는 줄을 알지 못하고 처음에 부처님의 법을 듣고는 곧 믿어서 증득하였다고 생각하고 있었습니다.

세존이시여, 제가 옛적부터 날이 저물고 밤이 새도록 항상 스스로를 책망하였더니, 이제 부처님께 듣지 못했던 미증유한 법을 듣고는 모든 의심과 뉘우침을 끊어 몸과 마음이 매우 태평하게 되었사오니, 저희들은 오늘에야 부처님의 참된 아들이 되었습니다. 부처님께서 설하신 법문을 듣고 귀의하였으며, 법을 따라서 화생(化生)[1]하였으며, 부처님 법의 분한[法分][2]을 얻은 줄을 알았습니다."

그때 사리불이 이 뜻을 거듭 펴려고 게송으로 말하였다.

이런 법문 내가 듣고
미증유법 얻었으며
마음 크게 즐거움과
의심 또한 없습니다.

옛날부터 교화받아
대승법을 잃지 않고
부처님 말씀 회유하사
번뇌 다시 없게 하시니

---

1 어머니의 태(胎)를 거치지 않고 홀연히 태어나는 것이다. 여기서는 법에서 태어난다는 뜻이다.
2 부처님의 유산인 가르침(법)을 말한다.

나는 이미 번뇌 다하였지만
듣고는 역시 걱정 없나니
산골짜기 숨어서나
수풀 속을 찾아가서

앉거나 거닐 적에
항상 이 일 생각하며
내 스스로 책망하길
어찌 자신을 속였던가.

나 또한 불자로서
무루법에 들었거늘
위없는 도 미래세에
연설하지 못할런가.

금색 몸에 32상(相)
10력(力)과 여러 해탈
그 모두 한 가지 법
이런 일을 못 얻었고

여든 가지 묘한 상호[3]

---

3 부처님의 몸에 갖추어진 여든 가지의 묘한 신체적 특징을 말한다.

18불공법(不共法)⁴과
이와 같은 공덕들을
나는 모두 잃었구나.

나 혼자 거닐면서 보니
부처님은 대중 가운데 계시나
시방세계에 이름 퍼져
많은 중생 이익케 하거늘

나는 이런 이익 못 얻으니
스스로 속음이라.
밤낮없이 나는 항상
이런 일만 생각하고

잃었나, 안 잃었나
여쭈려고 하였으나
세존께서 여러 보살들
칭찬하심 내가 보고

---

4 부처님 특유의 열여덟 가지의 특징으로, ①~③ 신(身) 구(口)·의(意) 3업(業)에 허물이 없는 것 ④ 중생에 대한 평등한 마음 ⑤ 선정(禪定)에 의한 마음의 안정 ⑥ 모두를 포용해서 버리지 않는 마음 ⑦~⑪ 중생을 구하려는 욕심과 정진과 염력과 선정의 지혜 ⑫ 해탈에서 물러나지 않는 것 ⑬~⑮ 중생 제도를 위해 신·구·의 3업을 나투는 것 ⑯~⑱ 과거·미래·현재의 온갖 것을 다 알아 막힘이 없는 것이다.

낮이거나 밤이거나
이런 일만 사량터니
부처님 말씀 들을 때
뜻을 따라 하신 말씀

번뇌 없고 부사의라.
도량으로 이끌건만
삿된 소견 잘못 들어
범지(梵志)[5]의 스승이 되었더니

세존께서 내 맘 알고
열반법을 설하시거늘
나쁜 견해 다 버리고
공법(空法)을 증득하여

그때 내가 생각하기를
이제 열반 얻었노라.
그러나 알고 보니
참 열반이 아니로다.

---

5 범사(梵士)라고도 쓰며, 정예(淨裔) 또는 정행(淨行)이라고 번역한다. 바라문의 생활 가운데 4기(期)가 있는데, 이것은 제1기로 스승에게 가서 수학하는 동안이다.

만일 부처가 되었다면
32상 구족하고
천상·사람·야차들과
용과 귀신이 공경하리니

그때에야 비로소 다 없어진
남음 없는 열반이라 할 것을,

부처님 대중 가운데서
나의 성불 수기하니
그 법문을 듣고서야
모든 의심 풀렸노라.

부처님 말씀 처음 듣고
마음 크게 놀라서
부처 탈 쓴 마군의
농락인가 하였더니

부처님께서 가지가지 인연과
비유와 방편으로 말씀하시매,
마음이 편안하고
그 의혹 없어지네.

지난 세상 부처님들
방편 속에 계시면서
이러한 법 말한다고
세존께서 말씀하시며

이 세상과 오는 세상
한량없는 부처님들
여러 가지 방편으로
이러한 법 말씀하시며

지금 세존께서도
탄생하여 출가하사
법륜 굴려 설법할새
방편으로 설하시니

세존의 참된 설법
파순(波旬)[6]이야 할 수 있나.
그 마군이 부처 아닌 줄을
내가 바로 알았노라.

의심 그물에 걸리어서

---

6 범어 pāpiyān의 음사. 마왕(魔王), 악마의 호칭이다.

마군인가 하였더니
세존 말씀 듣자오니
깊고 멀고 미묘하사

청정한 법 설하시니
내 마음이 환희하여
의심 모두 없어지고
참된 지혜 들었나니

나도 필경 성불하여
천상 인간 공경받고
무상 법륜 굴리어서
보살 교화하리이다.

그때 부처님께서 사리불에게 말씀하셨다.
"내가 이제 천인·사문·바라문 대중들 가운데서 말하노라. 내가 옛날 2만억 부처님 계신 데서 위없는 도를 위하여 너를 교화하였고, 너도 또한 오랜 세월을 두고 나를 따라 배웠으니, 내가 방편으로써 너를 인도하였으므로 내 법 가운데 나게 되었느니라.

사리불아, 예전에 내가 너를 가르쳐 부처님의 도에 뜻을 두게 하였는데, 네가 지금 잊어버리고 스스로 생각하기를 이미 멸도를 얻었노라 하기에, 내가 이제 너로 하여금 본래 원하고 행하던 도를 기억하게 하기 위하여 성문들에게 이 대승경을 말하노니, 이름이 『묘법연화경』이요, 보살을 교화하는 법이며, 부처님께서 보호하고 생각하시는 바이다.

사리불아, 너는 오는 세상에 한량없고 가없는 불가사의겁을 지내면서 여러 천만억 부처님께 공양하고 바른 법을 받들며, 보살이 행할 도를 구족하여 마땅히 부처가 되리니, 명호는 화광(華光) 여래·응공·정변지·명행족·선서·세간해·무상사·조어장부·천인사·불세존이라 할 것이며, 그 세계의 이름은 이구(離垢)이니, 땅이 편편하고 반듯하며 깨끗하고 장엄하며 태평하고 풍성하며, 천인과 사람들이 치성하여 유리로 땅이 되고, 8방으로 뻗어나간 길은 황금으로 줄을 꼬아 드리웠으며, 그 길 옆에는 7보로 된 가로수가 있어 항상 꽃과 열매가 무성하며, 화광여래께서도 또한 3승으로써 중생을 교화하시리라.

사리불아, 그 부처님께서 출현하신 때가 비록 나쁜 세상은 아니지만, 본래부터 원하던 인연으로 3승법을 말씀하시느니라. 그 겁의 이름은 대보장엄(大寶莊嚴)이니, 왜 이렇게 이름하는가 하면, 그 나라는 보살로써 큰 보배를 삼기 때문이니라. 그 많은 보살들은 한량없고 가없고 헤아릴 수 없으며, 숫자로나 비유로도 미칠 수가 없나니, 부처님의 지혜가 아니고는 알 사람이 없느니라. 보행할 적에는 보배로운 꽃이 발을 받드나니, 이 보살들은 처음으로 발심한 사람들이 아니고, 오랜 옛적부터 덕의 근본을 심었으며, 한량없는 백천만억 부처님 계신 데서 범행을 깨끗하게 닦았으므로 여러 부처님들께서 칭찬하시던 바이며, 항상 부처님의 지혜를 닦았고, 큰 신통을 구족하여 모든 법에 들어가는 문을 잘 알았으며, 참되고 거짓이 없었으며, 의지력이 견고하였으니, 이런 보살들이 그 나라에 가득하니라.

사리불아, 화광부처님의 수명은 12소겁이니, 왕자로서 성불하기 전은 제외하느니라. 또 그 나라 백성의 수명은 8소겁이니라. 화광여래께서 12소겁을 지내고는 견만(堅滿)보살에게 아뇩다라삼먁삼보리의 수기를 주시면서 비구들에게 이렇게 말씀하셨느니라.

'이 견만보살이 다음에 부처를 이룰지니, 그 명호는 화족안행(華足安行) 다타아가도·아라하·삼먁삼불타라 하며, 그 부처님의 국토도 또한 이와 같으리라.'

사리불아, 이 화광부처님께서 멸도하신 뒤에도 정법(正法)이 세상에 머물기는 32소겁이며,[7] 상법(像法)[8]도 또한 32소겁을 머무르리라."

그때 세존께서 이 뜻을 거듭 펴시려고 게송으로 말씀하셨다.

사리불아, 오는 세상
성불하실 높은 세존

---

[7] 부처님의 가르침[敎]과 그 실천[行]과 그 결과로서의 깨달음[證]이 바르게 갖추어져 부처님의 가르침이 바르게 존속되는 시기이다.
[8] 깨달음을 얻는 자는 없어도 가르침과 실천이 지속되어 정법과 비슷한 시기이다.

그 명호 화광여래
무량 중생 제도하리.

많은 부처님 공양하며
보살행[9]과 10력
모든 공덕 구족하여
위없는 도 증득하리라.

무량한 겁 지낸 뒤에
대보장엄겁이 되면
세계 이름 이구(離垢)리니
청정하고 때 없으며

유리로 땅이 되고
황금줄을 길게 늘여
7보로 된 가로수엔
꽃과 열매 만발하고

그 세계 보살들은
뜻과 바람 견고하며
큰 신통 바라밀다

---

9 범어로는 boddhisattva-caryā. 보살이 닦아야 할 수행 뜻이다.

모두 다 구족하며

무수한 부처님께
보살도[10]를 잘 배우니
이러한 대사들을
화강여래 교화하셨네.

왕자로 태어나서
그 영화를 다 버리고
최후의 몸 받은 뒤에
출가하여 성불하네.

화광불의 세간 수명
길고 긴 12소겁
그 나라의 인민들은
8소겁 수명이라.

그 부처님 멸도 후에
정법이 머물기는
32소겁이니
중생들을 제도하고

---

10 보살행과 같은 말이다.

그 정법 끝난 뒤엔
상법 또한 32겁
사리가 유포되어
천상·인간의 공양받으리.

화광불의 이러한 일
훌륭하기 짝 없으니
그가 곧 네 몸이라,
마음에 기뻐하라.

그때 사부대중인 비구·비구니·우바새·우바이와 하늘·용·야차·건달바·아수라·가루라·긴나라·마후라가 등의 모든 대중들은 사리불이 부처님 앞에서 아뇩다라삼먁삼보리의 수기를 받는 것을 보고 그 마음이 환희하여 제각기 몸에 입었던 훌륭한 옷을 벗어 부처님께 공양하였으며, 석제환인과 범천왕들도 무수한 천자들과 함께 하늘의 기묘한 옷과 만다라꽃과 마하만다라꽃들을 부처님께 흩어 공양하니, 그 하늘 옷이 허공에 머물러서 빙글빙글 돌아가고 있었다. 그리고 하늘에서는 백천만 가지의 풍악이 일시에 울려 퍼지고, 하늘 꽃이 비오듯 내리더니, 이런 소리가 허공에서 들렸다.
"부처님께서 옛날 바라나에서 처음으로 법바퀴를 굴리시더니, 지금 또 위없는 큰 법륜을 굴리시도다."
그때 여러 천자들이 이 뜻을 거듭 펴려고 게송으로 말하였다.

옛날 옛적 바라나에서
4제(諦)[11] 법륜 굴리어
5중(衆)[12] 생멸하는
모든 법을 말하더니

위없이 큰 법륜을
이제 다시 굴리시니
깊고 깊은 미묘한 법
믿을 이가 없습니다.

저희들이 옛날부터
그 법 많이 들었지만
미묘한 이런 법은
내 아직 못 들었는데

오늘 이 법 설하시니
우리들도 따라 기뻐

---

11 인생 문제에 대한 네 가지 진리로, ① 고제(苦諦): 인생은 괴로움이라는 진리 ② 집제(集諦): 괴로움의 원인이 집착이라는 진리 ③ 멸제(滅諦): 괴로움의 원인을 없애는 진리 ④ 도제(道諦): 깨달음에 이르기 위한 실천의 길을 말한다.

12 5음(陰)·5온(蘊)이라고도 한다. 사람을 포함한 모든 존재는 다섯 가지 요소로 성립되었다고 보는 견해로서, ① 색(色): 물질. 사람에게서의 신체 ② 수(受): 감수 작용 ③ 상(想): 표상 작용(表相作用) ④ 행(行): 의지 혹은 충동적 욕구 ⑤ 식(識): 인식 작용을 말한다.

지혜 큰 사리불이
세존의 수기 받으니

저희들도 그와 같이
오는 세상 성불하여
세간에서 높고 높은
세존이 되오리다.

부사의한 부처님 도
근기 따라 설하시니,
내가 지은 복덕과
금세나 지난 세상

부처님 찾아뵙고
갖추어 쌓은 공덕
미묘하고 큰 불도에
마음 다해 회향하리.

그때 사리불이 부처님께 여쭈었다.
"세존이시여, 저는 이제 다시 의심이 없어 부처님 앞에서 친히 아뇩다라삼먁삼보리의 수기를 받았거니와, 여기 마음이 자재한 1,200사람들이 옛날 배우는 자리에 있을 적에 부처님께서 항상 교화하시며 말씀하시기를 '나의 법은 나고 늙고 병들고 죽는 것을 능히 여의고 필경에는 열반에 드느니라' 하시매, 배우는 이와 다 배운 이들도 각각 나[我]라는 소견과 있다. 없다 하는 소견 따위를 없애고 스스로 열반을 얻었다고 생각하더니, 지금 세존 앞에서 전에 듣지 못하던 법을 듣고는 모두 의혹에 빠져 있습니다.

거룩하신 세존이시여, 원하옵건대 사부대중을 위하여 그 인연을 말씀하여 의심을 풀도록 하옵소서."

그때 부처님께서는 사리불에게 말씀하셨다.

"내가 먼저 말하지 않았느냐. 여러 부처님 세존께서 가지가지의 인연과 비유와 이야기와 방편으로 설하시는 것이 모두 아뇩다라삼먁삼보리를 위하는 것이라 하지 아니하였느냐. 이와 같이 말한 것은 모두 보살을 위하기 때문이니라. 그러나 사리불아, 내 이제 다시 비유를 들어 이 뜻을 분명하게 말하리니, 지혜 있는 사람들은 이 비유로써 이해할 수 있느니라.

사리불아, 옛날 옛적에 어느 나라의 한 마을에 큰 장자(長者)[13]가 살았느니라. 나이는 매우 늙었으나 재산이 한량없었으며, 전답과 가옥 그리고 하인들도 대단히 많았느니라. 그런데 그의 집은 매우 크고 넓었으나 대문은 꼭 하나뿐이었고, 그 안에 1백 명, 2백 명 내지 5백 명의 사람들이 살고 있었느니라.

그 집은 모두 낡아서 벽과 담은 무너졌고, 기둥뿌리는 썩었으며, 대들보는 기울어져 위태롭게 생겼는데, 갑자기 사방에

---

13 부자, 부호라는 뜻이다.

서 불이 나 한창 타고 있었느니라. 그때 그 집 안에는 10명, 12명, 혹은 30명이나 되는 장자의 여러 아들들이 있었고, 장자는 사면에서 큰불이 일어나는 것을 보고는 크게 놀라 이렇게 생각하였느니라.

'나는 비록 이 불난 집에서 무사히 나왔지만, 여러 아이들이 이 불타는 집에서 장난하고 노느라고 깨닫지도 못하고 알지도 못하고 놀라지도 않고 두려워하지도 않으며, 불이 곧 몸에 닿아서 그 고통을 한없이 받으련만, 걱정하는 마음도 없고 나오려는 생각도 못하는구나.'

사리불아, 장자는 또 생각하였느니라.

'나는 기운이 세니 옷 남는 상자니 책궤 따위에 담아 들고 나오리라.'

그리고는 다시 생각하였느니라.

'이 집의 문은 단 하나뿐으로 매우 좁아서 소견 없고 장난을 좋아하는 어린 것들이 혹 땅에 넘어져 불에 타지나 않을까? 그러므로 내가 그 어린 것들한테 이 집이 한창 불에 타고 있어 무섭다는 말을 일러 주고, 지금 빨리 뛰어나오지 아니하면 불에 타서 죽는다고 하리라.'

이와 같이 생각한 장자는 그 여러 자식들한테 빨리 나오라고 소리쳤다. 아버지는 애가 타서 좋은 말로 타이르고 달랬지만, 그 어린 자식들은 장난에만 정신이 팔려서 믿지도 않고 놀라지도 아니하고 두려워하지도 아니하여 나오려는 마음이 전연 없었으며, 또 불이 어떤 것이며 집은 어떤 것이며 무엇이 어떻게 잘못되어 가는지도 모르고 다만 동서로 내달리고 놀면서 아버지를 바라보기만 할 뿐이었느니라.

그때 장자는 또 이런 생각을 하였느니라.

'이 집은 벌써 맹렬한 불길에 싸여 타고 있으니, 저 자식들이 지금 나오지 아니하면 반드시 불에 타게 되리라. 내 이제 방편과 수단으로 자식들로 하여금 이 화재를 면하게 하리라.'

그 아버지는 여러 자식들이 장난감을 좋아하는 줄을 미리 잘 알았기 때문에 가지가지 기이한 장난감을 보면 반드시 좋아하리라 생각하고 아이들에게 말하였느니라.

'너희들이 좋아하고 갖고 싶은, 희유하고 얻기 어려운 장난감이 있는데, 지금 너희들이 갖지 아니하면 이 뒤에 반드시 후회하리라. 여러 가지 양 수레[羊車], 사슴 수레[鹿車], 소 수레[牛車]들이 지금 대문 밖에 있으니, 너희들이 이 불타는 집에서 빨리 나와 가져라. 너희들이 달라는 대로 나누어주겠노라.'

그때 여러 자식들은 아버지가 말하는 장난감이 마음에 들었으므로 좋아하며 서로 밀치면서 그 불붙은 집에서 뛰쳐나왔느니라. 그때 장자는 여러 자식들이 불타는 집에서 탈 없이 나와 모두 사거리에 앉아 있는 것을 보고, 다시 꺼리는 마음이 없이 흐뭇하여 기쁨을 억제할 수 없었느니라.

그때 여러 자식들이 아버지에게 말하였느니라.

'아버지께서 주신다던 양 수레, 사슴 수레, 소 수레의 장난감을 지금 주십시오.'

사리불아, 그때 장자는 여러 아들들에게 평등하게 큰 수레를 나누어주었으니, 그 수레는 크고 높아 여러 가지 보배로 장식되었으며, 주위에는 난간을 두르고 사면으로 풍경을 달았고, 그 위에는 휘장을 쳤는데 모두 보배로 꾸몄고, 보배로 된 줄을 얽어 드리웠고, 화려한 영락을 드리웠으며, 부드러운 자리를 겹겹으로 깔고, 붉고 아름다운 베개를 안치했으며, 흰 소가 메게 했으니, 빛깔이 깨끗하고 몸이 충실하며 큰 힘이 있어 걸음이 평탄하고 바람같이 빨랐으며, 여러 시종들이 호위하였느니라. 왜냐하면 이 장자의 재물은 한량이 없어 창고마다 가득 찼으므로 이런 생각을 하였느니라.

'나의 재산이 한량없으니, 변변치 못한 조그만 수레를 아들에게 줄 것이 아니라 이 어린것들이 다 나의 자식인지라 사랑에 치우침 없이 이와 같이 7보로 꾸민 많은 수레를 평등한 마음으로 골고루 나누어 주리니, 여기에 차별이 있어서는 아니되리라. 왜냐하면 나는 이런 것으로 온 나라 사람들에게 나누어 주어도 모자라지 아니할 것이거늘, 하물며 나의 아들들이겠는가?'

이때 아들들은 각각 큰 수레를 타고, 처음 보는 좋은 일을 얻었으니, 본래 바라던 것만이 아니었느니라.

사리불아, 네 생각에는 어떠하냐? 이 장자가 아들들에게 보배로 된 큰 수레를 평등하게 나누어 준 것이 허망하다고 하겠느냐?"

사리불이 대답하였다.

"그렇지 않습니다, 세존이시여. 이 장자가 자기의 자식들로

하여금 불타는 집에서 벗어나 그 생명을 보전시킨 것만도 허망한 것이 아니오니, 왜냐하면 만일 목숨만 보전하면 이미 장난감을 얻은 것이 되거늘, 하물며 방편으로 불타는 집에서 벗어나게 하여 구제함이오리까?

세존이시여, 이 장자가 비록 조그만 수레 하나를 주지 않는다 할지라도 허망한 것이 아니오니, 왜냐하면 이 장자가 앞에서 생각하기를 '내가 방편을 써서 자식들로 하여금 나오게 하리라' 하였으니. 이런 인연으로 허망함이 없습니다. 하물며 장자가 자기의 재물이 한량없음을 알고, 자식들을 이익케 하려고 큰 수레를 나누어줌이겠습니까?"

부처님께서 사리불에게 말씀하셨다.

"훌륭하고 훌륭하다. 바로 네 말과 같으니라. 사리불아, 여래도 또한 그와 같아서 일체 세간의 아버지가 되느니라. 여러 가지 두려움과 쇠함과 고뇌와 근심과 무명과 어둠이 영원히 다하여 남음이 없으며, 한량없는 지견과 힘과 두려움 없음을 성취하였고, 큰 신통력과 큰 지혜력이 있으며, 방편과 지혜의 바라밀다를 갖추어 대자대비에 항상 게으름이 없으며, 항상 선한 일로 일체를 이익케 하려 하느니라. 그러므로 삼계(三界)라는 썩고 낡은 집의 불타는 속에서 태어나서 중생들을, 나고 늙고 병들고 죽으며, 근심하고 슬퍼하며 고통하고 고뇌하며 어리석고 아둔한 3독(毒)¹⁴의 불에서 제도하려고 아뇩다라삼

---

14 탐욕(貪欲)·진에(瞋恚)·우치(愚痴)의 세 가지 번뇌를 말한다. 탐심과 성냄과 어리석음 세 가지가 사람을 해침이 마치 독사나 독충과 같으므로

먁삼보리를 교화로 얻게 하느니라.

　여러 중생들이 나고 늙고 병들고 죽으며, 근심과 슬픔과 고통과 고뇌 속에서 시달리는 것을 보며, 또한 5욕(欲)과 재물을 위하여 가지가지 고통을 받으며, 또 탐하고 구하느라 현세에서 많은 고통을 받다가 후세에는 다시 지옥·축생·아귀의 고통을 받으며, 만일 천상이나 인간에 태어난다 하더라도 빈궁하고 곤란하여 많은 고생을 하며, 사랑하는 사람과 이별하는 괴로움과 원수를 만나는 괴로움, 이러한 가지가지 고통 속에 중생이 빠져 있으면서도 즐거워하고 유희하느라 깨닫지 못하고 알지 못하며 놀라거나 두려워하지도 아니하며, 싫증을 내지도 않고 해탈을 구하려 하지도 아니하며, 삼세의 불타는 집[火宅]에서 동서로 뛰어다니느라 큰 고통을 당하면서도 걱정할 줄 모르는구나.

　사리불아, 부처님께서 이런 것을 보고는 다음과 같은 생각을 하셨느니라.

　'내가 중생의 아버지가 되었으니 마땅히 이러한 고통에서 건져내어 한량없고 가없는 부처님 지혜의 낙을 주어 그들로 하여금 즐겁게 하리라.'

　사리불아, 여래께서는 또 이런 생각을 하셨느니라.

　'만일 내가 신통한 힘과 지혜의 힘만으로 방편을 버리고, 중생들에게 여래의 지견과 힘과 두려움 없는 것만 찬탄하면 중

　이와 같이 말한다.

생들이 이것만으로는 제도를 얻지 못하리라. 왜냐하면 이 중생들이 나고 늙고 병들고 죽고 근심하고 슬퍼하고 고통받고 고뇌하는 시달림을 면하지 못하고, 삼계라는 불타는 집에서 타고 있으니, 어떻게 능히 부처님의 지혜를 이해하리오.'

사리불아, 마치 저 장자가 몸과 팔에 기운은 있으나 쓰지 않고, 은근하게 방편으로 여러 자식들에게 불타는 집에서 화재의 난을 면케 하는 보배로 된 큰 수레를 주듯이, 여래께서도 또한 그와 같아서 비록 힘과 두려움 없음이 있지만 쓰지 아니하시고, 다만 지혜와 방편으로써 삼계의 불타는 집에서 중생들을 제도하시려고, 3승인 성문·벽지불·불승을 설하면서 이렇게 말씀하셨느니라.

'너희들은 삼계의 불타는 집에 있기를 좋아하지 말며, 누추한 빛[色]·소리[聲]·냄새[香]·맛[味]·촉감[觸]을 탐내지 말라. 만일 탐내고 애착하면 곧 불에 타게 되느니라. 너희들이 삼계에서 빨리 나오면 마땅히 성문이나 벽지불 또는 불승을 얻으리라. 내가 이제 너희들을 위하여 이 일을 보증하노니, 허망하지 아니하리라. 너희들은 다만 부지런히 정진하라. 여래는 이러한 방편으로써 중생들을 권유하여 인도하리라.'

그리고는 다시 이런 말씀을 하셨느니라.

'너희들은 반드시 알라. 이 3승법은 다 이 성인이 칭찬하는 바이며, 자재하여 얽매임이 없고 의지하거나 구할 것이 없으니, 이 3승을 타기만 하면 번뇌가 없는 근기·힘·깨달음·도·선정·해탈 삼매 등으로 스스로 즐길 것이며, 한량없는 안온과

쾌락을 얻게 되리라.'

사리불아, 만일 어떤 중생이 안으로 지혜가 있으며, 부처님 세존을 따라 법을 듣고 믿으며, 부지런히 정진하여 삼계에서 빨리 뛰어나오려고 열반을 구하면, 이런 이는 성문승이라 이름하나니, 저 아들 가운데서 양의 수레를 구하려고 불타는 집에서 나온 이와 같으니라. 만일 또 어떤 중생이 부처님 세존을 따라 법을 듣고 믿으며, 부지런히 정진하여 자연의 지혜를 구하며 혼자 있기를 좋아하고 고요한 데를 즐기며, 모든 법의 인연을 깊이 알면 이런 이는 벽지불이라 이름하나니, 저 아들 가운데서 사슴 수레를 구하려고 불타는 집에서 나온 이와 같으니라.

만일 또 어떤 중생이 부처님 세존을 따라 법을 듣고 믿으며, 부지런히 정진 하여 일체지(一切智)[15]와 불지(佛智)[16]와 자연지(自然智)[17]와 무사지(無師智)[18]와 여래의 지견과 두려움 없음을 구하며, 한량없는 중생들을 가엾게 생각하여 안락하게 하며, 천상·인간을 이익 되게 하려고 모든 이를 제도하여 해탈시키려고 하면, 이런 이는 대승보살이라 이름하며, 이런 승(乘)을 구하므로 마하살이라 하나니, 저 아들 가운데서 소의 수레를 구하려고 불타는 집에서 나온 이와 같으니라.

---

15 온갖 것을 다 아는 지혜이다.
16 부처님의 지혜, 우주의 진리를 깨달은 성스러운 지혜이다.
17 인위적인 노력에 의해 생기는 것이 아니라, 저절로 존재하는 부처님의 깨달음의 지혜이다.
18 스승 없이 혼자서 얻은 지혜, 곧 부처님의 지혜이다.

사리불아, 저 장자가 자기 자식들이 불타는 집에서 무사히 나와 두려움 없는 곳에 이른 줄을 알고는, 자기의 재물이 한량없는 것을 생각하고 큰 수레를 여러 자식들에게 평등하게 나누어 준 것과 같이, 여래도 그러하여 온갖 중생의 아버지가 되었으므로, 한량없는 억천의 중생이 부처님 법문으로써 삼계의 괴롭고 두려우며 험한 곳에서 나와 열반의 즐거움을 얻은 것을 보고는 여래가 그때 생각하기를 '내게는 한량없고 가없는 지혜와 힘과 두려움 없는 것 등의 여러 부처님의 법장(法藏)[19]이 있으며, 이 중생들은 모두 나의 자식들이니 평등하게 대승을 줄 것이요, 한 사람이라도 홀로 멸도를 얻게 할 것이 아니며 모두 여래의 멸도로써 열반하게 하리라' 하고, 삼계를 벗어난 모든 중생들에게 다 부처의 선정과 해탈의 오락 기구를 주었으니, 모두 한 모양과 한 종류로서 성인들께서 칭찬하시는 바이니, 능히 깨끗하고 묘하고 제일가는 즐거움을 내느니라.

사리불아, 저 장자가 처음에는 세 가지 수레로 여러 자식들을 끌어낸 뒤에 보배로 장엄한 제일 편안한 큰 수레를 주었지만, 장자에게는 허망한 허물이 없는 것과 같이 여래도 그러하여 허망함이 없나니, 처음에는 3승을 말하여 중생들을 인도한 뒤에 다만 대승으로 제도하여 해탈케 하느니라. 왜냐하면 여래는 한량없는 지혜와 힘과 두려움이 없는 법장이 있어서 온갖

---

19 제1권 주 77) 참조.

중생에게 대승의 법을 주건만 능히 그것을 받지 못하느니라.
 사리불아, 이런 인연으로 부처님들은 방편으로써 1불승에서 분별하여 3승을 말하는 줄을 알아야 하느니라."
 부처님께서 이 뜻을 거듭 펴시려고 게송으로 말씀하셨다.

 비유하면 어떤 장자
 크나큰 집 지녔으나
 그 집 오래되어
 퇴락하고 낡았으며

 당사(堂舍) 아주 위태롭고
 기둥뿌리 썩어 들고
 대들보는 기울어져
 축대마저 무너지니

 담과 벽이 헐리고
 발랐던 흙 떨어지고
 지붕도 썩어 내리며
 서까래도 부서지고

 막혀 버린 골목에는
 오물만이 가득하고
 그 가운데 5백 식구

우글우글 살더라.

소리개·올빼미·부엉이·독수리
까마귀·까치·비둘기와 뻐꾸기며
독사·뱀·살무사·전갈
지네들과 그리마들

도마뱀과 노래기들
족제비·살쾡이·온갖 쥐와
이런 따위 나쁜 벌레
서로서로 기고 뛰며

똥오줌 냄새 나는 곳
더러운 것 가득한데
말똥구리 벌레들
날아들어 위를 덮고

여우·이리·야간(野干)[20]들이
죽은 것을 서로 물고
뜯으며 찢어 널어
살과 뼈가 낭자하며

---
20 승냥이. 여우와 비슷하나 여우보다 작다.

배 주린 뭇 개들이
몰려와서 끌고 당겨
굶주리고 두려워하며
이리저리 먹을 것 찾아다니며

서로 다퉈 끄달리고
으르렁 짖어대며
그 집안의 무서움이
이와 같이 험하구나.

여기저기 간 데마다
도깨비나 망량 귀신
야차와 아귀들이
사람 고기 씹어 먹고

악독한 뭇 벌레들
사나운 짐승들이
새끼 쳐 젖먹이고
제각기 기르거든

야차들이 달려와서
잡아먹고 배부르면
악한 마음 치성하여

무서웁게 악을 쓰며

구반다(鳩槃茶)²¹의 귀신들이
흙더미에 걸터앉아
어떤 때는 땅 위로
한자 두자 솟아 뛰고

이리저리 뒹굴면서
제멋대로 장난하고
개다리 붙들어서
소리를 못 지르고

다리로 목을 눌러
개를 놀려 좋아하고
또다시 여러 귀신
그 키가 장대하여

검고 야위어 벗은 몸이
그 가운데 항상 있어
사납게 악을 쓰며
먹을 것을 서로 찾네.

---

21 범어 kumbhāṇḍa의 음사. 증장천왕(增長天王) 밑에 있는 귀신으로 사람의 정기(精氣)를 먹는다고 한다.

또다시 어떤 귀신
목구멍이 바늘구멍
어떤 귀신들은
머리가 소대가리

사람·개 잡아먹고
머리 몰골 흉악하며
기갈에 시달려서
울부짖고 내달리네.

야차와 아귀들과
사나운 새 짐승들
배고프고 굶주려서
창틈으로 살펴보니
이와 같은 여러 가지
무서움이 한이 없네.

이렇게 낡은 집이
한 사람에 속했더니
그 사람 집 나온 지
오래지 않았을 적

그 뒤에 그 집에서

홀연히 불 일어나
사면으로 한꺼번에
불길이 충천하여

대들보 서까래 기둥이
튀는 소리 진동하며
꺾이고 부서지고
담과 벽이 무너지니

온갖 귀신들은
소리소리 울부짖고
부엉이 독수리나
구반다 귀신들은
얼떨떨 황급하여
나올 줄을 모르더라.

악한 짐승 독한 벌레
구멍 찾아 숨어들고
비사사(毘舍闍)22 귀신들도
그 가운데 머물더니

---

22 범어 piśācaka의 음사. 시체 고기를 먹는 악귀이다.

복덕 없는 연고로
불길에 쫓기면서
서로 다퉈 해치어
피 마시고 살을 먹고

여우의 무리들은
벌써 모두 죽었거든
크고 악한 짐승들이
몰려와서 씹어 먹고
구린 연기 자욱하여
사면에 가득하네.

지네와 그리마
독사의 뭇 것들이
불에 데고 뜨거워서
구멍에서 나올 적에

구반다 귀신들이
날름날름 주워 먹고
또 모든 귀신들은
머리마다 불이 붙고

배고프고 뜨거워서

황급하게 달아나니
그 집이 이와 같이
지독하게 무서우며
독한 피해 화재까지
그 재난 적지 않네.

이때에 집 주인은
대문 밖에 서 있더니
당신의 여러 자식
장난을 아주 즐겨
이 집 안에 들어갔고
어린것들 소견 없어
노는 데만 팔려 있소.

어떤 이가 전해 주니
장자는 이 말 듣고
불타는 집 뛰어들어
방편으로 구제하여
불타 죽게 안 하려고
여러 자식 타이르며
많은 환난 설명하되

악한 귀신, 독한 벌레

화재까지 일었으니
뭇 고통 점차로
끊임없이 상속하고

살무사와 독사·전갈
여러 가지 야차들과
구반다 귀신이며
여우와 개의 무리

부엉이·독수리·소리개·올빼미
노래기 따위들이
배고프고 목이 말라
이런 고통 난리 속에
큰 불까지 일어났네.

여러 자식 무지하여
아버지 말 건성 듣고
노는 데만 정신 팔려
희롱을 일삼으니

이때에 그 장자는
이런 생각 다시 하되
자식들 이 같으니

내 더욱 걱정이라.

지금 이 집에는
기쁨 하나 없건마는
여러 자식들
노는 데만 빠져 있어
내 말을 안 들으니
장차 불에 타리로다.

그때 문득 생각하고
방편을 베풀어서
자식들에게 하는 말이
내게는 가지가지
놀기 좋은 장난감에
보배 수레 있나니.

양 수레·사슴 수레
큰 소가 끄는 수레들이
문밖에 놓여 있다.
너희들은 나오너라.

내가 너희 위하여
이런 수레 만들었으니

너희들 마음대로
타고 끌고 놀아 보라.

이런 수레 있단 말을
그 자식들 듣고서는
앞뒤를 다투면서
밀치고 뛰쳐나와
그 무서운 화재를
무사하게 면하였네.

장자는 자식들이
불타던 집 빠져나와
사거리에 앉은 것을
사자좌(師子座)[23]에서 굽어보고
스스로 흐뭇하여
내 이제 즐겁도다.

이 여러 자식들은
기르기도 어려우니
어린 것들 무지하여
위험한 집에 들어 있어

---

23 부처님께서 앉으시는 자리를 말한다.

독한 짐승 득실득실
도깨비도 무서운데
맹렬하게 쫓는 불길
사방에서 타건마는

철 모르는 자식들이
놀기에만 팔린 것을
내가 이미 구하여서
재난에서 벗어나니
그러므로 사람들아,
내 마음이 즐거워라.

그때에 여러 자식
편안하게 앉아 있는
아버지께 나아가서
바라보고 하는 말이

세 가지 보배 수레
우리에게 주옵소서.
조금 전에 하신 말씀
너희들이 나온다면

세 가지의 수레를

주신다고 하셨으니
지금 바로 그때이라.
나누어 주옵소서.

큰 부자인 장자는
그 많은 창고마다
금·은·유리이며
차거와 마노들과
여러 가지 보배로써
큰 수레를 만드는데

훌륭하게 장식하고
난간을 둘렀으며
사면에 풍경 달고
황금줄을 늘였으며

진주로 만든 그물
장막처럼 위를 덮고
금빛 꽃과 여러 영락
곳곳마다 드리우고
갖가지 채색으로
그림 그려 둘렀네.

부드러운 비단으로
앉을 자리 만들고
천냥 억냥 값나가는
훌륭하고 묘한 천,
희고 깨끗한 것으로
그 위를 덮었으며

몸매가 아름답고
살이 찌고 기운이 센
크고 흰 소에다
멍에 수레 메었으며

많고 많은 신하들이
모시고 호위하는
이러한 좋은 수레
자식한테 주었더니,

여러 자식 이때에
즐거워 뛰놀면서
보배의 수레 타고
사방으로 다니면서
쾌락하게 노는 모양
자재하여 걸림없네.

사리불에게 말하노니,
나도 또한 그와 같아
성인 중에 가장 높은
세간의 아버지라.

일체 중생들이
모두 나의 자식인데,
세상 욕락 깊이 들어
지혜로운 맘 하나 없고
삼계의 불안함이
불타는 집 같으며

여러 고통 가득하여
무서움이 한이 없고
나고 늙고 병들고
죽는 근심 항상 있어
이러한 불길들이
치성하여 쉬잖는데

삼계의 불타는 집
여래는 일찍 떠나
고요한 데 있으면서
숲과 들에 편안하니

이 삼계 모두가
지금은 내 것이오.

그 가운데 있는 중생
다 나의 아들인데
여러 가지 환난들만
가득한 그 세상을
오직 나 아니면
구호할 이 없으리라.

타이르고 가르쳐도
믿지 않는 그 마음은
여러 가지 욕락에
탐착하기 때문이니

이러한 방편으로
3승법을 설한 것은
중생들로 하여금
삼계 고통 알게 하고
세간에서 벗어난 길을
연설하여 보임이라.

이 여러 자식들이

그 마음을 결정하면
3명(明)²⁴이나
6신통(神通)²⁵ 구족하여
연각이나 불퇴하는
보살법을 얻으리라.

사리불아,
나는 중생 위하여서
이러한 비유들로
1불승을 말하노니

이제 너희들이 이 말을
믿고 수행하면
오는 세상 누구든지
불도 이루리라.

이 승(乘)은 미묘하고

---

24 세 가지 초인적인 능력으로, ① 숙명명(宿命明): 과거세의 인연을 아는 것 ② 천안명(天眼明): 미래세의 과보를 아는 것 ③ 누진명(漏盡明): 번뇌를 끊어서 얻는 지혜를 말한다.
25 불·보살의 여섯 가지 초인적 능력으로, ① 천안통(天眼通): 내일을 환히 볼 수 있는 능력 ② 천이통(天耳通): 모든 것을 다 들을 수 있는 능력 ③ 타심통(他心通): 다른 사람의 마음을 환히 알 수 있는 능력 ④ 숙명통(宿命通): 과거세의 일을 다 아는 능력 ⑤ 누진통(漏盡通): 번뇌를 끊음이 자유자재한 능력 ⑥ 신족통(神足通): 어디든지 갈 수 있는 능력을 말한다.

청정하기 제일이라
모든 세간에서
위가 없이 높을새
부처님도 기뻐하며

중생들도 찬탄하고
공양하고 예배하며
한량없는 억천의
여러 힘과 해탈과
선정과 지혜들과
여러 가지 불법으로

이런 법을 얻으면
자식들로 하여금
밤과 낮의 오랜 세월
유희토록 하여 주며

그리고 여러 보살들
성문의 대중들이
이 수레를 타기만 하면
도량에 곧 이르리라.

이와 같은 인연으로

시방에 구하여도
다른 승은 없나니
부처의 방편일세.

사리불에게 말하노니
너희들은 모두 다
나의 아들이요,
나는 너희들의 아버지라.

너희들 오랜 겁을 두고
많은 고통에 타거늘
내가 모두 제도하여
삼계를 벗어나게 하리라.

내가 앞서 말하기를
네가 멸도했다고 하였으나
다만 생사 끝났을 뿐
참 멸도가 아니니라.

마땅히 네 할 일은
부처의 지혜리니
만일 어떤 보살들이
이 대중 가운데서

한결같은 마음으로
부처님 법 듣는다면

불세존이
비록 방편 썼지마는
교화되는 중생들은
모두 다 보살이라.

어떤 사람 지혜 작아
애욕에 집착하면
이런 사람 위하여서
고제(苦諦)[26]를 말하거늘

중생들은 모두 기뻐
미증유를 얻나니
부처 말한 괴로움이란
진실하여 틀림없다.

만일 또 어떤 중생
괴로움의 근본 모르고서
고의 원인 집착하여

---

26 인생은 괴로움이라는 진리이다.

잠시도 못 버릴새
이런 사람 위하여서
방편의 도 말하며

모든 고통 원인은
탐욕이 근본이라
만일 탐욕 멸하면
의지할 바 없으니
온갖 고통 멸하는 것
그 이름이 셋째 진리〔第三諦〕27

멸제(滅諦)를 위하여서
도제(道諦)28 수행하여
고의 속박 벗어나면
해탈 얻었다 하느니라.

이 사람 어찌하여
해탈을 얻었는가.
허망함 여읜 것이
해탈이라 하거니와

---

27 4제(諦) 중 세 번째인 멸제(滅諦)를 가리킨다. 괴로움의 원인을 없애는 진리이다.
28 깨달음에 이르기 위해 닦는 진리이다.

실지로는 일체 해탈

얻은 것이 아니므로
부처 하는 말
참 멸도가 못 된다고 하니
이 사람은 위없는 도
아직 얻지 못한 고로
멸도에 이르렀다고
생각하지 않노라.

나는 법의 왕이라,
모든 법에 자재하여
중생 안온시키려고
이 세상에 온 것이니

사리불아, 나의 이 법인(法印)[29]은
세간 이익케 하려고
설하는 것이니라.

가는 곳 어디든지
함부로 선전 말고

---

29 진리의 도장, 부처님의 가르침의 징표를 말한다.

만일 듣는 사람
기뻐 받아 지니면
이런 사람 바로 알라.
아비발치(阿鞞跋致)[30]니라.

이 경전 받아 지녀
믿는 이가 있으면
이 사람은 지난 세상
부처님을 찾아 뵙고
공경하고 공양하며
이 법문 들었노라.

만일 어떤 사람
너의 말을 믿는다면
이가 곧 나를 보며
또한 너를 보고
비구승과 보살까지
본다고 말하나니

이러한 『법화경』은
깊은 지혜 위함이니

---

30 범어 avinivartanīya의 음사. 불퇴전(不退轉)·불퇴위(不退位)라 한역한다.
보살이 성불할 것이 결정되어 물러남이 없는 단계이다.

얕은 사람 들으면
미혹하여 모르나니

일체 성문이나
그리고 벽지불도
그 힘이 이 경전에
미칠 수가 없느니라.

사리불도
오히려 이 경에는
신심으로 들어가거늘
하물며 다른 성문이랴.

그 다른 성문들은
부처님 말 믿으므로
자신의 지혜가 아니니라.

또 사리불아,
교만하고 게으르거나
나[我]란 소견 가진 이에겐
이 경전 설하지 말고

앎이 얕은 범부들도

5욕에 깊이 묻혀
들어도 모르리니
그에게도 말을 말라.

믿지 않는 어떤 사람
이 경전을 훼방하면
일체 세간에서
부처 종자 끊음이니
혹은 얼굴 찌푸리며
의혹을 품으리니

너는 잘 들어라,
이런 사람 죄보를.
부처가 있거나
멸도한 후에라도
이런 경전 비방하고

경전 읽고 쓰는 이를
경멸하고 미워하며
원한까지 품으면
이 사람의 죄보도
네가 이제 들으리라.
그 사람은 죽은 뒤에

아비지옥 들어가서
1겁을 다 채우고
그리고 다시 나서
이렇게 나고 죽고
수없는 겁 지내리라.

지옥에서 다시 나와
여우나 개의 무리
축생으로 태어나서
그 형상이 수척하고
못생기고 더러워
살 닿는 것 싫어하며
미움받고 천대받아

언제든지 배가 고파
앙상하게 말라붙고
살아서는 죽을 고생
죽어서는 자갈 무덤
부처 종자 끊은 고로
이런 죄보 받느니라.

만일 또 낙타로나
당나귀로 태어나면

무거운 짐 항상 싣고
채찍을 맞으면서
여물만 생각할 뿐
다른 것은 모르나니
이 경전 비방하면
이런 죄보 받느니라.

만일 여우로 생겨나면
온몸엔 옴과 버짐
한 눈까지 멀어서
마을에 들어가면
어린애들 매를 맞고
모든 고통 다 받다가
잘못하면 죽게 되고

만일 죽게 되면
구렁이 몸 다시 받아
징그럽게 큰 길이가
5백 유순이나 뻗어나고
귀 먹고 발이 없어
구물구물 기어가면
온갖 작은 벌레
비늘 밑을 빨아먹어

밤낮으로 받는 고통
쉴 사이가 없나니
이 경전 비방하면
이런 죄보 받느니라.

어쩌다가 사람 되면
모든 감관이 암둔하며
난쟁이·곰배팔이·절음발이
장님·귀머거리·곱사등이 되어

그 사람 말하는 것
듣는 사람 믿지 않고
입에서는 추한 냄새
귀신들이 따라붙고

빈궁하고 천박하여
사람들의 부림 받고
병이 많고 수척하여
의지할 데 전연 없고

다른 사람 친하려도
붙여 주는 사람 없고
어떤 소득 있더라도

금방 다시 잃어지며

만일 의사 되어
병 치료를 한다 해도
오히려 병만 더해
혹은 도리어 죽게 되며

자신이 병날 때는
구원해 줄 사람 없고
좋은 약을 먹더라도
병세 더욱 악화되며

다른 사람 반역죄나
강도질과 절도죄에
이유 없이 말려들어
애매하게 벌 받으니

이러한 죄인들은
영영 부처 못 보며
성인 중의 왕이신
부처님 교화해도

이러한 죄인들은

항상 난처(難處)³¹에 나서
귀먹고 산란하여
법을 듣지 못하며

항상 강변 모래처럼
무수한 오랜 세월
태어나도 불구되어
귀먹고 말 못하리.

지옥 중에 항상 있어
공원처럼 생각하고
악도를 드나들기
자기의 안방처럼

낙타·나귀·개·돼지
그런 것으로 태어남도
이 경전 비방한 탓
죄값이 이렇노라.

인간으로 태어나도
눈·귀 먹고 말 못하고

---

31 불도를 수행하기 어려운 곳을 말한다.

빈궁하고 못난 꼴로
수종다리 조갈증세
여러 가지 이런 병을
옷 삼아 입었으며

몸은 항상 추한 냄새
때가 많고 더러우며
나란 소견 집착하여
성내는 일 더욱 많고

음탕한 맘 치성하여
금수도 안 가리니
이 경을 비방하면
이런 죄보 받느니라.

사리불에게 고하노니
이 경 비방하는 이
그 죄보 말하려면
겁 다해도 말 못하리.

그러한 인연으로
너에게 말하노니
무식한 사람에겐

이 경을 설하지 말라.

만일 영리한 이
지혜가 아주 밝고
많이 듣고 잘 알며
부처님 도 구하거든
그런 이에게 설해 주며

어떤 사람 일찍이
백천억 부처님 뵙고
선한 근본 심었으며
신심이 견고커든
그런 이에게 설해 주며

어떤 사람 정진하여
자비로운 맘 닦으며
신명 아니 아끼거든
이 경 가히 설해 주며

만일 어떤 이가
한결같이 공경하며
어리석은 범부 여의고
산수간에 홀로 있거든

그런 이에게는 설해 주라.

또 사리불아,
만일 어떤 사람이
악지식(惡知識)을 버리고
선지식을 친근커든
그런 이에게 설해 주며

만일 어떤 불자
깨끗한 계율 가지되
밝은 구슬 같아
대승경을 구하는 이
그런 이에게 설해 주며

어떤 사람 성냄 없이
마음 곧고 부드러워
일체를 가엾게 여기고
여러 부처님 공양커든
그런 이에게 설해 주며

또 어떤 불자들이
여러 대중 가운데서
청정한 마음으로

가지가지 인연들과
비유와 언사들로
걸림없이 설법하면
그런 이에게 말해 주며

만일 어떤 비구
일체 지혜 위하여서
사방으로 법 구하여
합장하고 받들며
대승경을 즐겨 믿고

그 밖의 다른 경전
한 게송도 안 받으면
그와 같은 사람에겐
이 경을 설해 주며

뜻과 마음 견고하여
부처님 사리 구하며
이 경전을 구하여
정수리에 받들며

그 사람 다시는
다른 경전 구함 없고

외도(外道)³² 경전 안 보거든
이러한 사람에겐
이 경을 설해 주라.

사리불아, 말하노니
이러한 모양으로
불도를 구하는 이도
겁 다해도 끝이 없어

이와 같은 사람들은
능히 믿고 이해하리니
너는 반드시 그런 이에게
『묘법연화경』을 설해 주라.

---

32 범어로는 tīrthaka. 인도에서 불교 외의 종교와 사상. 또는 그 무리들을 말한다.

4. 신해품(信解品)

이때 혜명(慧命)[33]인 수보리와 마하가전연(摩訶迦栴延)과 마하가섭(摩訶迦葉)과 마하목건련(摩訶目犍連)이 부처님으로부터 일찍이 듣지 못하였던 법과 세존께서 사리불에게 아뇩다라삼먁삼보리의 수기 주심을 듣고, 희유한 마음을 내어 뛸 듯이 기뻐하면서 자리에서 일어나 옷을 단정히 하고 오른쪽 어깨를 드러내고[34] 오른쪽 무릎을 땅에 대고 일심으로 합장한 채, 허리를 굽혀 공경하며 부처님의 얼굴을 우러러보면서 여쭈었다.

"저희들은 대중의 우두머리로서 나이가 이미 늙었으며, 저희 스스로 생각하기를 '이미 열반을 얻었노라' 하면서 더 할 일이 없다 하여, 다시 나아가 아뇩다라삼먁삼보리를 구하지도 아니하였습니다. 세존께서 옛날부터 법을 설하신 지 오래이거늘, 저희가 그때 자리에 있었으면서도 몸이 게을러서 공하고 모양이 없고[無相], 지을[無作] 것이 없는 것만 생각했을 뿐, 보

---

33 범어로는 āyuṣmat. 수행승에 대한 존칭이며 법신(法身)의 지혜를 수명에 비유한 말, 구수(具壽)라고도 한다.
34 경전에 자주 나오는 말로 부처님에 대해 경의를 표하는 예법이다.

살의 법과 신통에 즐거워함과 부처님 국토를 깨끗이 함과 중생을 성취하는 일에는 마음에 즐거워하지 않았습니다. 왜냐하면 세존께서 저희들로 하여금 삼계에서 벗어나 열반을 얻도록 하셨으며, 또 저희들이 나이가 늙었사오매, 부처님께서 보살을 교화하시는 아뇩다라삼먁삼보리에는 조금도 좋아하는 생각을 내지 아니하였습니다.

저희들이 지금 부처님 앞에서 성문들에게 아뇩다라삼먁삼보리의 수기 주심을 듣고, 마음이 크게 환희하여 미증유함을 얻었습니다. 지금 뜻밖에 희유한 법을 들었으니 매우 기쁘고 다행스러우며, 큰 이익을 얻사오매 구하지 않은 무량한 보물을 저절로 얻은 것과 같습니다.

세존이시여, 저희들이 지금 비유를 들어 이 뜻을 밝히겠습니다.

어떤 사람이 나이 어렸을 적에 아버지를 버리고 집을 나가 다른 지방에 살기를 10년, 20년, 50년을 지냈는데, 나이가 들어서도 매우 빈궁하여 사방으로 의식(衣食)을 찾아 헤매다가 우연히 본국을 향하게 되었나이다. 또한 그의 아버지는 아들을 찾아 오랫동안 다녔으나 만나지 못하고, 중도에 어떤 성에 머물러 살게 되었습니다. 그 아버지는 부자가 되어 재물이 한량없었으니, 금·은·유리·산호·호박·파리·진주 같은 보물이 창고마다 가득하였고, 남종·여종·상노·시종·청지기·서기들을 많이 거느렸으며, 코끼리·말·수레와 소와 양이 무수히 많았으며, 재물이나 곡식을 거래하는 이익이 다른 나라에까지 미쳐서 장사꾼과 거간들이 매우 많았습니다.

그때 빈궁한 아들[窮子]은 여러 지방과 여러 마을을 전전하다 마침내 아버지가 살고 있는 도시에 이르게 되었습니다. 아버지는 아들과 이별한 지가 50여 년이 지난 줄을 항상 기억하고 있었지만, 한 번도 다른 사람에게 이런 일을 말하지 아니하고 스스로 마음속에 한탄하기를 '이미 늙고 자식은 없으니 이제 죽게 되면, 창고마다 가득한 금·은 등의 재물은 누구에게 전해 줄 것인가?' 하면서 은근히 아들을 기다렸으며, 다시 생각하되 '내가 만일 아들을 만나서 재산을 전해 주게 되면, 한없이 쾌락하여 다시 근심이 없으리라' 하였습니다.

세존이시여, 한편 빈궁한 아들은 품팔이를 하며 이리저리 다니다가 우연히 아버지가 사는 집의 대문 앞에 이르러 멀리서 그의 아버지를 바라보았습니다. 그는 사자좌에 걸터앉았는데 보배궤로 발을 받쳤고, 여러 바라문과 찰리(刹利)[35]와 거사들이 모두 공경하여 둘러 모셨으며, 천 냥 만 냥이나 되는 진주와 영락으로 몸을 장엄하였고, 시종과 하인들이 흰 불자(拂子)[36]를 들고 좌우에서 모셨으며, 보배 안장을 위에 덮고 여러 가지 꽃 번개를 드리우고, 향수를 땅에 뿌리고 훌륭한 꽃들을 흩었으며, 보물들을 벌려 놓고 내고 들이며 주고받는, 이러한

---

35 범어 kṣatriya의 음사. 4성(姓) 계급의 둘째. 왕족·무사 계급이 이에 해당한다. 찰제리(刹帝利)의 준말이다.
36 흰 털을 묶어서 자루 끝에 매단 총채 같은 것. 모기나 파리 같은 것을 쫓는 데 쓰기도 하나, 선가(禪家)에서는 흔히 삿된 소견을 물리치는 비유로 쓰기도 하고, 그냥 말없이 들어 보여 화두(話頭)로 삼기도 한다.

장엄스런 일들이 특별히 위덕이 있게 보였습니다. 빈궁한 아들은 그 아버지가 큰 세력을 가진 줄을 알고는 곧 두려운 생각을 품어 그곳에 온 것을 후회하면서 이렇게 생각하였습니다.

'저 사람은 아마 왕이거나 혹은 왕족이리니, 내가 품팔이 할 곳이 아니로다. 다른 가난한 마을에 찾아가서 마음대로 품을 팔고 의식을 구함만 같지 못하리라. 만일 여기 오래 머물렀다 가는 혹 붙들어 강제로 일을 시킬지도 모르리라.'

이렇게 생각한 그는 거기서 빨리 달아났습니다.

이때 대부호 장자는 사자좌에서 자기 아들을 문득 알아보고 마음에 크게 환희하여 생각하였습니다.

'내 창고마다 가득 찬 재물을 이제 전해 줄 데가 있구나. 내가 항상 이 아들만 생각하였으나 만날 수가 없었는데, 이제 스스로 왔으니 나의 소원을 성취함이로다. 내 비록 늙었으나 그래도 아까운 마음이 있었노라.'

사람을 보내어 데려오도록 하였습니다. 그때 한 사자가 달려가 붙드니, 그 빈궁한 아들은 놀라 원망스럽게 큰 소리로 외쳤습니다.

'나는 아무 잘못이 없는데 왜 붙들어 갑니까?'

사자는 더욱 단단히 붙들고 강제로 데려오려 하자. 그때 빈궁한 아들은 '나는 아무 죄도 없이 붙잡혔으니 반드시 죽는 것이로다.'

그렇게 생각하니 한층 더 놀랍고 무서워 땅에 넘어져 기절해 버렸습니다. 아버지는 멀리서 그 모습을 보고 사자에게 말하였습니다.

'그 사람을 억지로 붙들어 올 것은 없다. 그 얼굴에 냉수라도 끼얹고 다시 소생케 하고 더 말하지 말라.'

왜냐하면 아버지는 아들의 마음과 뜻이 하열한 줄을 알며, 한편 자기는 호화롭고 부귀하여 그 아들이 어려워하는 줄로 짐작하였기 때문입니다. 분명히 아들인 줄을 알지만, 방편으로써 다른 사람에게는 나의 아들이란 것을 알리지 않고 사자를 시켜 말하였습니다.

'내가 너를 놓아줄 터이니 네 마음대로 가거라.'

빈궁한 아들은 매우 기뻐하며, 땅에서 일어나 어느 가난한 마을을 찾아가 의식을 구하고 있었습니다.

그때 장자는 그 아들을 타일러서 데려오려고 방편을 써서 모양이 초라하고 보잘것없는 두 사람의 사자를 가만히 보내면서 이렇게 일렀습니다.

'너희는 거기에 가서 그 빈궁한 사람에게 말하기를 저기 일할 곳이 있는데, 품삯은 다른 데보다 배를 준다고 하고, 만약 그가 허락을 하거든 데리고 와서 일을 시키되. 혹 하는 일이 무엇이냐고 묻거든 거름을 치우는 일로 우리 두 사람도 그대와 함께 그 일을 한다고 하여라.'

두 사람은 즉시 빈궁한 사람을 찾아가서 그런 말을 하였습니다. 그리하여 빈궁한 아들은 그들을 따라가 선금을 받고 거름을 치우는데, 아버지는 그를 볼 때마다 가엾은 생각이 들었습니다. 어느 날 방 안에서 일하는 아들을 바라보니, 그 몸은 야위어 초췌하였고, 흙과 먼지가 온몸에 가득하여 더럽기가 짝이 없는지라, 아버지는 곧 영락과 좋은 의복과 장식품을 벗어 버리고, 허름하고 때가 묻은 옷으로 바꾸어 입고, 또 먼지를 몸에 바르고 오른손에는 거름 치우는 기구를 들고 나가 여러 일꾼들에게 말하였습니다.

'그대들은 게으름을 피우지 말고 부지런히 일하라.'

그러면서 이러한 방편으로 그 아들에게 가까이 접근할 수 있었습니다. 그리고는 다시 빈궁한 아들에게 말하기를 '너는 다른 데로 가지 말고 항상 여기에서 일을 하여라. 그러면 너의 품삯도 올려 줄 것이요, 또 필요한 물건이 있거든 항아리·쌀·밀가루·소금·장 할 것 없이 무엇이든지 말하여라. 늙은 하인이 있으니 달라는 대로 줄 것이다. 나는 너의 아버지와 같지 않느냐. 그러므로 다시 걱정하지 말고 편히 잘 있거라. 왜냐하면 나는 이미 늙었고 너는 아직 젊기 때문이다. 너는 일할 적에 항상 속이거나 게으르거나 성내거나 원망하는 말이 없으니, 다른 일꾼들처럼 나쁘지가 않더라. 이제부터는 나의 친자식과 같이 생각하겠노라.'

그러면서 장자는 이름을 다시 지어 주고 아들이라고 불렀습니다. 그때 빈궁한 아들은 이런 귀여움을 받는 것이 기뻤으나, 전과 같이 머슴살이하는 천한 사람이라 스스로 생각하였으므로, 20년 동안을 항상 거름만 치우고 있었습니다. 그 뒤 얼마쯤 지나더니 마음을 서로 믿고 통하여 안팎을 무난하게 드나들면서도 거처하기는 그전과 같았습니다.

세존이시여, 그때 장자는 병이 생겨 죽을 때가 멀지 않은 것을 알고, 빈궁한 아들에게 말하였습니다.

'나에게는 지금 금·은 보배가 많아 창고마다 가득하므로, 그 속에 많고 적은 것이라든지 주고받을 것을 네가 다 알아서 처리하라. 내 뜻이 이러하니 너는 그대로 하여라. 왜냐하면 지금은 너와 내가 다를 것이 없으니, 마땅히 마음을 잘 써서 허비하지 말고 잃지 않도록 하라.'

이때 빈궁한 아들이 명령을 받고 금·은 진보의 여러 재산과 창고를 맡았으면서도 한 가지도 욕심을 내지 않고, 거처하는 곳도 예전 그대로이며, 용렬한 마음 또한 조금도 버리지 않고 있었습니다.

또 얼마를 지난 뒤에 아들의 마음이 점점 열리고 커져서 큰 뜻을 이루고, 예전의 비열했던 마음을 스스로 뉘우칠 줄도 알았습니다. 그 아버지가 임종할 때에 이르러, 아들에게 명하여 친족들과 국왕과 대신과 찰제리와 거사들을 모이게 하고, 그들이 다 모인 뒤에는 이렇게 선언하였습니다.

'여러분은 마땅히 아시라. 그는 나의 아들이오. 내가 그를 낳았으나 어느 성중에서 나를 버리고 도망하여 50여 년 동안 외롭게 떠돌아다니며 고생을 했소. 그의 본래 이름은 아무개였고, 내 이름은 아무개였소. 오래전부터 무척 걱정하며 찾았더니, 홀연히 여기에서 만났소. 이는 내 진실한 아들이며, 나는 그의 아비요. 지금 내가 가진 모든 재산은 다 이 아들의 것이며, 이미 주고받던 것도 모두 이 아들이 알아서 처리할 것이오.'

세존이시여, 이때 빈궁한 아들은 아버지의 이 말을 듣고는 크게 기뻐, 미증유함을 얻어서 스스로 생각하기를 '나는 본래부터 바라는 마음이 없었는데 지금 이 보배가 창고에 저절로 이르렀구나' 하였습니다.

세존이시여, 대부호 장자는 곧 여래이시고 저희들은 다 부처님의 아들 같사오니, 여래께서 항상 말씀하시기를 저희들을 아들이라고 하셨습니다.

세존이시여, 저희들이 세 가지의 괴로움[三苦]³⁷으로 인하여 나고 죽는 가운데 여러 가지 고통을 받으며, 미혹하고 무지하여 소승법에 집착하여 기뻐하였습니다. 오늘날 세존께서 저희들로 하여금 모든 법의 희롱거리인 거름[諸法戲論糞]³⁸을 생각하여 버리도록 말씀하셨으나, 저희들은 그 속에서 부지런히 정진하여 얻은 열반이란 것이 겨우 하루 품삯만 한데 마음이 크게 환희하고 만족스러워 스스로 생각하기를 '부처님 법에서 부지런히 정진한 연고로 얻은 것이 많다'고 하였습니다. 그러나 세존께서는 저희들의 마음이 변변치 못하여 소승법에 탐착하여 기뻐하는 줄을 아시었으므로 내버려 두시고, '너희들도 마땅히 여래의 지견인 보배 광의 분[寶藏之分]이 있느니라'고 분별하여 주시지 않고, 세존께서 다만 방편으로써 여래의 지

---

37 ① 고고(苦苦): 달갑지 않은 대상에서 느끼는 괴로움 ② 행고(行苦): 세상의 변천을 보고 느끼는 괴로움 ③ 괴고(壞苦): 좋아하는 것이 멸하는 것을 보고 느끼는 괴로움.
38 모든 사물에 대해 아무 쓸모없는 말을 하는 것을 낮추어 부른 말이다.

혜를 말씀하셨으나, 저희들이 부처님을 따라 열반의 하루 품삯을 겨우 받고는, 소득이 컸다고 만족하여 대승을 구하려는 뜻은 아예 가지지 않았습니다.

저희들은 또 여래의 지혜로 인하여 모든 보살들에게 열어 보이며 연설을 하면서도, 스스로는 여기에 대하여 원하는 마음이 없었습니다. 왜냐하면 부처님께서는 저희들이 소승을 좋아함을 아시고 방편으로 우리들에게 설하셨건만, 저희가 부처님의 참 아들인 줄을 미처 몰랐기 때문입니다. 저희들은 이제야 부처님께서 불지혜에 아낌이 없으신 줄을 알았습니다. 왜냐하면 저희들이 예전부터 부처님의 아들이지만, 다만 소승법을 좋아한 탓이리니, 만일 저희들이 대승을 기뻐하는 마음이 있었더라면 저희들에게 대승법을 설해 주셨으리라 생각합니다.

이 경전 가운데서는 오직 1승만을 설하시고, 예전 보살들 앞에서는 성문들이 소승법을 좋아한다고 나무라셨습니다. 그러나 부처님께서는 대승만으로 교화하셨습니다. 그러므로 저희들이 본래에는 바라는 생각이 하나도 없었는데, 지금 법왕(法王)의 큰 보배가 저절로 이르렀으니, 불자로서 얻을 것을 모두 얻었습니다."

그때 마하가섭이 이 뜻을 펴려고 게송으로 말하였다.

오늘날 저희들이
부처님의 말씀 듣고
환희하고 용약하여

미증유를 얻습니다.

성문들도 성불한다
부처님께서 설하시니
위없는 보배더미
안 구해도 절로 얻네.

비유컨대 어린아이
유치하고 소견 없어
아비 떠나 도망하여
타관 땅에 멀리 가서

이리저리 떠돌면서
50년을 살았거늘
그 아비 걱정되어
사방으로 찾았더라.

찾다가 지친 걸음
한 성중에 머물러서
큰 집을 지어 놓고
5욕락을 즐기나니

그 집이 큰 부자라

많은 금과 은이며
차거·마노·진주·유리
말과 소와 코끼리와

양과 연[輦]과 수레들과
논과 밭과 종들이며
거느린 그 하인들
한이 없고 가이없어

주고받는 이익들이
타국까지 미쳤으며
사고 파는 장사꾼들이
그 문전에 줄을 섰네.

천만억 사람들이
둘러서서 공경하며
임금이나 왕족들이
항상 공경하는 바요,

여러 신하 명문 호족
한결같이 공경하며
이러한 인연으로
오고 가는 사람 많고

부유하기 이와 같고
큰 세력도 가졌지만
습니가 늙어가니
아들 생각 더욱 간절

자나 깨나 생각다가
죽을 때가 되었는데,
어리석은 그 자식
떠나간 지 50여 년

창고마다 가득 찬
금은보화 많은 재산
많은 전답들을
어떻게 한단 말가.

그때에 궁한 아들
먹고 살 의식 찾아
이 성에서 저 성으로
저 나라와 이 나라를

어떤 때는 얻게 되고
어떤 때는 소득 없어
굶주리고 못 먹어서

옴과 버짐 생겼으며

그토록 헤매던 길
아비 사는 성에 닿아
품팔이로 전전타가
아비 집에 이르렀네.

그때 대부 장자
자기 집 문 안에서
보배 휘장 둘러치고
사자좌에 앉았으니

권속들이 둘러앉고
여러 사람 호위하며
그중 어떤 사람
보물을 계산하고

주고받는 많은 재물
출납부에 기록하니
아버지의 준엄한 일
궁한 아들 바라보고

저 이는 국왕이나

혹은 왕족이려니,
여기를 왜 왔던가
스스로 놀라면서

또다시 생각하되
내 오래 있다가는
강제로 붙들리어
모진 노동 당하리라.

이렇게 생각하고
정신없이 도망하여
빈촌으로 찾아들어
품을 팔아 일하더니

이때에 아비 장자
사자좌에 높이 앉아
멀리서 바라보고
제 아들을 알아보니

사자를 빨리 보내
붙들어 오게 할새,
궁한 아들 크게 놀라
기절하여 엎어지며

이 사람이 날 붙드니
나는 정녕 죽었노라.
어찌하여 의식 땜에
이렇게 된단 말인가.

그 아들 용렬하여
아비 말 믿지 않고
아비인 줄 모르는 것
장자가 짐작하고

방편을 다시 써서
사자들을 보내는데
애꾸눈과 난쟁이인
못난이를 시키면서

네가 가서 말하기를,
내게 와서 일을 하면
거름이나 치게 하고
품삯은 곱을 준다 하라.

궁한 아들 그 말 듣고
기뻐하며 따라와서
거름치는 일도 하고

집 안팎을 청소하네.

장자가 문틈으로
아들을 내다보니
어리석은 저 자식
비천한 일만 하니
가엾게 생각하여

아비인 그 장자
허름한 옷 바꿔 입고
거름치는 삼태 들고
아들한테 접근할새.

방편으로 하는 말이
부지런히 일 잘하면
품삯을 올려 주고
손발에 바를 기름

먹을 것도 넉넉하고
덮을 것도 따뜻하게
대우 잘 해주리니
부지런히 일을 하라.

너는 나의 아들 같다.
부드러운 말도 하고
장자가 지혜 있어
안팎을 출입토록

20년을 지내면서
집안 일을 보게 하고
금과 은과 진주·파려
있는 창고 보여 주고

주고받는 모든 살림
맡아서 보게 하나
대문 밖에 붙어 있는
초막에서 잠을 자며

나는 본래 가난뱅이
가진 물건 하나 없어라.
아버지가 아들 마음
점점 넓어짐을 보고

그 재산 물려주려
친척들과 국왕들과
대신들과 찰제리와

거사들을 모아 놓고

대중에게 하는 말
이 사람은 나의 아들인데,
나를 떠나 멀리 가서
50년을 지내더니

우연히 날 찾아와
20년이 또 지났소.
옛날에 한 성에서
이 자식을 내가 잃고

이리저리 헤매면서
이 자식을 찾느라고
무진 애를 쓰던 끝에
여기까지 온 것이오.

이제 내가 소유한
집이나 하인이나
아들한테 전해 주어
제 뜻대로 하게 하리.

가난하고 궁한 아들

뜻과 마음 용렬타가
이제야 아버지의
큰 재산 받게 되니

많은 집과 많은 재산
한량없는 금은보화
마음 크게 환희하여
미증유를 얻었더라.

부처님도 우리들이
소승에 집착함을 아시고
너도 성불하리라고
말씀하지 않으시며

여러 가지 무루법(無漏法)[39]을
저희들이 얻었다고
소승 이룬 성문이라
항상 말씀하더이다.

부처님께서 우리에게
위없는 도 말씀하시며

---

39 루(漏)는 번뇌라는 뜻이며, 번뇌가 없이 온전하게 진리를 깨닫는 지혜이다.

이 법을 닦는 이는
성불한다 하옵기에

저희들은 말씀대로
모든 인연 비유들과
이야기로 보살들에게
위없는 도 말했더니

그때 모든 불자들이
저희들의 법문 듣고
밤낮으로 생각하며
부지런히 닦았으며

이때에 여러 부처님들께서
수기하여 하시는 말
너희들은 오는 세상
부처가 되리라.

시방 모든 부처님의
비밀한 큰 법장을
보살들만 위하여서
참된 이치 연설하고

저희들을 위하여선
아무 말씀 안 하시니
마치 저 궁한 아들
아버지에게 가까이 가

모든 보물 맡았으나
가질 생각 전연 없듯
저희들도 부처님의
법보장을 연설하나

구하는 뜻 없는 것은
역시 그러합니다.
저희들도 속으로는
번뇌 없어지는 것을

스스로 생각하여
만족하다 여기옵고
이런 일은 알지마는
다른 일은 없으니

불국토를 청정히 함과
중생들 교화함을
저희들이 듣더라도

즐거운 맘 없었습니다.

그 까닭을 말하오면
이 세간의 온갖 법은
모두가 고요하여
남도 없고 멸도 없고

작거나 큰 것 없고
무루며 무위라고
이렇게 생각하니
즐거운 맘 없습니다.

저희들이 오랜 세월
부처님의 큰 지혜엔
탐착하는 일도 없고
원하지도 아니하며

저희들 얻은 법이
구경(究竟)이라 여기오며
저희들이 오랫동안
공한 법을 닦아 익혀

욕계·색계 무색계의

고통에서 해탈하고
최후 몸의 유여열반(有餘涅槃)⁴⁰
얻었노라 생각하며

부처님의 교화받아
참된 도를 얻었으니
부처님의 깊은 은혜
갚았다고 했습니다.

저희들이 불자들에게
보살법을 말하여서
불도 얻게 하면서도
원하는 맘 없사올새,

도사(導師)⁴¹께서 버리시고
저희 마음 아시므로
참된 이익 있느니라
권하시지 아니하여

아들 마음 용렬함을
장자가 이미 알 듯

---

40 불완전한 열반으로 소승의 열반을 말한다.
41 불(佛)·보살(菩薩)에 대한 경칭이다.

방편의 힘으로써
그 마음 조복한 후

많은 재산 물려주듯
부처님도 희유하사
소승에 집착함을 아시고
방편력을 쓰시어서

마음을 조복받고
큰 지혜 가르치니
저희들이 오늘에야
미증유를 얻습니다.

바라던 일 아니지만
저절로 얻사오니
한량없는 보배 얻은
궁한 아들 같습니다.

세존이시여, 제가 이제
도와 과보 모두 얻어
무루법 가운데서
청정한 눈 얻은 것은

저희들이 오랜 세월
청정 계율 지니다가
오늘에야 처음으로
그 과보를 얻었으며

법왕의 법 가운데
범행을 오래 닦아
무루(無漏)의
큰 과보 얻사오니

저희들이 오늘에야
참된 성문이라,
불도의 소리로써
온갖 것을 듣게 하며

저희들이 오늘에야
참 아라한 되온지라,
모든 세간 하늘이나
사람과 마(魔)와 범천

많은 대중 가운데서
공양을 받게 되니
세존의 크신 은혜

희유합니다.

중생을 제도하사
이익 얻게 하시오니
억천 겁에 그 은혜를
누가 능히 갚으리까.

수족 되어 받들고
머리 조아려 예경하며
온갖 일로 공양해도
그 은혜 못 갚으며

머리 위에 받들거나
등에라도 업고 다녀
항하사 오랜 세월
마음 다해 공양하고

아름다운 음식과
한량없는 의복들과
훌륭한 이부자리
가지가지 탕약이며

우두전단(牛頭栴檀)⁴² 좋은 향과

여러 가지 보배로써
넓고 높은 탑 세우고
옷을 벗어 땅에 깔고

이러한 여러 일로
항하사 오랜 겁에
정성 다해 공양해도
그 은혜는 못 갚으리.

희유하신 부처님의
한량없고 가없는
불가사의한 큰 신통과
무루·무위 법왕께서

용렬한 중생 위해
이런 일 참으시고
상(相)도 많은 범부에게
마땅하게 말씀하시네.

여러 부처님들

---

42 범어로는 gośirṣacandana. 인도 우두산에 나는 향 나무 이름인데, 향기가 진하고 오래도록 없어지지 않아서 불상 제작 등 불구(佛具)로 많이 사용된다.

자재한 법 얻으시고
중생들의 모든 욕락
골고루 아시며

또한 그 뜻과 힘에
감당할 바 아시고
무량한 비유로써
미묘한 법 말씀하실새.

지난 세상 중생들의
선근을 따르셔서
그 근기 성숙함도
못함도 다 아시어

갖가지로 요량하사
분별하여 아시고는
1불승을 설하시려
3승법을 말씀하시네.

妙法蓮華經

묘법연화경

제3권

5. 약초유품(藥草喩品)

그때 세존께서는 마하가섭과 여러 큰 제자들에게 말씀하셨다.
"훌륭하고 훌륭하도다. 가섭아, 여래의 진실한 공덕을 네가 잘 말하였느니라. 여래는 또 한량없고 가없는 아승기 공덕이 있나니, 그것을 너희들이 한량없는 억겁 동안에 설한다 할지라도 다 설할 수 없느니라.

가섭아, 마땅히 알아라. 여래는 모든 법의 왕이니 설하는 바가 다 허망치 않느니라. 일체법에 대하여 지혜의 방편으로 연설하였지만, 그 연설한 모든 법은 온갖 것을 아는 일체지지(一切智地)[1]에 도달하였느니라. 여래는 일체법이 돌아갈 곳을 관찰하여 알며, 일체 중생이 깊은 마음으로 행하는 바를 알고 통달하여 걸림이 없으며, 또 모든 법의 궁극까지 아주 분명하게 잘 알고, 모든 중생에게 일체 지혜를 보이느니라.

가섭아, 비유하면 삼천대천세계의 산과 내와 골짜기와 땅 위에 나는 모든 초목이나 숲, 그리고 약초가 많지마는 각각 그

---

1 모든 것을 빠짐없이 다 아는 지위로, 곧 부처님의 자리를 말한다.

이름과 모양이 다르니라. 먹구름이 가득히 퍼져 삼천대천세계를 두루 덮고, 일시에 큰비가 고루 내려 흡족하면, 모든 초목이나 숲이나 약초들의 작은 뿌리, 작은 줄기, 작은 가지, 작은 잎과 중간 뿌리, 중간 줄기, 중간 가지, 중간 잎과 큰 뿌리, 큰 줄기, 큰 가지, 큰 잎이며 여러 나무의 크고 작은 것들이 상·중·하를 따라서 제 각기 비를 받느니라. 한 구름에서 내리는 비가 그들의 종류와 성질을 따라서 자라고 크며 꽃이 피고 열매를 맺나니, 비록 한 땅에서 나는 것이며 한 비로 적시는 것이지마는 여러 가지 풀과 나무가 저마다 차별이 있느니라.

가섭아, 마땅히 알아라. 여래도 그와 같아서 세상에 출현함은 큰 구름이 일어나는 것과 같고, 큰 음성으로 온 세계의 하늘과 사람과 아수라에게 두루 들리는 것은 저 큰 구름이 삼천대천세계에 두루 덮이는 것과 같으니라. 그러므로 대중 가운데서 말하였느니라.

나는 여래·응공·정변지·명행족·선서·세간해·무상사·조어장부·천인사·불세존이니, 제도하지 못한 이를 제도하며, 이해하지 못한 이를 이해하게 하며, 편안하지 못한 이를 편안하게 하고, 열반하지 못한 이를 열반하게 하느니라. 지금 세상이나 오는 세상을 실답게 아느니, 나는 일체를 아는 사람이며, 일체를 보는 이며, 도를 아는 이며, 도를 열어 보이는 이며, 도를 말하는 이이니, 너희 하늘과 인간과 아수라들은 다 여기에 모여 법을 들을지니라.

그때 한량없는 천만억 중생들이 부처가 있는 곳에 와서 법을 들었느니라. 여래는 이때 중생들의 근기가 영리하고 둔함과 정진하고 게으름을 관찰하여 그가 감당할 수 있도록 법을 설하되, 한량없는 이들을 모두 즐겁게 하며, 좋은 이익을 얻게 하였느니라.

중생들이 이 법을 듣고는 현세에는 편안하고 후세에도 좋은 곳에 태어나 도(道)로써 쾌락을 받고 또 법을 듣게 되며, 법을 듣고는 모든 업장[障]과 걸림을 여의고, 모든 법 가운데서 그 힘의 능력을 따라 점점 도에 들어가게 되나니, 마치 저 큰 구름이 모든 것에 비를 내리면 풀과 나무와 숲과 약초들이 그 종류와 성질대로 비를 맞아 제각기 자람과 같으니라.

여래가 설하는 법은 한 모습이며 한맛이니, 이른바 해탈의 모습과 여의는 모습과 멸하는 모습이니 필경에는 일체 종지에 이르는 것이니라. 어느 중생이나 여래의 법 듣고 그대로 지니거나 읽거나 외우거나 말한 대로 수행하면 얻은 공덕을 스스로는 깨닫지 못할 것이니, 왜냐하면 여래는 이 중생들의 종류와 모양과 자체와 성품을 알되, 무엇을 염하고 무슨 일을 생각하며 무슨 일을 닦으며, 어떻게 염하고 어떻게 생각하며 어떻게 닦고, 무슨 법으로 염하고 무슨 법으로 생각하며 무슨 법으로 닦으며, 무슨 법으로써 어떤 법을 얻는가를 아느니라.

중생이 가지가지 처지에 머물러 있는 것을 오직 여래가 여실하게 보고 분명히 알아 막힘이 없으니. 마치 저 풀·나무·숲·약초들이 스스로 상·중·하의 성품을 알지 못하는 것과 같기 때문이니라.

여래는 이 한 모습이며 한맛인 법을 아나니, 이른바 해탈의 모습, 여의는 모습, 멸하는 모습, 구경열반의 적멸한 모습이니라. 마침내는 빈[空] 데로 돌아가나니, 부처는 이것을 이미 알고 중생의 욕망을 관찰하고, 잘 보호하여 곧 그들에게 일체를 말하지 아니하였거늘, 가섭아, 너희들은 매우 회유하여 여래가 근기를 따라 법을 설하는 줄을 알고 능히 믿고 받아 가지니, 왜냐하면 부처가 근기를 따라 설하는 법은 이해하기 어렵고 알기 어렵기 때문이니라."

그때 세존께서 이 뜻을 거듭 펴시려고 게송으로 말씀하셨다.

유(有)를 파한 법왕께서
이 세상에 출현하사
중생들의 욕망 따라
가지가지 설법하되

여래께선 존중하고
그 지혜 심원하여
오래도록 중요한 법
말씀하지 않으시니

지혜 있는 이가 들으면
믿고 이해하려니와
무지한 이는 의심하여

영영 잃게 되느니라.

가섭아, 그러므로
근기 따라 설하여
가지가지 인연으로
바른 견해 들게 하니

가섭은 바로 알라.
비유컨대 큰 구름이
세간 위에 일어나
온갖 것을 뒤덮듯이

지혜 구름 비를 품고
번갯불이 번쩍이며
우레 소리 진동하니
중생들 기뻐하고

햇빛은 가려지고
지상은 서늘하며
뭉게구름 자욱하여
손끝에 닿을 듯이

고루 넓게 내리는 비

사방의 어디에나
무량하게 퍼부어서
땅마다 흡족할새

산과 내와 험한 골짜기
깊은 데 나서 자라는
그 많은 초목과 약초와
크고 작은 나무들과

온갖 곡식의 여러 싹과
감자와 포도들이
단비를 흠뻑 받아
모두 풍성하게 자라고

메마른 땅 고루 젖어
약초 . 나무 무성하니
한 구름에서 내린 비
모든 초목 고루 받아

여 작은 나무 큰 나무며
큰 풀, 중 풀, 작은 풀이
크고 작은 분수대로
저마다 자라날새

뿌리 · 줄기 · 가지와 잎
꽃과 열매의 빛과 모양
한 비로 적신 바에
아름답고 윤택하며

체질이나 모양이나
크고 작은 성분 따라
젖기는 같은 빈데,
무성함은 모두 다르니

부처님도 그와 같아
세상에 출현하심
비유컨대 큰 구름
모든 세상 덮어 주듯

이 세상에 오신 뒤엔
모든 중생 위하여서
온갖 법의 참된 이치
분별하여 연설하시네.

큰 성인 세존께서
여러 하늘 인간들과
많은 대중 가운데서

선언하여 하신 말씀

나는 곧 여래이니
가장 높은 양족존
세상에 출현함은
큰 구름이 덮이는 듯

바짝 마른 일체 중생
흡족하게 비를 주어
괴로움을 다 여의고
안온한 낙을 얻고

세간의 즐거움과
열반락을 얻게 하니
천상 인간 대중들이
일심으로 잘 들으며

너도 나도 모여 와서
높은 이를 친견하니
나는 바로 세존이라,
미칠 이가 아주 없다.

중생을 안온케 하려

세상 출현했으므로
대중을 위하여서
감로법(甘露法)을 말하노니

그 법은 한맛으로
해탈이요, 열반이라.
한 가지 묘한 음성
이런 뜻을 연설하며

항상 대승법 위해
인과 연을 짓거니와
모든 것 내가 보니
평등하고 고루하여

이것이라 저것이라
곱고 미운 마음 없고
탐착하는 생각이나
걸림 또한 없음이라.

일체 중생 위하여
평등하게 설법하며
한 사람을 위하듯이
여러 중생 마찬가지

어느 때나 법을 연설
다른 일 전혀 없고
가고 오며 앉고 서도
피곤한 줄 모르노라.

세간마다 충족하게
단비가 내리듯이
귀천이나 상하나
계(戒) 지닌 이나, 파한 이나

위의를 구족하였거나
구족하지 않았거나
바른 소견, 삿된 소견
영리하고 둔한 머리

평등하게 법비 내려
게으른 줄 모르나니,
일체의 그 중생들
내 법 한번 듣고 나면

힘을 따라 받아 익혀
여러 지위 머물 적에
혹은 천상 혹은 인간

전륜성왕과 제석천왕
범천왕과 같은 이
이를 일러 작은 약초라.

무루법(無漏法)을 알고
열반을 얻고
6신통을 일으키고
3명(明)까지 얻은 뒤에

산림 속에 홀로 있어
선정을 항상 닦아
연각을 증득하면
이런 이는 중품 약초라.

세존 계신 곳을 찾아
나도 성불하리라고
선정 닦기 정진하면
이네들은 상품 약초라.

또는 여러 불자들이
진심으로 도를 닦아
자비한 맘 항상하여
성불할 줄 제가 알고

의심 다시 없는 이
그런 이는 작은 나무라.

신통에 머물러서
불퇴전(不退轉)의 법륜 굴려
한량없는 백천만억
많은 중생 제도하면

이러한 보살들은
큰 나무라 이르느니라.
부처님의 평등한 법
한맛인 비와 같고

중생의 성품 따라
받는 것이 같지 않아
비를 맞는 풀과 나무
다른 것과 같으니라.

부처님 이 비유로
방편 써서 열어 뵈며
가지가지 이야기로
한 법을 연설하나

부처님의 지혜에는
큰 바다의 한 물방울
내가 이제 법비 내려
세간 충만시켰으니

한맛의 그 법에서
힘을 따라 닦는 것이
저 숲 속의 풀과 약초
크고 작은 나무들이

자기늘 분수대로
자라남과 같으니라.
여러 부처님 법
항상 맛이 하나지만

모든 세간 중생들이
골고루 구족하고
점차로 행을 닦아
도의 결과 얻게 하네.

성문이나 연각들이
산림 속에 있으면서
최후 몸에 머물러서

법을 듣고 과(果) 얻으니

이런 일은 약초들이
각각 자람 같으니라.
여러 보살들이
지혜가 견고하여

삼계를 요달하여
무상의 법 구하면
이런 일은 작은 나무
점점 자람 같으니라.

선정에 머물러서
신통한 힘을 얻고
법의 공함 얻어 듣고
마음 크게 환희하며

무수한 광명 놓아
여러 중생 제도하면
이것은 큰 나무가
점점 자람 같으니라.

가섭아, 이와 같이

부처님 설하신 법
비유컨대 큰 구름이
한맛의 비를 내려

꽃과 인간 적시니
열매 맺음과 같으니라.
가섭아, 바로 알라.
여러 가지 인연들과

갖가지 비유로써
부처님 도 얼어 뵈니
이는 나의 방편이요.
여러 부처님도 그러하니라.

이제 너를 위하여
참다운 일 설하나니
여러 성문 대중들
멸도가 다 아니며

너희 오직 행할 바는
보살도뿐이러니.
점점 닦고 배우면
모두 성불하리로다.

6. 수기품(授記品)

그때 세존께서 이 게송들을 다 마치시고, 여러 대중들에게 이렇게 높이 선언하셨다.

"내 제자인 이 마하가섭은 오는 세상에 반드시 3백만억 여러 부처님들을 친견하고 받들며 공양하고 공경하며 존중하고 찬탄하며, 널리 여러 부처님들의 한량없는 큰 법을 설하고 최후의 몸으로 성불하리니, 그 이름은 광명(光明)여래·응공·정변지·명행족·선서·세간해·무상사·조어장부 천인사·불세존이라 하리라. 그 나라의 이름은 광덕(光德)이요, 겁의 이름은 대 장엄(大莊嚴)이며, 부처님의 수명은 12소겁이요, 정법(正法)이 세상에 머물기는 20소겁이며, 상법(像法)도 20소겁을 머무르리라.

그 나라는 장엄하게 꾸며지고 여러 가지 더럽고 악한 것과 기와·돌·가시 덤불이나 부정한 오물이 없으며, 국토는 평정하여 높고 낮은 곳이나 구릉이나 언덕이 없고 유리로 땅이 되었으며, 길에는 보배 나무가 늘어섰고, 황금으로 줄을 꼬아 경계를 하며, 여러 가지 아름다운 꽃을 흩어서 두루 청정하게 하며, 그 나라의 보살은 한량없는 천만억이며, 여러 성문대중도 무수하고 악마를 섬기는 일도 없으며, 만일 악마나 그런 백성이 있다 할지라도 다 부처님의 법을 보호하리라."

그때 세존께서 이 뜻을 거듭 펴시려고 게송으로 말씀하셨다.

비구들에게 말하노라.
부처의 눈으로써
가섭을 내가 보니
수가 없는 겁을 지나

앞으로 오는 세상
부처를 이루어서
그 세상에 계신 세존
3백만억 부처님을

받들어 공양하고
정성으로 친견하여
부처의 큰 지혜와
범행(梵行)을 잘 닦으며

가장 위가 되신
양족존[2]께 공양하고
무상 지혜 닦고 익혀

최후의 몸 성불하리.

그 나라는 청정하여
유리로 땅이 되고
여러 가지 보배 나무
도로마다 즐비하며

황금 줄로 경계하니
보는 사람 환희하고
향기 좋은 여러 꽃을
항상 흩어 뿌리며

갖가지 아름다운
그런 걸로 장엄할새,
그 땅이 평정(平正)하여
구릉 언덕 없으며

그 수를 알 수 없는
많고 많은 보살 대중
마음도 부드럽고
큰 신통을 얻으며

---

2 사람 중에 가장 존귀한 분, 곧 부처님을 말한다. 지혜(智慧)와 자비(慈悲)를 구족한 사람이라는 뜻으로, 이족존(二足尊)이라고도 부른다.

부처님의 대승경전
받들어서 지니고
성문들 번뇌 없는〔無漏〕
최후에 받은 몸들

법왕의 아들들도
그 수가 많고 많아
천안(天眼)³으로 볼지라도
능히 세지 못하나니

그 부처님 누릴 수명
12소겁 오랜 세월
정법이 머물기는
20소겁이라 하며

상법 또한 마찬가지
그와 같은 세월이니
광명의 그 세존
하시는 일 이렇노라.

그때 대목건련과 수보리와 마하가전연 등이 모두 송구스러

---

3 6신통의 하나로 온갖 것을 볼 수 있는 신통력이다.

워하면서 일심으로 합장하고 부처님의 존안을 우러러보며 눈도 깜빡이지 않더니, 곧 같은 소리로 게송을 함께 말하였다.

장하신 세존은
석(釋)씨 문중 법왕이라,
불쌍한 우리 위해
부처님 말씀 주옵소서.

우리 마음 아시고
수기를 주신다면
감로수로 열을 없애
시원함과 같습니다.

주린 배로 헤매다가
대왕 성찬 만났어도
마음이 두려워서
감히 먹지 못하올새.

만일 왕이 먹으라면
그때에야 감식하듯
우리들도 그와 같아
소승의 허물만 생각하며

부처님의 무상 지혜
구할 길도 모르고
너희들도 성불한다
부처님 음성 들었어도

되려 마음 두려워서
선뜻 먹지 못함이나,
만일 수기 주신다면
이젠 안락하오리다.

장하신 세존께서
세상 안락케 하시려니
저희에게 수기 주시면
그 가르침 받으리다.

그때 세존께서, 여러 큰 제자들이 마음으로 생각하는 바를 아시고 비구들에게 말씀하셨다.

"이 수보리는 앞으로 오는 세상에 3백만억 나유타(那由他)[4] 부처님을 친견하여 받들고 공양하고 공경하며 존중하고 찬탄하며, 항상 범행을 닦아 보살의 도를 갖추어 최후의 몸에 성불을 하면, 그 이름은 명상(名相)여래·응공·정변지·명행족·선

---

4 범어 nayuta의 음사. 인도에서 아주 많은 수를 나타내는 단위인데, 천만 혹은 천억에 해당한다고 한다.

서·세간해·무상사·조어장부·천인사·불세존이며, 겁의 이름은 유보(有寶)요. 나라 이름은 보생(寶生)이리라. 그 국토는 평탄하며 파려로 땅이 되고 보배 나무로 장엄하며, 구릉이나 언덕이나 또 사금파리나 가시덤불이나 대변·소변 같은 더러운 오물이 없으리라. 보배꽃이 땅을 덮어 두루 청정하며, 그 국토의 인민은 다 보배로운 집이나 진귀하고 아름다운 누각에 살며, 성문 제자는 한량없고 가없어 숫자로나 비유로도 능히 알 수 없으며, 또한 여러 보살들도 무수하여 천만억 나유타이리라. 부처님의 수명은 12소겁이요. 정법이 세상에 머물기는 20소겁이며, 상법도 역시 20소겁이리라. 그 부처님은 항상 허공에 머물러서 중생을 위해 설법하며, 한량없는 보살과 성문들을 제도하리라."

그때 세존께서 이 뜻을 거듭 펴시려고 게송으로 말씀하셨다.

여러 비구들아.
내 이제 말하노니
너희들은 일심으로
내 말을 잘 들으라.

나의 큰 제자인
수보리는 오는 세상
부처를 이루리니,

그 이름은 명상이라.

한량없는 만억 부처님
찾아뵙고 공양하며
부처님 행을 따라
큰 도를 점점 갖춰

최후에 받은 몸이
미묘한 32상(相)
단정하고 아름답기
보배로운 산과 같고

그 부처님 국토는
엄정하기 제일이니
이것을 보는 중생
모두 다 즐겨 하니

부처님 그 가운데
무량 중생 제도하며
그 부처님 법 안에
많은 보살 있으니

모두 다 영리하여

불퇴륜(不退輪)⁵ 굴리어
항상 저 나라 땅
보살로써 장엄되리.

성문 대중들도
셀 수 없이 많은 수라.
모두 다 3명 얻고
6신통을 갖추어

8해탈(解脫)⁶에 머물러서
큰 위덕이 있으니,
그 부처님 설법하사
나타내는 신통변화

한량없고 가이없어
불가사의 일이러니
항하의 모래 같은

---

5 불퇴전법륜(不退轉法輪)의 준말이다. 물러남이 없는 법륜이라는 뜻이다. 법륜은 불·보살의 설법을 말한다.
6 번뇌의 속박을 벗어나는 여덟 가지 길이다. ① 일념으로 생각하여 색욕(色慾)을 제거하고 ② 생각을 한 곳에 집중하여 정신을 통일하고 ③ 탐심이 일어나지 못하게 다스려 냉철함을 유지하고 ④ 심신이 청정한 경지에 이르고 ⑤ 무한한 공간을 생각해 외계의 차별상을 없애고 ⑥ 마음의 작용이나 몸이 함께 무한한 경계에 이르며 ⑦ 공간이나 마음의 경계를 초월한 근원에 이르고 ⑧ 그 근원이 항시 현실에 나타나는 경지에 도달하는 것이다.

여러 천상 사람들이

다 같이 합장하고
부처님 말씀 들으리라.
그 부처님 수명은
12소겁이요

정법이 그 세상에
머물기는 20소겁
상법 또한 마찬가지
20소겁 머물리라.

그때 세존께서 다시 여러 비구 대중들에게 말씀하셨다.
"내 이제 너희들에게 말하노라. 이 대가전연은 오는 세상에 8천억 부처님을 여러 가지 공양 기구로써 공양하고 공경하고 존중하며, 그 부처님들이 열반하신 뒤에는 탑을 세우되, 높이가 1천 유순이며 길이나 너비가 똑같이 5백 유순이라, 금·은·유리·차거·마노·진주·민괴(玫瑰)[7]의 7보를 합하여 이루어지고, 여러 꽃과 영락과 도향(塗香)·말향(末香)·소향(燒香)과 증개(繒盖)·당번(幢幡)으로 그 탑묘에 공양하고, 이 일을 마친 후에는 다시 2만억 부처님께 공양하되 전과 같이 하나니,

---

7 7보의 하나인데 옥(玉)의 일종이다.

이 모든 부처님께 공양을 한 뒤 보살의 도를 갖추고 마땅히 성불하리라. 그 이름은 염부나제금광(閻浮那提金光) 여래·응공·정변지·명행족·선서·세간해·무상사·조어장부·천인사·불세존이리라. 그 나라의 땅은 평탄하고 또 유리로 땅이 되며 보배 나무로 장엄되고 황금으로 줄을 꼬아 길을 경계하며, 아름다운 꽃으로 땅을 덮어 두루 청정하니, 보는 사람마다 환희하며, 네 가지 악한 갈래인 지옥·아귀·축생·아수라가 없고, 많은 천상과 인간 그리고 여러 성문과 한량없는 만억의 보살들이 그 나라를 장엄하며, 그 부처님의 수명은 12소겁이고, 정법이 20소겁을 세상에 머무르고, 상법도 또한 20소겁을 머무르리라."

그때 세존께서 이 뜻을 거듭 펴시려고 게송으로 말씀하셨다.

여러 비구들아,
일심으로 들을지어다.
내가 설하는 법
진실하여 다름없다.

이 가전연은
갖가지 아름다운
공양의 기구로써
여러 부처님들께 공양하고

부처님 멸도한 뒤
7보의 탑 일으키되
아름다운 꽃으로
사리를 공양하며

그 최후의 몸으로
불지혜 얻어
등정각(等正覺)[8]을 이루어
그 나라 청정하며

한량없는 만억 중생
남김없이 제도하고
시방의 천상 인간
공양을 받으리니.

부처님의 광명보다
더할 이가 있을손가.
그와 같이 밝은 부처님
이름은 염부금광

많은 보살 여러 성문

---

8 범어로는 samyaksaṃbuddha. 평등한 진리를 깨달았다는 것이다.

일체의 유(有)를 끊어
무량하고 가없게
그 나라를 장엄하리.

그때에 세존께서 다시 대중에게 말씀하셨다.
"내 이제 너희들에게 말하노라. 여기 대목건련은 가지가지 공양 기구로써 8천의 여러 부처님들께 공양하고 공경하고 존중하며, 여러 부처님들이 열반하신 뒤에는 각각 그 탑묘를 세우되, 높이가 1천 유순이나 되고 길이나 너비가 똑같이 5백 유순이 되게 하리라. 금·은·유리·차거·마노·진주·민괴 등 7보를 합하여 만들고, 많은 꽃과 영락과 도향·말향·소향과 증개·당번들로써 탑묘를 공양하며, 이것을 마친 후에는 다시 2백만억 부처님을 그렇게 공양하고 반드시 성불하리라. 그 부처님의 이름은 다마라발전단향(多摩羅跋栴檀香) 여래·응공·정변지·명행족·선서·세간해·무상사·조어장부·천인사·불세존이리라. 그 겁의 이름은 희만(喜滿)이요, 나라 이름은 의락(意樂)이며, 그 나라의 땅은 평평하여 파려로 땅이 되고 보배 나무로 장엄하며 진주로 된 꽃을 흩어 두루 청정하게 하거늘, 보는 사람마다 환희하여 천상 사람들이 많고, 보살과 성문도 그 수가 한량이 없으리라. 그 부처님의 수명은 24소겁이요, 정법이 세상에 머물기는 40소겁이며, 상법도 정법과 같은 기간을 머무르리라."

그때 세존께서 이 뜻을 거듭 펴시려고 게송으로 말씀하셨다.

내 큰 제자인
여기 있는 대목건련
이 몸을 버린 뒤에
부처님 여러 세존

8천2백만억이나
많고 많은 그 수를
불도를 위하므로
공양하고 공경하며

부처님 계신 곳에서
범행을 항상 닦고
부처님 법 받들기
한량없이 오랜 세월

그 부처님 열반 후엔
7보탑을 세우되
높게 꽂은 긴 표찰은
황금 칠을 해 만들고

꽃과 향과 기악으로
탑묘를 공양하며
보살도를 점점 갖춰

그리고는 의락국(意樂國)에서

부처를 이룰지니
성불하여 얻은 이름,
다마라발전단향
이와 같이 부르리라.

그 부처님 수명은
24소겁이며
천상·인간 위하여
불도를 연설하고

한량없는 성문·대중
항하 모래 같아도
3명과 6신통으로
크게 위덕 갖추며

무수한 보살들은
뜻이 굳고 정진하여
불지혜 잘 들어
물러남이 없으며

부처님 열반 뒤에

정법·상법 40소겁
나의 여러 제자들
위덕 모두 갖추리라.

그 수가 5백인데
하나도 빠짐없이
오는 세상 성불한다
수기하여 줄 것이니

나와 너희들의
지난 세상 인연을
내 이제 설하려니
정신차려 잘 들으라.

7. 화성유품(化城喩品)

부처님께서는 여러 비구들에게 말씀하셨다.

"과거 한량없고 가없는 불가사의 아승기겁에 한 부처님께서 계셨으니, 이름은 대통지승(大通智勝) 여래·응공·정변지·명행족·선서·세간해·무상사·조어장부·천인사·불세존이었느니라. 그 나라의 이름은 호성(好城)이요, 겁의 이름은 대상(大相)이었느니라.

비구들아, 그 부처님 열반하신 지가 매우 오래이니. 비유컨대 삼천대천세계의 모든 땅을 갈아 먹물로 만들어서 그것을 어떤 사람이 동방으로 1천 국토를 지나 티끌만하게 한 점 떨어뜨리고, 또 1천 국토를 지나 한 점을 떨어뜨리며, 이와 같이 옮겨가면서 땅으로 된 먹을 다한다면 너의 생각은 어떠하냐? 이 여러 나라를 셈 잘하는 사람이나 그의 제자들이 능히 그 끝을 알 수 있겠느냐?"

"못하겠습니다. 세존이시여."

"여러 비구들아. 이 사람이 지나간 국토 가운데 점이 떨어진 국토나 안 떨어진 국토를 다 합쳐 모아 티끌로 만들어서 그 한 티끌을 1겁이라 하더라도. 저 부처님께서 열반하신 지는 더 오래되어 한량없고 가없는 백천만억 아승기겁을 지났느니라. 나는 여래의 지견의 힘으로 그 오래된 일을 오늘의 일처럼 볼 수 있느니라."

그때 세존께서 이 뜻을 거듭 펴시려고 게송으로 말씀하셨다.

지난 세상 생각하니
한량없이 오래인 겁
한 부처님 계셨으니
그 이름 대통지승

어떤 사람 힘을 써서
삼천대천 큰 땅덩이
먹으로 다 갈아서
그 먹물을 가지고

1천 국토 지날 적
한 방울 떨어뜨려
이렇게 전전하여
그 먹을 다하면

먹물 떨어진 국토거나

안 떨어진 여러나라
가는 티끌 만들어서
한 티끌 1겁 돼도

여래께서 열반하심
그보다 수가 많아
한량없고 가없는
길고 먼 겁이니라.

걸림없는 여래 지혜
저 부처님 멸도와
성문 보살 아는 것
오늘 멸도 봄과 같고

비구들아, 바로 알라.
미묘하신 불지혜는
번뇌 없고 걸림 없어
무량한 겁 통하노라.

부처님께서 여러 비구들에게 말씀하셨다.
"대통지승부처님의 수명은 540만억 나유타겁이니라. 그 부처님께서 처음 도량에 계시어 마군들을 파하고 아뇩다라삼먁삼보리를 얻으려 하나, 모든 부처님의 법이 앞에 나타나지 아니하므로, 1소겁으로부터 10소겁 동안을 가부좌를 틀고 앉아 몸과 마음을 움직이지 아니하되, 역시 부처님의 법이 아직 나타나지 아니하였느니라.

그때 도리천(忉利天)의 여러 사람들이 그 부처님을 위하여 보리수 아래 사자좌를 펴니, 그 높이가 1유순이었다. 부처님께서는 그 자리에 앉으시어 내가 반드시 아뇩다라삼먁삼보리를 얻으리라 하시니, 이때 여러 범천왕이 많은 하늘꽃을 내리는데, 그 높이가 1백 유순이나 쌓였느니라. 마침 향기로 운 바람 이때를 맞춰 불어와서 시든 꽃을 불어내고 다시 새로운 꽃을 내리어 만(滿) 10소겁 동안을 이렇게 끊이지 않고 꽃 공양을 하였으며, 또한 열반에 이르기까지 항상 이와 같이 꽃을 비내리듯 하였느니라. 사천왕과 여러 하늘은 그 부처님께 공양하기 위하여 항상 하늘북을 울리며, 그 밖의 여러 하늘은 하늘기악을 울리되, 10소겁을 다하고 열반하실 때까지도 또한 이렇게 하였느니라.

여러 비구들아, 대통지승부처님께서는 10소겁이 지나서야 부처님의 법이 그 앞에 나타나게 되어 아뇩다라삼먁삼보리를 이루셨느니라. 그 부처님께서 아직 출가하시기 전에 열여섯 명의 아들이 있었으니, 첫째 아들의 이름은 지적(智積)이다. 모든 아들들은 저마다 갖가지 보배롭고 기이한 기구들을 가지고 있었다. 아버지가 아뇩다라삼먁삼보리를 얻었다는 말을 듣고, 그 보배로운 기구들을 다 버리고 부처님 계신 곳에 찾아가니, 그 어머니는 눈물을 흘리며 떠나보내었느니라. 그의 할아버지인 전륜성왕은 1백 대신과 백천만억 백성들에게 둘러싸여 도량에 나가 대통지승여래를 다 같이 친근하고 공양·공경하며 존중·찬탄하려고 머리 숙여 예배한 뒤, 부처님을 돌고는[9] 일심으로 합장하고 세존의 존안을 우러러보면서 게송으로 말하였느니라.

  큰 위덕 갖춘 세존께서
  중생 제도하시려고
  억만 년이 지나서야
  성불을 하셨나니

  여러 소원 구족하고
  거룩하기 위없으며
  세존 매우 희유하사
  10소겁을 한 자리에

  신체와 수족들은
  부동하여 편안하고
  그 마음 담백하여
  산란치 않으시며

---

9 자기의 오른편 옆구리를 부처님 쪽으로 대고 그 주위를 세 번 도는 것으로, 부처님에 대한 경의의 표시이다.

필경에는 적멸하여
무루법에 머물러서
세존께서 편안하게
성불하심 보옵나니

저희들 좋은 이익 얻어
크게 환희합니다.
중생 고뇌 항상해도
도사 없고 어두워서

고(苦) 끊는 길 모르고
해탈도 구할 줄 몰라
긴 세월 악만 늘고
하늘 인간 적어지며

어둠 속만 파고들어
부처님 이름 못 듣더니
안온하고 위없는 도
부처님께서 얻으시니

저희들과 하늘 인간
큰 이익 얻으므로
머리 함께 조아리어

무상존께 귀의합니다.

그때 열여섯 왕자들은 게송으로 부처님 찬탄을 마치고 세존께 법륜 굴려주시기를 간청하여 다 함께 이렇게 여쭈었느니라.
'세존이시여, 세존께서 하시는 설법은 저희들을 안온케 할 바가 많사오니, 저희들을 불쌍히 여기시고 여러 하늘과 인민들을 요익케 하옵소서.'
그리고는 다시 게송으로 말하였느니라.

세상에 다시없이
백복으로 장엄하사
무상 지혜 얻은 세존
세간 위해 설하옵소서.

저희들과 여러 중생들
해탈시켜 주시려니
분별하여 보이시고
지혜 얻게 하옵소서.

만일 저희 성불하면
중생 또한 깊은 마음
저희들 깊은 마음

행할 도와 지혜의 힘

욕락과 닦은 복과
지난 세상 행업(行業)들을
세존께서 다 아시므로
무상 법률 전하옵소서."

부처님께서 여러 비구들에게 말씀하셨다.
"대통지승여래께서 아뇩다라삼먁삼보리를 얻으셨을 때 시방의 각 5백만억 부처님 세계가 여섯 가지로 진동하고, 그 나라 가운데 위엄 있는 해나 달도 능히 비추지 못하던 어두운 골짜기까지 큰 광명이 비치거늘, 중생들이 놀라 각기 서로 보며 말하였다.
'이 같은 일이 어찌하여 홀연히 일어나는가?'
또한 그 나라는 모든 하늘의 궁전과 범천의 궁전까지 여섯 가지로 진동하며, 큰 광명이 널리 비쳐 세계가 두루 차니, 모든 하늘의 광명보다 밝았느니라. 그때 동방의 5백만억 모든 국토 가운데 있는 범천의 궁전을 광명이 비추는데 다른 때보다 더 밝았으므로, 여러 범천왕들이 생각하였느니라.
'지금 이 궁전에 비치는 광명은 옛날에 일찍이 없던 것이니, 무슨 인연으로 이런 상서가 나타나는가?'
이때 여러 범천왕들이 서로 쳐다보며 이 일을 함께 의논하더니. 그 대중 가운데 이름이 구일체(救一切)라고 하는 하나의 큰 범천왕이 있어 여러 범천의 중생을 위해 게송으로 말하였느니라."

우리의 궁전마다
옛날에 없던 이 광명
그 인연 무엇인가.
서로 함께 찾아보자.

대덕(大德)이 나심인가.
부처님께서 출현하심인가.
이렇게 광명이
시방세계 밝히누나.

그때 5백만억 국토의 여러 범천왕들이 궁전과 하늘꽃을 가득 담은 그릇을 가지고 서방으로 가서 이 상서를 함께 찾아가 대통지승여래께서 도량의 보리수 아래 사자좌에 앉으심과, 여러 하늘과 용왕과 건달바 긴나라·마후라가 등 사람인 듯 아닌 듯한 것들이 그 주위에 둘러서서 공경함과, 열여섯 왕자들이 부처님께 법륜 굴려 주심을 청하는 것을 보고, 이때 범천왕들도 곧 머리 숙여 부처님께 예배하고 부처님 주위를 백천 번이나 돌며 하늘꽃을 부처님 위에 흩으니, 그 흩은 꽃이 수미산과 같고, 아울러 부처님 앞으신 보리수에도 공양하니, 그 보리수의 높이는 10유순이었느니라.

꽃 공양을 마치고 각각 가지고 왔던 궁전을 그 부처님께 받들어 올리며 이런 말을 하였느니라.

'저희들을 불쌍히 여기시어 드리는 궁전을 받으시고 또한 저희들을 이익케 하옵소서.'

이때 여러 범천왕들이 곧 부처님 앞에서 한결같은 마음과 음성으로 게송을 함께 말하였느니라.

세존께서는 희유하사
만나 뵙기 어렵고
무량 공덕 갖추시어
일체 능히 구하시며

하늘 인간 대사 되어
세간을 위하시니
시방의 여러 중생들
큰 이익입니다.

저희들이 5백만억 국토에서
선정의 낙(樂)을 다 버리고
여기까지 찾아온 것은
부처님께 공양하기 위함이며

지난 세상 복덕으로

장엄한 여러 궁전
세존께 바치오니
원컨대 받으소서.

그때 여러 범천왕들이 게송으로 부처님 찬탄을 마치고 각각 이런 말을 하였느니라.

'원하옵나니 세존이시여, 법륜을 굴리시어 중생을 제도하시고 해탈케 하시며 열반의 길을 열어 주옵소서.'

이때 여러 범천왕들이 일심으로 함께 게송으로 말하였느니라.

훌륭하신 양족존은
법을 연설하시어
대자대비하신 힘으로
중생 제도하옵소서.

그때 대통지승여래께서 묵연히 이를 허락하셨느니라.

여러 비구들아, 동남방에 있는 5백만억 국토의 여러 대범천왕들이 각기 자기의 궁전에 옛날에 없던 밝은 광명이 비치니, 이것을 보고 기뻐 뛰며 마음들이 희유하여 서로 찾아가 이 일을 의논하더니, 이때 그 대중 가운데 이름이 대비(大悲)라는 한 범천왕이 있어 모든 법천의 대중을 위하여 게송으로 말하였느니라.

이 일이 무슨 인연
밝은 상서 나타나니
우리들 이 궁전에
전에 없던 광명이라.

대덕께서 나심인가,
부처님 출현하심인가.
일찍이 못 본 이 상서
일심으로 찾으려니

천만억 많은 국토
지나도 찾으리라.
아마 중생 제도하려
부처님께서 세상에 오심이리라.

그때 5백만억의 여러 범천왕들이 궁전과 갖가지 하늘꽃을 담은 그릇을 가지고 서북방으로 함께 가서 이 상서를 찾다가 대통지승여래께서 도량의 보리수 아래 사자좌에 앉아 계심과, 여러 하늘·용왕·건달바·긴나라·마후라가 등 사람인 듯 아닌 듯한 것들이 공경하여 둘러 서 있는 것과 열여섯 왕자들이 부처님께 법륜 굴리시기를 청함을 보고, 여러 범천왕들도 곧 머리 숙여 예배하고, 백천 번이나 부처님 주위를 돌고는 하늘꽃을 부처님 위에 흩으니. 그 흩은 꽃이 수미산과 같았느니라.

부처님께서 계시는 보리수에도 꽃 공양을 마치고, 각각 가지고 온 궁전을 그 부처님께 받들어 올리고 이런 말을 하였느니라.

'세존께서는 저희들을 불쌍히 여기시어 저희를 이익케 하옵시고 드리는 이 궁전을 받아 주옵소서.'

그때 여러 범천왕들이 곧 부처님 앞에 나아가서 일심으로 같은 소리를 내어 게송으로 말하였느니라.

성주(聖主)[10]이신 천중왕(天中王)[11]
가릉빈가(迦陵頻伽)[12] 음성으로
중생 위해 설법하니
우리 모두 공경하며

세존 매우 희유하사
출현하기 어려워서
180겁을
부처님 안 계시니

---

10 부처님에 대한 존칭이다.
11 신들 중에서 으뜸가는 존재, 곧 부처님을 가리킨다.
12 범어 kalaviṅka의 음사. 인도에서 나는 새의 일종으로 목소리가 곱기로 유명하다. 히말라야에 산다고도 하고, 극락정토에 산다고도 한다. 극락조(極樂鳥)라고도 하는데, 정토만다라(淨土曼茶羅) 등에서는 사람의 머리에 새의 몸으로 등장한다.

3악도(惡道)는 충만하고
하늘 중생 줄어드니
이제부터 출현하사
중생의 눈이 되다.

세간 모두 귀의하며
온갖 것을 구원받고
중생의 아버지라
불쌍타고 주는 이익

우리들 시난 세상
쌓은 복덕으로
오늘날 이와 같이
세존을 만나 뵙네.

그때 여러 범천왕들이 게송으로 부처님 찬탄을 마치고 각각 이런 말을 하였느니라.
 '원하옵나니 세존이시여, 일체 중생을 불쌍히 여기시어 법륜을 굴리시고 중생을 제도하여 주옵소서.'
 여러 범천왕들은 일심으로 같은 소리를 내어 게송으로 말하였느니라.

대성(大聖)이신 세존께서

큰 법륜 굴리시어
여러 가지 법 모양을
나타내어 보이시고

고뇌하는 우리 중생
제도하여 주시며
그 중생 마음마다
환희하게 하옵시니

중생들 이 법 듣고
제도되고 천상에 나
여러 악도 줄어들고
착한 이 증가하리.

그때 대통지승여래께서 묵연히 허락하셨느니라.
또 여러 비구들아, 남방으로 5백만억 국토의 여러 범천왕들이 각각 자기들의 궁전에 전에 보지 못하던 광명이 비치거늘, 뛸 듯이 기뻐하며 희유한 마음을 내어 곧 서로 찾아가서 이 일을 함께 의논하였느니라.
'무슨 인연으로 우리들 궁전에 이런 광명이 비치는가?'
그 대중 가운데 묘법(妙法)이라는 한 큰 범천왕이 있어 여러 범천의 중생을 위하여 게송으로 말하였느니라.

우리들의 궁전마다
광명 매우 밝으니
이 일이 무슨 인연인지
이 상서를 찾아보리.

백천 겁 지나도록
이런 상서 없었나니
대덕이 나심인가.
부처님 출현하심인가.

 그때 5백만억의 여러 범천왕들이 궁전과 갖가지 하늘꽃을 담은 그릇을 가지고 북방으로 함께 가서 이 상서를 찾다가 대통지승여래께서 도량의 보리수 아래 앉아 계심과, 여러 하늘 중생과 용왕과 건달바·긴나라·마후라가 등 사람인 듯 아닌 듯한 것들이 공경하여 둘러 서 있는 것과 열여섯 왕자들이 부처님께 법륜 굴리시기를 청함을 보고, 그때 여러 범천왕들도 머리 숙여 부처님께 예배하고 부처님 주위를 백천 번이나 돌고는 곧 하늘꽃을 부처님 계신 보리수에도 공양을 하고, 각각 가지고 온 궁전을 그 부처님께 받들어 올리며 이런 말을 하였느니라.
 '저희들을 불쌍히 여기시어 이익케 하옵시고 드리는 궁전을 받아 주옵소서.'
 곧 여러 범천왕들은 부처님께 나아가 일심으로 같은 소리를 내어 게송으로 말하였느니라.

여러 번뇌 파하시는
세존 뵙기는 어려워라.
130겁 다 지나고
이제 한 번 만나 뵙네.

기갈에 찬 여러 중생들
법비 내려 충만하니
예전에 보지 못한
한량없는 지혜라.

우담바라꽃 피듯이
오래고 먼 세월에
출현하는 부처님을
오늘에야 만났으니

광명으로 장엄된
저희들의 여러 궁전
세존이시여, 대자비로
원컨대 받아 주옵소서.

그때 여러 범천왕들이 게송으로 부처님 찬탄을 마치고 이런 말을 하였느니라.

'원하옵나니 세존께서는 법륜을 굴리시어 일체 세간과 여러 하늘·마군·범천·사문·바라문들을 다 안온하게 하시고 해탈하게 하여 주시옵소서.'

여러 범천왕들이 일심으로 같은 소리를 내어 게송으로 말하였느니라.

원하오니 세존께서
무상 법륜 굴리시어
법북을 울리시고
큰 법라 부시며

법비를 널리 내려
중생 제도하여 주심
귀의하여 바라오니
연설하여 주옵소서.

그때 대통지승여래께서 묵연히 이를 허락하셨느니라. 또한 서남방과 하방 세계에도 이와 같은 일이 있었느니라.

그때 상방으로 5백만억 국토의 여러 범천왕들도 예전에 볼 수 없었던 밝은 광명이 자기들의 궁전에 비치는 것을 보고, 뛸 듯이 기뻐하며 마음들이 희유해서 각각 서로 찾아가 이 일을 의논하였느니라.

'무슨 인연으로 우리들의 궁전에 이 광명이 비치는가?'
그 대중 가운데 이름이 시기(尸棄)라는 한 큰 범천왕이 있어 모든 범천의 무리를 위하여 게송으로 말하였다.

지금 이런 일은 무슨 인연인가.
우리들 살고 있는 모든 궁전마다
위엄 있고 덕이 있는 광명이러니
옛날에 일찍이 없던 희유한 장엄이라.

미묘하고 아름다운 이러한 모양
듣지도 못하고 보지도 못했거늘
대덕이 하늘에서 태어나려 하심인가.
부처님께서 세상에 출현하심인가.

그때 5백만억의 범천왕들이 궁전과 갖가지 하늘꽃을 담은 그릇을 가지고 하방에 함께 내려가 이 상서를 찾다가 대통지승여래께서 도량의 보리수 아래 사자좌에 앉아 계심과, 여러 하늘과 용왕·건달바·긴나라·마후라가 등 사람인 듯 아닌 듯한 것들이 공경하여 둘러 서 있는 것과 열여섯 왕자들이 부처님께 법륜 굴려 주시기를 청함을 보고, 범천왕들도 머리 숙여 부처님께 예배하고 부처님 주위를 백천 번이나 돌며 하늘꽃을 부처님 위에 흩으니, 그 흩은 꽃이 수미산과 같았느니라. 그리고 부처님께서 앉아 계신 보리수에도 꽃 공양을 마치고, 가지고 온 궁전을 그 부처님께 받들어 올리며 말하였느니라.

'저희들을 불쌍히 여기시어 이익케 하여 주옵시고 여기 드리는 궁전을 원하노니 받아 주옵소서.'

그때 여러 범천왕들이 곧 부처님 앞에서 일심으로 같은 소리를 내어 게송으로 말하였느니라.

거룩하신 부처님들
세상 고난 구하시려
삼계 지옥에 있는 중생
부지런히 건져내며

넓은 지혜 세존께서
불쌍한 어린 중생
감로문을 열어 주어
일체 제도하옵소서.

길고 긴 오랜 세월
세존께서 안 계실 적
헛되이 보낸 시간은
시방세계 항상 어두워

3악도만 점점 늘고
아수라는 성하며

하늘 중생 줄어들어
죽어 악도 떨어지며

부처님 법 따르잖고
착한 일은 외면하며
모양과 힘과 지혜가
모두 다 줄어드네.

죄업의 인연들로
즐거움을 다 잃고
삿된 법에 걸리어서
선한 법을 모두 모르며

부처님 교화 못 받아
악한 길로만 떨어지니
세간의 눈이신 부처님께서
오랜만에 출현하사

고통받는 여러 중생
불쌍하게 여기시어
최정각(最正覺)을 이루시니
저희 마음 즐거웁고

그밖의 일체중생
일찍이 못 보던 일
듣기조차 하였을까.
마음 가득 기뻐서

광명 비쳐 장엄스런
저희들의 여러 궁전
세존께 바치오니
부디 받아 주옵소서.

이러한 공덕으로
일체에 보급하여
저희들과 여러 중생들
부처님 도 이룰지어다.

그때 5백만억 여러 범천왕들이 게송으로 부처님 찬탄을 마치고 각기 부처님께 여쭈었느니라.
'원하옵나니 세존이시여, 법륜을 굴리시어 안온하게 하시고 해탈하게 하옵소서.'
그리고 또 여러 범천왕들이 게송으로 말하였느니라.

높으신 세존께서 법륜을 굴리시고
감로의 미묘하신 법북을 치시며

고뇌 속에 빠진 중생 제도하사
열반의 큰 길을 열어 보여 주옵소서.

저희들 간절한 맘 세존께 바라옵기
크시고 미묘하신 부처님 음성으로
못 깨달아 어두운 불쌍한 중생 위해
무량한 겁 익힌 법을 설해 주옵소서.

그때 대통지승여래께서 시방의 여러 범천왕들과 열여섯 왕자들의 청을 허락하여 받으시고 삼전십이행(三轉十二行)[13]의 법륜을 굴리시니, 사문이나 바라문 혹은 천상이나 마군이나 범천, 그리고 다른 세간에서는 능히 설하지 못하느니라. 그 여래께서 설하셨느니라.
 '이것이 고(苦)이며, 이것이 고가 모인 것이고, 이것이 고의 멸함이며, 이것이 고를 멸하는 길이니라.'
 또한 널리 12인연(因緣)의 법을 설하셨느니라.
 '무명(無明)은 행(行)을 인연하고, 행은 식(識)을 인연하며, 식

---

13 부처님이 4제(諦)에 대해 시(示)·권(勸)·증(證)의 세 단계로 나누어 고찰한 것이다. ① 시전(示轉): 이것이 바로 고(苦)·집(集)·멸(滅)·도(道)라고 4제를 나타내 보이는 것 ② 권전(勸轉): 고(苦)는 알아야 한다. 집(集)은 끊어야 한다. 멸(滅)은 증득(證得)해야 한다. 도(道)는 닦아야 한다고 권하는 것 ③ 증전(證轉): 스스로 고(苦)를 알아 집(集)을 끊고, 멸(滅)을 증득하기 위해 도(道)를 닦는 것을 보여 다른 사람들로 하여금 깨닫도록 밝힌 것이다.

은 명색(名色)을 인연하고, 명색은 6입(入)을 인연하며, 6입은 촉(觸)을 인연하고, 촉은 수(受)를 인연하며, 수는 애(愛)를 인연하고, 애는 취(取)를 인연하며, 취는 유(有)를 인연하고, 유는 생(生)을 인연하며, 생은 노사(老死)·우비(憂悲)·고뇌(苦惱)를 인연하느니라. 따라서 무명이 멸하면 행이 멸하고, 행이 멸하면 식이 멸하며, 식이 멸하면 명색이 멸하고, 명색이 멸하면 6입이 멸하며, 6입이 멸하면 촉이 멸하고, 촉이 멸하면 수가 멸하며, 수가 멸하면 애가 멸하고, 애가 멸하면 취가 멸하며, 취가 멸하면 유가 멸하고, 유가 멸하면 생이 멸하며, 생이 멸하면 곧 노사·우비·고뇌가 멸하느니라.'

부처님께서 천상과 여러 대중들에게 이 법을 설하실 때에 6백만억 나유타 사람들이 일체 세간법의 영향을 받지 아니한 까닭으로 모든 번뇌를 벗어나서 마음의 해탈을 얻었고, 모두 깊고 미묘한 선정과 3명(明)과 6통(通)을 얻어 8해탈을 갖추었느니라. 두 번째와 세 번째와 네 번째의 법을 설하실 때도 천만억 항하의 모래 같은 나유타 중생들이 또한 일체 세간법의 영향을 받지 아니한 까닭에 모든 번뇌를 벗어나서 마음의 해탈을 얻었으며, 그 후로 여러 성문 대중들도 한량없고 가없어 그 수를 알 수 없었느니라.

그때 열여섯 왕자들은 다 어린 동자로서 출가하여 사미(沙彌)[14]가 되었으니, 6근(根)이 영리하고 그 지혜가 명료하며, 일

---

14 범어 śrāmaṇera의 음사. 출가하여 10계를 받고 수행하는 20세 미만의 남자 승려를 말한다.

찍이 백천만억 여러 부처님께 공양하였으며, 청정한 범행을 닦아 아뇩다라삼먁삼보리를 구하려고 부처님께 함께 여쭈었느니라.

'세존이시여, 이 한량없는 천만억 대덕의 성문들이 이미 다 성취하였습니다. 세존이시여, 저희들을 위하여 마땅히 아뇩다라삼먁삼보리의 법을 설하여 주옵소서. 저희들이 듣고 다 같이 닦고 배우겠습니다. 세존이시여, 저희들이 간절한 마음으로 바라는 여래의 지견(知見)과 마음 깊이 생각하는 바를 부처님께서는 스스로 증득하시어 아시리다.'

그때 전륜성왕이 데리고 온 대중 가운데서 8만억 사람들이 열여섯 왕자들이 출가함을 보고, 자기들도 출가하기를 구하므로 전륜성왕이 허락하였느니라.

그때 그 부처님께서 사미들이 청하는 것을 받으시고 2만 겁을 지나서 사부대중들에게 이 대승경을 설하시니, 그 이름이 『묘법연화경(妙法蓮華經)』으로, 보살을 가르치는 법이며, 부처님께서 보호하고 생각하셨느니라.

이 경을 다 설하시니, 열여섯 사미들은 아뇩다라삼먁삼보리를 위하므로 다 함께 받아 지녀서 외우고 읽어 깊은 뜻에 통달하였느니라. 또 이 경을 설하실 때에, 열여섯 보살 사미들은 다 믿고 받았으며, 성문의 대중 가운데도 믿고 이해하는 이가 있었으나, 그 밖의 천만억 종류나 되는 다른 중생들은 다 의혹하는 마음을 내었느니라. 부처님께서는 8천 겁 동안을 쉬지 않고 이 경을 설하셨으며, 이 경을 다 설하시고는 곧 고요한 데 계시어 8만 4천 겁 동안을 선정에 드셨느니라. 그때 열여섯 보살 사미들도 부처님께서 고요한 방에서 선정에 드신 것을 알고 각각 법의 자리에 올라 또한 8만 4천 겁 동안 사부대중을 위하여 『묘법연화경(妙法蓮華經)』을 널리 분별하여 그 하나하나가 모두 6백만억 나유타 항하의 모래 같은 중생들을 제도하고 가르쳐 이롭게 하며, 또한 기쁜 마음으로 아뇩다라삼먁삼보리심을 일으키게 하였느니라.

대통지승부처님께서 8만 4천 겁을 지나 삼매에서 일어나 법의 자리에 나아가 편안히 앉으시고, 여러 대중들에게 말씀하셨다.

'이 열여섯의 보살 사미들은 매우 희유하여 6근이 영리히고 지혜가 명료하며, 일찍이 한량없는 천만억 여러 부처님들을 공양하고 부처님 계신 데서 항상 범행을 닦아 부처님의 지혜를 받아 지녔으며, 그것을 열어 보여 중생들로 하여금 그 가운데 들게 하나니, 너희들은 모두 자주자주 친근하고 공양할지니라. 왜냐하면 만일 성문과 벽지불과 여러 보살들이 능히 이 열여섯 보살들이 설하는 경법을 믿고 받아 지녀 훼방하지 않는 이는 다 아뇩다라삼먁삼보리의 여래의 지혜를 얻기 때문이니라.

이 열여섯 보살들은 항상 『묘법연화경(妙法蓮華經)』을 즐겨 설하여 낱낱 보살이 교화한 6백만억 나유타 항하의 모래 같은 중생들은 태어나는 세상마다 보살들과 함께 나서 그들을 따라 법을 듣고 다 믿어 이해하였으며, 이런 인연으로 4만억 여러 부처님 세존을 만나 보되 아직도 다하지 않았느니라.'

여러 비구들아. 내 지금 너희들에게 말하노라. 그 부처님의 제자 열여섯 사미들은 지금 모두 아뇩다라삼먁삼보리를 얻어 시방의 국토에서 현재 설법을 하되. 한량없는 백천만억의 보살들과 성문들이 그들의 권속이 되었느니라. 그 가운데 두 사미는 동방에서 성불하였으니, 첫째 이름은 아촉(阿閦)으로 환희국(歡喜國)에 계시고, 둘째 이름은 수미정(須彌頂)이니라. 동남방의 두 부처님은 그 첫째 이름이 사자음(師子音)이요, 둘째 이름은 사자상(師子相)이며, 남방에 계시는 두 부처님은 첫째 이름이 허공주(虛空住)요, 둘째 이름은 상멸(常滅)이며, 서남방의 두 부처님은 첫째 이름이 제상(帝相)이요, 둘째 이름은 범상(梵相)이며, 서방의 두 부처님은 첫째 이름이 아미타(阿彌陀)요, 둘째 이름은 도일체세간고뇌(度一切世間苦惱)며, 서북방의 두 부처님은 첫째 이름이 다마라발전단향신통(多摩羅跋栴檀香神通)이요, 둘째 이름은 수미상(須彌相)이며, 북방의 두 부처님은 그 첫째 이름이 운자재(雲自在)요, 둘째 이름은 운자재왕(雲自在王)이며, 동북방의 부처님의 이름은 괴일체세간포외(壞一切世間怖畏)며, 열여섯째 부처는 나 석가모니불이니, 이 사바세계에서 아뇩다라삼먁삼보리를 성취하였느니라.

여러 비구들아, 우리가 아직 사미로 있을 때, 각기 교화한 백천만억 항하의 모래 같은 한량없는 중생들이 나를 따라 법을 듣고 아뇩다라삼먁삼보리를 위하거늘 이 모든 중생들이 성문의 지위에 있어 내가 항상 아뇩다라삼먁삼보리로 교화하리니, 이들은 모두 이 법으로써 불도에 점점 들게 되리라. 왜냐하면 여래의 지혜는 믿기도 어렵고 이해하기도 어렵기 때문이니라.

그때 교화한 한량없는 항하 모래 같은 중생들은 바로 너희들 비구와 내가 멸도한 후 미래의 세상에 날 성문 제자들이니라. 내가 멸도한 후 어떤 제자가 이 경을 듣지도 못하고 보살이 행할 도리를 알지도 못하고 깨닫지도 못하며, 스스로 얻은 공덕으로 멸도하였다는 생각을 내어 마땅히 열반에 든다는 말을 하면, 내가 다른 나라에서 이름을 달리하여 성불하리니, 이 사람이 비록 멸도하였다는 생각을 내어 열반에 들었으나, 그 국토에서 부처님의 지혜를 다시 구하여 이 경을 얻어 들으리라. 그러므로 오직 불승으로써 멸도를 얻을 뿐 그 밖에 다른 승은 없는 것이니, 다만 여러 부처님들께서 방편으로 설한 법은 제외되느니라.

여러 비구들아, 만일 여래께서 열반하실 때에 이르러 대중들이 청정하여 믿고 이해함이 견고하며, 공법(空法)을 요달하여 선정에 깊이 든 것을 알면, 곧 여러 보살들과 성문들을 모아 놓고 그들을 위하여 이 경을 설하리니, 세간에 2승으로 얻는 멸도는 없고 다만 1불승만으로 멸도를 얻을 수 있느니라.

비구들아, 마땅히 알라. 여래께서는 방편으로 중생의 성품까지 깊이 들어 그 뜻이 소승법을 즐겨 하며, 5욕에 깊이 집착하여 있는 것을 아시고 이들을 위하여 열반법을 설하시나니, 이런 사람이 들으면 곧 믿고 받느니라.

비유하면, 5백 유순이나 되는 험난하고 사나운 길에 인적마저 끊어져 무섭고 두려운 곳을 많은 대중들이 이 길을 지나서 진귀한 보물이 있는 곳에 가려 할 때 한 도사가 있었으니, 지혜가 총명하고 밝게 통달하여 그 험난한 길의 뚫리고 막힌 모양까지 잘 알고 있어 여러 사람들을 거느리고 인도하여 그 험난하고 사나운 길을 통과하려고 하였느니라.

그런데 그 거느린 바의 사람들이 중도에서 피로함과 게으름이 생겨 도사에게 말하였느니라.

'우리들은 극도로 피로하고 겁이 나고 두려워서 능히 나아갈 수도 없으며 앞길이 아직 머니 되돌아가려 합니다.'

이때 도사는 방편이 많으므로 이런 생각을 하였다.

'이 사람들은 참으로 불쌍하구나. 왜 많고 진귀한 보물을 버리고 되돌아가려고 하는가.'

그리고 곧 방편을 써서 험난한 그 길 3백 유순을 지난 도중에 한 성을 변화시켜 만들고 여러 사람들에게 말하였다.

'그대들은 두려워 말고 되돌아가지도 말라. 이제 이 큰 성에 들어가서 자기 마음대로 할지니, 만일 이 성에 들어가면 몸과 마음이 즐겁고 안온하며, 또한 앞에 있는 보물 있는 곳에 가려고 하면 능히 갈 수 있느니라.'

그때 극도로 피로해진 사람들은 마음으로 크게 환희하여 이것은 일찍이 없던 일이라 찬탄하고, 우리들은 이제 사나운 길을 면하여 즐겁고 안온함을 얻은 것이라고 생각하였느니라. 이 모든 사람들이 앞에 있는 변화로 된 상에 들어가 이미 제도되었다는 생각으로 안온하여 피로함을 풀고 휴식 얻은 것을 알게 된 도사는 곧 변화로 된 성을 다시 없애고 여러 사람들에게 말하였느니라.

'그대들은 따라오라. 보물 있는 곳이 가까우니라. 앞에 있던 큰 성은 그대들을 휴식하게 하려고 내가 변화로 만든 것이니라.'

여러 비구들아, 여래도 또한 이와 같이 이제 너희들을 위하여 큰 도사가 되었으매, 모든 나고 죽고 번뇌하는 나쁜 길이 험난하고 멀다는 것과 갈 만한 곳인지, 건널 만한 곳인지를 아느니라. 만일 중생들이 1불승만을 듣게 되면, 부처님을 만나 뵈려 아니하며, 또 친근하려는 마음도 없어 생각하기를 '부처님의 도는 매우 멀고 멀어서 오래도록 부지런히 고행을 닦아야만 필경에 성취하리라' 하므로 부처님께서는 그 마음이 약하고 졸렬함을 아시고 방편의 힘으로써 쉬게 하기 위하여 중도에 두 가지 열반[15]을 설하시느니라. 만일 중생이 두 지위[二地][16]에 머무르면 여래는 이때 그들을 위해 설하기를, '너희들은 할 바를 아직 다하지 못하였노라. 너희가 머물러 있는 경지는 부처님의 지혜에 가까우니, 마땅히 관찰하고 사량할지니라. 너희들이 얻은 열반은 진실이 아니요, 다만 여래가 방편의 힘으로 1불승을 분별하여 3승을 설한 것이니, 마치 도사가 휴식을 시키기 위하여 큰 성을 변화로 만들었다가 휴식이 다 된 줄을 알고 말하기를 보물이 있는 곳은 가까우니라. 이 성은 진실이

---

15 성문승(聲聞乘)의 열반과 연각승(緣覺乘)의 열반인데, 곧 2승(乘)의 열반을 말한다.
16 성문과 연각. 2승의 열반의 경지이다.

아니며 내가 변화로 만든 것이니라'고 말하는 것과 같으니라."
그때 세존께서 이 뜻을 거듭 펴시려고 게송으로 말씀하셨다.

    대통지승여래께서
    도량에 앉아 10겁 동안
    부처님 법 보지 못해
    성불을 못 하거늘

    하늘 귀신 용왕들과
    아수라의 무리들이
    하늘꽃비 항상 내려
    그 부처님 공양하며

    여러 하늘북을 울려
    기악들을 연주하며
    향기롭게 부는 바람
    새로운 꽃 또 내리며

    10소겁 지난 뒤에
    부처님 도 이루니
    하늘과 세상 인간
    마음들이 기뻐 뛰네.

저 부처님 열여섯 왕자들
천만억의 권속들로
공경 받고 둘러싸여
부처님을 찾아가서

머리 숙여 예배하고
법바퀴를 간청할새.
성자시여, 법비 내려
충만토록 하옵소서.

세존 뵙기 심히 어려워
오랜 세월 한 번이라.
중생을 깨우치려
일체 진동시키누나.

동방의 여러 세계
5백만억 국토마다
범천의 궁전에 비친 광명
일찍이 없던 바라.

상서 만난 범천들이
부처님 도량 찾아가서
하늘꽃을 공양하고

좋은 궁전 바치면서

전법륜(轉法輪)도 청하고
게송 찬탄 잘하거늘
때가 아직 아니노라,
묵연하게 계시더니

3방과 4유(維)[17] 상하(上下)
온 세상의 범천들도
꽃과 궁전 공양하며
위없는 법 청하올새,

만나 뵙기 어려운 세존
본래의 대자비로
감로의 문 넓게 열어
무상 법륜 굴리소서.

무량 지혜 세존께서
간절한 청 받으시어
4제(諦)와 12인연
가지가지 설하신 법

---

17 네 가지 중간 방향으로 동남·동북·서남·서북을 말한다.

무명(無明)에서 노사(老死)까지
그 인연 남[生]이러니
이와 같은 많은 환난
너희 모두 겪으리라.

이 법 널리 설하실 때
6백만억 나유타 중생
모든 괴로움을 다 여의고
아라한을 이루네.

두 번째 설법 때는
천만억 항하 중생
세간법을 받지 않아
아라한을 또 이루며

그 후부터 도 이룬 이
한량없이 수가 많아
만억 겁을 헤아려도
끝간 데를 알 수 없네.

그때 열여섯 왕자들
출가해서 사미되어
부처님께 청하는 말

대승법을 연설하옵소서.

우리들과 따라온 이
부처님 도 이루려니
청정하기 제일가는
혜안(慧眼) 얻게 하옵소서.

동자들의 그 마음과
지난 세상 행한 일을
부처님은 다 아시고
한량없는 인연들과

가지가지 비유로써
6바라밀 설하시고
여러 가지 신통한 일
나타내고 보이시며

진실하고 참다운 법
보살도를 분별하사
항하 모래 같은 게송
『법화경』에 설하실새.

설법 마친 그 부처님

고요한 데 선정 들어
8만 4천 겁 동안을
한자리에 앉았거늘

이 모든 사미들도
깊은 선정 드심 알고
무량억 중생 위해
무상 지혜 설하려고

법의 자리 각각 나가
이 대승경 설하며
부처님 열반 후는
법을 펴서 교화하되

하나하나 사미들이
제도한 여러 중생들
그 수가 6백만억
항하 모래 같은 무리

그 부처님 열반하신 후
이 법을 들은 이는
부처님의 국토마다
스승과 함께 나리.

열여섯 모든 사미들
부처님 도 구족하여
지금 현재 시방에서
정각 모두 이루었고

그때에 법 들은 이
부처님의 처소에서
성문에 머물러 있으므로
불도 들게 교화하네.

내가 왕자로 있을 때
너희 위해 설했으니
이런 일로 방편 써서
불지혜에 인도하며

본래 이런 인연으로
『법화경』을 설하여서
불도에 들게 하리니
놀라고 두려워 말라.

비유하면 험악한 길
인적 없고 맹수 많고
물도 풀도 없어서

두렵기 한없는 곳을

무수한 천만 대중
건너가려 하지마는
멀고도 거친 그 길
길이가 5백 유순

그때에 한 도사
잘 알고 지혜 있어
명료하게 통달하여
험한 길을 인도할 때

모든 중생 피로하여
도사에게 하는 말이
지금 우리 지쳐서
돌아가려 합니다.

그 말 들은 도사 생각
이 무리가 불쌍하다
진귀한 보물 잃고
돌아가려 하는구나.

방편을 생각하고

신통한 힘 베풀어서
변화로 큰 성 지으니
장엄한 여러 저택

동산 수풀 둘려 있고
맑은 시내 연못이며
중문과 높은 누각
남녀들이 충만하고

이런 변화 다 마친 뒤
위로하여 하는 말이
이 성에 들어가면
마음대로 즐기리라.

모든 사람 성에 들어
마음 크게 환희하고
안온한 생각으로
제도라고 생각커늘

편히 쉰 줄 도사 알고
대중에게 고하는 말,
너희들은 떠나거라.
이것은 변화된 성

피로 극한 너희들이
중도에서 돌아설새
방편의 큰 힘으로
권화를 잘 부려서

이런 성을 지었으니
너희들은 정진하여
그 보물 있는 곳에
향하여 갈지니라.

나도 또한 이와 같이
일체의 도사 되어
부처님 도 구하는 이
중도에 게을러서

나고 죽는 모든 고통
번뇌스런 험한 길에
제도를 못 얻는 것
굽어서 살펴보고

큰 방편 힘으로써
열반법을 설하되
고를 멸한 너희들

할 일을 다했노라.

이 말 들은 그 중생들
참 열반에 이르러서
모두 다 아라한과
얻은 줄로 생각하고

대중들을 크게 모아
진실한 법 설하지만
3승이라 분별하는
부처님의 방편이라.

있는 것은 1불승뿐
2승을 쉬게 하려고 말한 것
너희들이 얻은 바는
참 멸도가 아닐러니

부처님의 일체 지혜
얻어서 가지려면
게으른 맘 내지 말고
부지런히 정진하라.

일체지와 10력(力)

부처님의 모든 법을
너희들이 모두 다
증지하고 깨달아서

32상
두루하게 갖추어야
비로소 이런 것이
진실한 멸도일세.

도사이신 부처님
열반 설해 쉬게 하고
그 휴식 끝남 알고는
불지혜에 인도하느니라.

妙法蓮華經

묘법연화경

제4권

8. 오백제자수기품(五百弟子受記品)

그때 부루나미다라니자(富樓那彌多羅尼子)는 부처님께서 이 지혜의 방편으로 마땅함을 따라 법 설하심을 듣고, 또 여러 큰 제자들에게 아뇩다라삼먁삼보리를 수기하심을 들었으며, 또 지난 세상의 인연으로 있었던 일을 들었다. 또한 여러 부처님들은 자유로운 큰 신통력이 있음을 듣고 미증유를 얻어 마음이 청정하고, 뛸듯이 기뻐하며 자리에서 일어나 부처님께 머리 숙여 예배하고, 한쪽으로 물러나 부처님의 존안을 우러러 보되, 눈을 잠시도 깜박이지 않고 생각하였다.

'세존께서는 매우 기특하시고 하시는 일이 또한 희유하시어 세간의 여러 가지 종성(種性)[1]을 따라 방편과 지견으로써 법을 설하시어 중생이 집착하는 곳을 떠나게 해주시니, 우리들은 그 부처님의 공덕을 말로 다할 수가 없구나. 오직 부처님 세존만이 우리들의 깊은 마음속 본래의 바라는 바를 아시리라.'

이때 부처님께서는 여러 비구들에게 말씀하셨다.

---

1 중생의 본성, 소질을 말한다.

"너희들은 이 부루나미다라니자를 보았느냐? 나는 항상 설법하는 사람 가운데서 그가 제일이라 칭찬했으며, 또 가지가지 그의 공덕을 찬탄하였느니라. 부지런히 정진하여 나의 법을 받들며 도와 선설하고, 사부대중에게 보이고 가르치며 이롭게 하고 기쁘게 하며, 모두 갖추었으므로 부처님의 바른 법을 해석하여 같은 범행자를 크게 이익되게 하느니라. 또 여래를 제하고는 그 언론의 변재를 당할 이가 없느니라. 너희들은 다만 부루나미다라니자가 나의 법만 돕고 선설한다고 생각하지 말라. 또한 과거의 90억 여러 부처님들 계신 데서 부처님의 바른 법을 받들어 돕고 선설할 때에도 그 설법하는 사람 가운데 제일이었느니라. 또 부처님께서 설하신 공법(公法)에도 밝게 통달하여 4무애지(無礙智)[2]를 얻어 항상 잘 살피어 청정하게 법을 설하되 의혹됨이 없으며, 보살의 신통력을 다 갖추어 그 수명을 따라 항상 범행을 닦았으므로 그 부처님의 세상 사람들은 이는 참다운 성문이라고 다 말하였느니라.

부루나는 이런 방편으로써 한량없는 백천 중생을 이익되게 하며, 또 한량없는 아승기의 사람들을 교화하여 아뇩다라삼먁삼보리에 이르도록 하였으나 부처님의 국토를 청정하게 하려고 항상 불사를 하고 중생을 교화하느니라.

여러 비구들아, 부루나는 또 과거 일곱 부처님[3]의 설법하

---

2 4무애변(無礙辯)과 같다. 제1권 주 84) 참조.
3 석가모니불 이전의 비바시불(毘婆尸佛)·시기불(尸棄佛)·비사부불(毘舍浮佛)·구류손불(拘留孫佛)·구나함모니불(俱那含牟尼佛)·가섭불(迦葉佛)

는 사람 가운데서도 제일이었으며, 지금 내가 있는 곳에서 설법하는 사람 가운데서도 또한 제일이고, 현겁(賢劫)[4] 중 앞으로 올 여러 부처님들의 설법하는 사람 가운데서도 또한 제일로서, 부처님의 법을 다 받들어 가지고 도와 선설하며, 또 미래에도 한량없고 가없는 많은 부처님들의 법을 받들어 가지고 도와 선설하고 아뇩다라삼먁삼보리에 이르게 하지만, 부처님의 국토를 청정하게 하기 위하여 부지런히 항상 정진하고, 중생을 교화하여 보살의 도를 점점 구족하느니라. 그가 한량없는 아승기겁을 지나 이 땅에서 아뇩다라삼먁삼보리를 얻으리니, 그 이름은 법명(法明) 여래·응공·정변지·명행족·선서·세간해·무상사·조어장부·천인사·불세존이리라.

그 부처님께서 항하의 모래같이 많은 삼천대천세계를 하나의 부처님 국토로 만드니 7보로 땅이 되고, 그 땅은 손바닥처럼 평평하여 산이나 계곡이나 구릉이 없으며, 7보로 된 누각이 그 가운데 가득하며, 많은 하늘의 궁전이 허공 가까이 있어 인간과 하늘이 서로 볼 수 있으며 여러 가지 악도란 것이 없고, 또 여자도 없으며 일체 중생이 다 화생(化生)하므로 음욕이 없느니라. 또한 큰 신통들을 얻어 몸에서 밝은 광명이 나고 공중을 자유로이 날아들며 뜻과 생각이 견고하여 정진하며 지혜가

등의 여섯 부처님에 석가모니불을 합한 것이다.
4 범어로는 bhadrākalpa. 현대의 대겁(大劫)으로 대겁은 성(成)·주(住)·괴(壞)·공(空)하는 한 시기를 말한다. 이 기간에 천불(千佛)이 나타난다고 하며, 현겁(現劫)이라고도 쓴다.

있어 널리 황금색의 32상을 스스로 다 장엄하느니라. 또 그 나라 중생은 항상 두 가지 음식을 가지나니, 첫째는 법 듣기를 기뻐하는 것[法喜食]이요,[5] 둘째는 선정에 드는 것을 기뻐하는 것[禪悅食][6]이니라. 한량없는 아승기 천만억 나유타의 많은 보살 대중이 있어, 그들도 큰 신통과 4무애지를 얻어 중생들을 교화하며, 그 나라의 성문 대중도 숫자로 헤아릴 수 없이 많으나, 다 6통(通)과 3명(明)과 8해탈(解脫)을 얻어 구족하니, 그 부처님의 국토는 이와 같이 한량없는 공덕으로 장엄하게 이루어지며, 그 겁의 이름은 보명(寶明)이고, 나라의 이름은 선정(善淨)으로, 부처님의 수명은 한량없는 아승기겁이니라. 법이 세상에 아주 오래 머물고, 그 부처님 열반하신 뒤에는 그 나라 가득히 7보탑을 세우리라."

그때 세존께서 이 뜻을 다시 펴시려고 게송으로 말씀하셨다.

여러 비구들아, 잘 들을지니라.
불자가 행하는 여러 가지 도
방편으로 익혀서 잘 배운 까닭
너희들의 힘으로는 불가사의라.

어리석은 중생들 소승법 즐겨

---

5 법을 듣는 기쁨이라는 음식. 법을 듣는 기쁨은 밥을 먹고 난 것 같으므로 하는 말이다.
6 선정에 든 기쁨이라는 음식.

큰 지혜를 두려워할새,
이런 줄 미리 아는 여러 보살들
성문이나 연각으로 다시 되어서

한량없고 가없는 방편으로
여러 중생들을 교화할 적에
나는 진실한 성문인데
부처님의 크신 도 매우 멀구나

한량없는 중생을 제도시켜
그들이 모두 다 성취하게 하며
마음이 비록 게을러도
점점 닦아 부처를 이루게 하며

안으로는 보살행 갖추어 있고
겉은 성문이라 행세하면서
적은 것 희망하고 생사에 얽혔어도
그 실은 불국토를 청정하게 하려는 뜻.

3독(毒)의 무서움을 드러내 보여주고
삿된 견해 모양들을 나타내는 것
나의 제자들은 이러한 일로
방편 써서 중생을 제도하나니

내가 만일 구족함을 나타내어서
갖가지 변화된 일 말을 하면
이를 들은 모든 중생
마음에 의혹을 품을 것이라.

이제 여기 있는 부루나는
옛날부터 천억의 부처님들께
부지런히 도를 행하고 닦아
모든 불법을 잘 연설하며

위없는 지혜를 구하기 위해
여러 부처님께서 계신 곳에서
큰 제자로 있을 때에도
많이 들어 지혜가 있었으며

법을 설하는 바 두려움이 없어
중생들 듣는 대로 환희하니
피곤함도 권태로움도 일찍이 없어
부처님께서 하시는 일 잘 도우며

일찍이 크나큰 신통을 얻고
4무애의 지혜를 모두 갖추며
영리하고 우둔한 근기에 따라

항상 청정한 법 설하노라.

이와 같이 깊은 뜻 밝게 설해
천억의 여러 중생들 교화하여
대승법에 머물게 하니
불국토가 스스로 청정해지며

미래에도 한량없이 많은 부처님
친견하고 받들고 공양하면서
바른 법 보호하고 선설하나니
불국토가 스스로 청정해지며

항상 여러 가지 방편으로써
두려운 바 없는 법을 설하며
많고 많은 중생을 제도하여서
모든 지혜 성취하게 하리.

모든 여래 찾아뵙고 공양하며
법보장(法寶藏)을 받들어 가지나니
뒷세상에 반드시 성불하면
그 이름 이르기를 법명이라 하리라.

그 부처님 나라 이름 선정이니

모든 것이 7보로 이루어지며
겁의 이름은 보명이라니
그 나라에 보살 대중 많기도 하리.

그 수가 한량없는 억 보살들
모두 다 큰 신통을 얻어 가지며
위덕의 힘 또한 두루 갖추니
나라 안의 곳곳마다 충만한 무리

3명과 8해탈과 4무애지를
얻어 가진 성문도 헤아릴 수 없어
이와 같은 무리가 승려가 되니
그 부처님 국토의 모든 중생들

음욕의 삿된 마음 이미 다 끊고
순일한 변화로 태어나므로
그렇게 받은 신체의 모양
갖추고 장엄스런 보기 좋은 상

법희(法喜)와 선열(禪悅)로 음식을 삼아
다시 다른 생각 전혀 없으며
여인은 원래부터 있지 않으니
한 가지 악한 길도 없어라.

지금 여기 있는 부루나 비구
공덕을 원만하게 다 이루어서
맑고 깨끗한 이 정토 안에
거룩한 성인들을 많이 얻으리니

부루나 비구, 앞으로 올 세상에
범행 닦아 도 이루고 성불할 때에
한량없는 이런 일이 있으리라고
내가 지금 간략하게 말하였노라.

그때 1,200의 마음이 사새함을 얻은 아라한들은 생각하였다.
'우리들은 지금 일찍이 없었던 기쁨을 얻었도다. 만일 세존께서 다른 큰 제자들처럼 우리에게도 수기를 하시면 얼마나 기쁘겠는가?'

이때 부처님께서는 그들이 마음으로 생각하는 바를 아시고 마하가섭에게 말씀하셨다.

"이 1,200의 아라한들에게 지금 내 앞에서 아뇩다라삼먁삼보리의 수기를 차례대로 주리라. 이 가운데 있는 내 큰 제자 교진여(憍陳如) 비구는 앞으로 6만 2천억의 많은 부처님들을 공양한 뒤에 부처를 이룰지니, 그 이름은 보명(普明) 여래·응공·정변지·명행조·선서·세간해·무상사·조어장부·천인사·불세존이리라. 또 5백의 아라한인 우루빈라가섭(優樓頻螺迦葉)·가야가섭(伽耶迦葉)·나제가섭(那提迦葉)·가류타이(迦留陀夷)·우타이(優陀夷)·아누루타(阿㝹樓馱)·리바다(離婆多)·겁빈나(劫賓那)·박구라(薄拘羅)·주타(周陀)·사가타(娑伽陀) 등도 반드시 아녹다라삼먁삼보리를 모두 얻으리니, 그 이름 또한 모두 보명이리라."

그때 세존께서 이 뜻을 펴시려고 게송으로 말씀하셨다.

나의 큰 제자 교진여 비구는
한량없이 많은 부처님 친견하고
아승기 긴 세월 지낸 뒤에
위없는 등정각을 이루리라.

항상 큰 광명 밝게 놓고
여러 가지 신통을 두루 갖추어
그 이름이 시방세계에 들리리니
모든 이의 공경 받으리.

위없이 큰 도를 항상 설할새
그러므로 그 이름이 보명이리니
그 부처님 국토는 청정도 하며
보살도 모두 다 용맹스러워

미묘하고 아름다운 누각에 올라
시방의 여러 국토 거닐며 놀되

갖가지 훌륭한 공양 기구로
여러 부처님들 공경하여 받들고

이와 같은 여러 공양 마친 뒤에는
마음마다 큰 환희 함께 품어서
제각기 본국으로 돌아가나니
신통한 그 힘이 이와 같노라.

그 부처님 수명은 6만 겁이요
정법(正法)이 머물기는 그 두 배 세월
상법(像法)은 또다시 정법의 두 배
이 오랜 겁수를 헤아릴 손가.

법이 멸도한 후 하늘 인간이 근심일세
5백의 비구들도 범행을 닦아
차례로 부처를 이룰 것이니
그 이름이 한가지로 보명이리라.

이와 같이 점차로 수기하거늘
내가 장차 멸도한 후에는
누구든 반드시 성불하리니
그 부처님 교화하는 여러 세계도

오늘날 내가 사는 이 세상처럼
국토는 엄정하게 다스려지고
보살과 성문의 많은 대중들
여러 신통한 힘 두루 갖추며

세상에 머무를 정법과 상법
그 수명 겁수의 많고 적음은
누구도 가히 헤아릴 수 없나니
위에서 내가 설함과 같고

나의 제자 가섭아, 네가 알듯이
5백의 자유로운 아라한이나
다른 성문의 여러 대중도
그 일이 모두 이와 같나니

5백의 그 많은 제자 가운데
이곳 참석하지 못한 이들은
앞에서 내가 말한 모든 일들을
네가 그들에게 선설하여라.

그때 5백 아라한은 부처님 앞에서 수기를 받고 그 마음이 환희하여 뛸듯이 기뻐하며 자리에서 일어나 부처님께 머리 숙여 예배하고, 자기들의 잘못을 뉘우치고 자책하여 말하였다.

"세존이시여, 저희들은 항상 이런 생각을 하였습니다. 저희들도 구경의 열반을 얻었노라 했더니. 이제 알고 보니 무지한 일이었습니다. 왜냐하면 저희들이 얻어야 할 것은 여래의 지혜이거늘, 다만 작은 지혜를 얻고 만족했기 때문입니다.

세존이시여, 비유하면 어떤 사람이 친구의 집을 찾아가 술이 만취되어 누웠는데, 그때 그 집 친구는 볼일이 있어 집을 나가면서 값도 모를 보배 구슬을 그의 옷 속에 넣어 두고 갔지만, 술이 취한 친구는 그것도 알지 못하고, 잠을 깨어 일어나 멀리 다른 나라에까지 이르렀습니다. 그곳에서 의식(衣食)을 찾느라 무척 많은 고생을 하면서 조그만 소득이 있어도 그것으로 만속하며 살았습니다. 그 후 얼마가 지난 뒤에 친구가 그를 만나보고 말을 하였습니다.

'졸장부야. 의식 때문에 퍽 구차하게 사는구나. 내가 옛날 너로 하여금 안락하고 5욕을 즐기도록, 어느 해 어느 달 어느 날 네가 찾아왔을 때. 값도 모를 보배 구슬을 너의 옷 속에 넣어 주었으니, 지금도 그대로 있을 것이다. 너는 그것도 모르고 의식을 구하기 위해 고생하고 번뇌하며 구차하게 살고 있으니, 참으로 어리석구나. 네가 이제 이 보물로써 소용되는 것들을 사들인다면, 항상 뜻과 같이 되어 모자람이 없으리라.'

부처님께서도 이와 같아 보살로 계실 때에. 저희들을 교화하시어 일체지의 마음을 내도록 하셨지만, 그것을 잊어 알지도 깨닫지도 못하며, 이미 아라한의 도를 얻어 멸도했다고 스스로 생각하였습니다. 그러나 본래 자생(資生)이 가난하여 작은 것만 얻어도 만족하게 생각하였으니. 일체지를 바라는 마음은 아직 잃지 아니하였습니다.

지금 세존께서 저희들을 깨닫게 하시려고 말씀하셨습니다. '여러 비구들아. 너희들이 지금 얻은 것은 구경의 열반이 아니니라. 내가 오랫동안 너희들로 하여금 부처님의 선근을 심도록 하였고, 방편으로써 열반의 모양을 보였으나, 너희들은 그것으로 진실한 열도를 얻었다고 하노라.'

세존이시여, 이제서야 저희들은 보살로서 아뇩다라삼먁삼보리의 수기를 받을 수 있음을 알았으며, 이런 인연으로 마음이 매우 환희하며 미증유를 얻었습니다."

그때 아야고진여 등이 이 뜻을 거듭 펴려고 게송으로 말하였다.

저희들 여기에서 크고 위가 없는
안온의 수기 주시는 음성을 듣고
마음 크게 환희하며 미증유 얻어
무량 지혜 부처님께 예배합니다.

지금 저희들이 세존 앞에서
여러 가지 허물을 스스로 뉘우칠새
한량없는 부처님의 보배 가운데
열반의 한 조각을 겨우 얻고서

지혜 없어 어리석은 사람과 같이
스스로 만족하게 생각했으니,
비유하면 어떤 빈궁한 이가
친구의 집 찾아서 갔던 일이라.

그 친구 사는 집은 큰 부자로서
여러 가지 음식으로 대접을 하고
값을 헤아릴 수 없는 많은 보배를
옷 속에 가만히 넣어 주고서

바쁜 일로 말없이 먼저 나가니
그 사람은 잠든 채 알지 못하고
얼마를 지난 뒤에 그 집을 나와
멀리 타국까지 이르렀습니다.

먹을 것 입을 것 구하느라고
몸과 마음 모두가 구차한 생활
적은 것 얻고도 만족하여서
그 이상 원하지 아니하나니.

옷 속에 넣어 준 그 많은 보배
알지도 깨닫지도 못하는 중에
보배 구슬 주었던 그 친구가

빈궁한 친구를 후에 만나서

몹시 책망하고 충고도 하며
매어 준 구슬을 보여 주거늘
가난한 그 친구 그것을 보고
마음이 크게 환희함이라.

단번에 부자가 된 그 친구는
5욕을 마음대로 힘껏 누리니
저희들도 또한 이와 같은 일,
세존께서 긴 세월 다하도록

불쌍한 중생을 교화하시고
위없는 바람(願)을 심어 주거늘
저희는 근기 엷고 무지하여서
깨닫지도 못하고 알지도 못하여

열반의 많은 보배 가운데
아주 적은 부분을 얻고서도
우리가 다 얻어 멸도했다고
스스로 만족하여 즐겼습니다.

부처님께서는 저희를 깨닫게 하려

그 모두 참 멸도가 아니라시며
위없는 불지혜를 얻어야만
이가 곧 참 멸도라 말씀하시니

저희들은 지금 부처님께서
수기를 주시는 장엄한 일과
차례차례 수기하리라는 말씀 듣고
몸과 마음이 모두 환희합니다.

9. 수학무학인기품(授學無學人記品)

그때 아난과 라후라가 이렇게 생각하였다.
'우리들도 만일 이런 수기를 얻게 되면 또한 기쁘지 않겠는가?'
그리고는 곧 자리에서 일어나 부처님 앞으로 나아가 머리 숙여 예배하고 부처님께 여쭈었다.
"세존이시여, 저희들도 마땅한 분수가 있사오니 오직 여래께 귀의하며, 또한 저희들을 일체 세간의 하늘과 인간과 아수라들이 보고 압니다. 아난은 항상 시자가 되어 법장(法藏)[7]을 받들어 가지고 있으며, 라후라는 부처님의 아들이니 만일 부처님께서 아뇩다라삼먁삼보리의 수기를 주신다면, 저희의 소원이 성취되며 대중들의 소망도 만족하오리다."
그때 배우는 이와 다 배운 이와 성문 제자 2천 인이 모두 자리에서 일어나 오른쪽 어깨를 벗어 드러내고, 부처님 앞에 나아가 합장하고 일심으로 우러러보기를 아난과 라후라가 원하

---

7 경전(經典)을 말한다. 경전에는 헤아릴 수 없이 많은 법문이 갈무리되어 있기 때문에 이같이 부른다.

는 것과 같이 하고, 한쪽에 물러나 앉아 있으니. 이때 부처님께서 아난에게 말씀하셨다.

"너는 오는 세상에 반드시 성불하리니, 그 이름은 산해혜자재통왕(山海慧自在通王)·여래·응공·정변지·명행족·선서·세간해·무상사·조어장부·천인사·불세존이리라. 마땅히 62억의 여러 부처님들을 공양하고, 법장을 받들어 가진 뒤에 아뇩다라삼먁삼보리를 얻고, 20천만억 항하의 모래같이 많은 보살들을 교화하여 아뇩다라삼먁삼보리를 얻게 하리라. 그 나라의 이름은 상립승번(常立勝幡)으로 국토가 청정하여 그 땅이 유리로 되며, 겁의 이름은 묘음변만(妙音遍滿)이리라.

그 부처님의 수명은 한량없는 천만억 아승기겁으로, 만일 사람이 천만억 한량없는 아승기겁 동안 수학으로 헤아린대도 그 수를 알 수 없으며, 정법이 세상에 머물기는 그 부처님 수명의 두 배이고, 상법은 정법 수명의 두 배이니라.

아난아, 이 산해혜자재통왕불은 시방세계 한량없는 천만억 항하의 모래 같은 여러 부처님 여래께서 다 함께 그 공덕을 찬탄하시게 되리라."

그때 세존께서는 이 뜻을 거듭 펴시려고 게송으로 말씀하셨다.

내 이제 대중에게 말하노라.
큰 제자 아난은 법을 받들어서
오는 세상 여러 부처님 공양하고

그 일을 마친 뒤 정각을 이루리니

거룩하신 그 이름 산해혜자재통왕불
그 부처님 국토는 항상 청정하여
나라 이름 또한 상립승번(常立勝幡)이며
교화할 많은 보살 항하의 모래 같고

훌륭하신 그 부처님 크신 위덕과
높으신 그 이름이 시방에 퍼지며
끝없이 누리시는 부처님 수명은
어리석고 불쌍한 중생을 위함이며

부처님 수명 두 배를 정법이 머물고
상법은 다시 그 두 배를 머무르며
항하 모래같이 무수한 중생들
부처 될 인연을 그 불법 중에 심으리라.

그때 대중 가운데 있던 새로 발심한 보살 8천 인은 '우리같이 큰 보살들도 아직 수기 받았다는 말을 듣지 못하였는데 무슨 인연으로 여러 성문들이 이런 결정을 얻는 것인가?' 하고 다 같이 생각하였다.

이때 세존께서 여러 보살들이 마음으로 생각하는 것을 아시고 그들에게 말씀하셨다.

"여러 선남자들아, 나는 아난과 함께 공왕불(空王佛) 계신 데서 동시에 아뇩다라삼먁삼보리의 마음을 내었으나, 아난은 항상 잘 듣고 많이 듣기를 좋아하였으며, 나는 항상 부지런히 정진한 까닭으로 아뇩다라삼먁삼보리를 이루었고, 아닌은 내 법을 받들어 가지며, 또한 장래 여러 부처님의 법장을 받들어 가지며 모든 보살들을 교화하여 성취시키리니. 그 본래의 소원이 이와 같으므로 수기를 주느니라."

아난이 부처님 앞에서 스스로 수기를 받으며 국토의 장엄을 듣고 원하던 것이 만족되어 그 마음이 환희하여 미증유를 얻으며, 그때 과거의 한량없는 천만억의 여러 부처님 법장을 기억하고 생각하니. 통달하여 설림없는 것이 지금 이곳에서 듣는 바와 같으며, 또한 본래 소원하던 바를 알 수 있었다.

그때 아난이 게송으로 말하였다.

거룩하고 높은 희유하신 세존께서
나로 하여금 지난 세상의
한량없는 부처님 법을
오늘 들은 것처럼 생각하게 하시니

품었던 의심이 다시는 없어
불도에 편안히 머무르건만
방편으로 부처님의 시자가 되어
여러 부처님 법 수호합니다.

그때 부처님께서 라후라에게 말씀하셨다.

"너는 오는 세상에 반드시 성불하리니, 이름은 도칠보화(蹈七寶華) 여래·응공·정변지·명행족·선서·세간해·무상사·조어장부·천인사·불세존이리라. 시방세계의 가는 티끌과 같이 많은 부처님을 공양하며 항상 여러 부처님의 장자(長子)가 되어 지금 같으리라.

이 도칠보화불의 국토는 장엄하고, 그 부처님의 수명 접수나 교화할 제자나 정법과 상법의 수명도 산해혜자재통왕여래와 다르지 아니하며, 또한 이 부처님의 장자가 되리라. 이와 같이 한 후에 반드시 아뇩다라삼먁삼보리를 얻게 되리라."

그때 세존께서는 이 뜻을 거듭 펴시려고 게송으로 말씀하셨다.

옛날 내가 태자로 있을 때
라후라는 큰 장자가 되었더니
오늘날 내가 불도 이루니
그 법을 받아 지녀 법자(法子) 되었네.

앞으로 오는 세상 한량이 없는
억만의 여러 부처님 친견하고
그 모든 부처님의 장자가 되어
한결같은 마음으로 도 구하니

라후라의 밀행(密行)[8]을
아는 이는 오직 나뿐이어라.
현재는 나의 큰 장자 되어
여러 중생들에게 두루 보이니

한량없는 천만억 공덕
이루 다 헤아릴 수 없지만
불법에 항상 편히 머물러
위없이 높은 도를 구함이니라.

그때 세존께서 아직 배우는 이와 다 배운 이 2천 인의 그 뜻이 부드럽고 고요하고 청정하여 한결같은 마음으로 부처님 우러러봄을 보시고, 아난에게 이렇게 말씀하셨다.

"너는 이 배우는 이와 다 배운 이 2천 인을 보았느냐?"

"예, 그들을 제가 보았습니다."

"아난아, 이 많은 사람들은 반드시 50세계의 가는 티끌 같은 수의 여러 부처님 여래를 공양하고 공경하고 존중하며 법장을 받들어 가지다가 맨 나중에 한꺼번에 시방국토에서 각각 성불하리라. 그때 이름은 다 한가지로 보상(寶相) 여래·응공·정변지·명행족·선서·세간해·무상사·조어장부·천인사·불세존이리라. 그 부처님의 수명은 1겁이며, 국토의 장엄과 성문과

---

8 계율을 청정하게 잘 지키는 것을 말한다.

보살과 그리고 정법과 상법이 세상에 머무는 수명이 모두 똑같으리라."

그때 세존께서는 이 뜻을 거듭 펴시려고 게송으로 말씀하셨다.

지금 내 앞에 머물러
법을 듣는 2천의 성문들은
모두 한가지로 큰 수기를 받아서
앞으로 오는 세상 성불하리라.

위에서 내가 말한 많은 티끌 수의
여러 부처님들을 친견하고 공양하며
깊고 높은 그 법장 받들어 가진 뒤
반드시 정각을 이룩하리라.

성불한 그 부처님 시방 국토에서
모두 다 한가지로 이름을 갖추니
범행 닦을 도량에서 함께 나아가
위없는 무상 지혜 얻어 가지리라.

그들의 이름 또한 한가지로 보상이며
장엄스런 국토나 많은 제자들
세상에 머무를 정법이나 상법도

모두 다 하나같이 다름이 없으리.

그 모든 부처님 여러 신통으로
시방의 한량없는 중생을 제도하며
높은 이름 널리 퍼져 가득하니
바라던 열반에 점차로 들리라.

그때 아직 배우는 이와 다 배운 이 2천 인이 부처님께서 주시는 수기를 받고, 마음이 환희하고 용약하여 게송으로 말하였다.

지혜의 밝은 등불 거룩하신 세존께서
우리에게 주시는 수기의 음성 듣고
마음 크게 환희함이 온몸에 가득하니
감로의 단비를 퍼부은 것 같습니다.

10. 법사품(法師品)

그때 세존께서는 약왕(藥王) 보살로 인하여 8만 대사(大士)[9] 들에게 말씀하셨다.

"약왕아. 너는 이 대중 가운데 한량없는 여러 하늘 용왕·야차·건달바·아수라·가루라·긴나라·마후라가 등 사람인 듯 아닌 듯한 것들과 비구·비구니·우바세·우바이로서 성문을 구하는 이나 벽지불을 구하는 이나 불도 구하는 이를 다 보았느냐? 이러한 무리들로서 모두 부처님 앞에 나아가『묘법연화경』의 한 게송이나 한 구절을 듣고, 일념으로 따라 기뻐하는 이에게는 내가 모두 수기를 주어 아뇩다라삼먁삼보리를 얻게 하리라."

부처님께서 또 약왕보살에게 말씀하셨다.

"여래께서 멸도하신 후 만일 어떤 사람이『묘법연화경』의 한 게송이나 한 구절을 듣고 일념으로 따라 기뻐하는 이에게는 내가 모두 아뇩다라삼먁삼보리의 수기를 주리라. 또 만일

---

9 범어로는 mahāsattva. 마하살(摩訶薩)의 역어(譯語)이다. 개사(開士)라고도 하며, 보살을 가리킨다.

어떤 사람이 묘법연화경의 한 게송이나 한 구절을 받아 가지고 읽거나 외우며 해설하고 쓰는 이나 이 경전을 부처님같이 생각하여 가지가지의 꽃과 향과 영락이며, 말향·도향·소향이며, 증개 당번·의부·기악 등으로 공양하고 합장하여 공경하면, 약왕이여, 이런 많은 사람들은 일찍이 10만억의 부처님을 공양하고 여러 부처님 계신 데서 큰 원을 성취하고 중생을 가엾이 생각하는 마음으로 이 세상에 태어난 줄 알아야 하느니라. 약왕아, '어떤 중생이 앞으로 오는 세상에 성불하느냐?'고 누가 묻거든. '이와 같은 여러 사람들이 미래에 반드시 성불하리라'고 대답하라. 왜냐하면 만일 어떤 선남자·선여인이 이 『법화경』의 한 구절을 받아 가지고 읽고 외우며 해설하고 쓰거나, 이 경전에 가지가지 좋은 물건으로 공양하되, 꽃과 향과 영락[10]과 말향·도향·소향[11]이며, 증개[12]·당번[13]·의복·기악 등으로 공경 합장하면, 이런 사람들은 일체 세간이 우러러 받들므로 마땅히 여래께 하는 공양으로 공양을 할지니라. 반드시 알라. 이런 사람은 큰 보살로 아뇩다라삼먁삼보리를 성취하였지만, 중생을 불쌍히 여겨 이 세상에 나기를 원했으며,『묘법연화경』을 널리 분별하여 설하거늘, 하물며 받아 가지고 가지가지 좋은 물건으로 공양하는 이야 말할 것이 있겠느냐? 약왕

---

10 보배 구슬이나 귀금속을 실에 꿰어 목과 가슴에 거는 장신구를 말한다.
11 말향은 가루향, 도향은 바르는 향, 소향은 태우는 향이다.
12 비단으로 된 일산인데 천개(天蓋)라고도 한다.
13 범어로는 sdavaja. 불전(佛殿)을 장엄하는 기이다.

이여, 이런 사람은 청정한 업과 보를 스스로 버리고, 내가 멸도한 후에도 중생을 불쌍히 여겨 악한 세상에 태어나서 이 경을 연설하는 줄을 알아야 하느니라. 만일 이 선남자·선여인이 내가 멸도한 후 은밀히 한 사람을 위해서라도 『법화경』의 한 구절을 말해 준다면, 이런 사람은 곧 여래께서 보낸 사자로 여래의 일을 행하는 줄을 알아야 하나니, 하물며 큰 대중 가운데 많은 인간을 위해 설법함이야 말할 것이 있겠느냐?

약왕이여, 만일 어떤 악인이 착하지 못한 마음으로 1겁 동안을 부처님 앞에 나아가 항상 부처님을 욕하더라도 그 죄는 오히려 가볍지만, 만일 어떤 사람이 『법화경』을 받아 가지고 읽고 외우는 집에 있는 이나 출가한 이를 한 마디라도 헐뜯고 훼방하면 그 죄는 대단히 무거우니라. 약왕이여, 반드시 알라. 이 『법화경』을 받아 가지고 읽으며 외우는 사람은 부처님의 장엄으로 스스로 장엄함과 같으니, 여래의 어깨에 실린 바가 되어 그가 이르는 곳마다 따라 예배하며 일심으로 합장하고 공경하고 공양하며 존중·찬탄하기를, 꽃과 향과 영락이며 말향·도향·소향이며 증개·당번·의복·음식과 여러 가지 기악으로 인간 중에 가장 높은 공양을 하며, 마땅히 하늘의 보배를 가져다 흩고 천상의 보배를 받들어 올리느니라. 왜냐하면 이런 사람이 환희하여 설법하면, 잠깐만 이를 들어도 곧 구경의 아뇩다라삼먁삼보리를 얻기 때문이니라."

그때 세존께서 이 뜻을 거듭 펴시려고 게송으로 말씀하셨다.

부처님 도에 머물러
자연지(自然智)[14]를 이루려면
『법화경』을 수지한 이
부지런히 공양하고

온갖 지혜 얻으려면
그 일도 마찬가지
이 경을 수지한 이
공양하고 모실지라.

만일 어떤 사람
『법화경』을 수지하면
부처님 사자로서
중생을 위하려니

이 경전 받은 이는
청정한 많은 국토
스스로 싫다 하고
이런 곳에 났느니라.

바로 알라. 이런 사람

---

14 인위적이 아닌 자연적으로 생기는 지혜로, 곧 부처님의 지혜를 말한다.

제 맘대로 나겠지만
악한 세상 태어나서
위없는 법을 설하리니

하늘꽃과 하늘향
보배로운 의복들과
아름다운 보물들로
설법자를 공양하라.

내 멸도 후 악한 세상
이 경전 가진 이를
세존께 공양하듯
합장하여 공경하고

맛있고 좋은 음식
가지가지 의복들로
이 불자께 공양하고
잠시라도 그 법문 들을지라.

후세에 어떤 사람
이 경전 수지하면
내가 보낸 사자로서
여래의 일 행하리라.

만일 1겁 동안
그 마음이 악하여서
부처님을 욕하면
짓는 죄가 무거웁고

『법화경』을 받아 지녀
읽고 외우는 이
잠깐만 욕을 해도
그 죄는 더욱 크다.

불도를 구하려고
긴 세월 1겁 동안
내 앞에서 합장하고
게송으로 찬탄하면

이런 사람 얻는 공덕
한량이 없지마는
경(經) 가진 이 찬탄하면
그 복은 더 크니라.

80억 겁 동안에
가장 묘한 음성과
향과 음식·의복으로

경 가진 이 공양하고

이런 공양 마친 뒤에
설법 잠깐 들어도
마음이 쾌락하여
큰 이익을 얻으리니

약왕이여, 말하노라
내가 설한 여러 경전
그 가운데 『법화경』이
가장 제일이니라.

그때 부처님께서 약왕보살마하살에게 말씀하셨다.
"내가 설하는 경전이 한량없는 천만억으로 이미 설하기도 하였고, 지금도 설하며 앞으로도 설하겠지만, 이 『묘법연화경』이 가장 믿기 어렵고 이해하기도 어려우니라.
약왕이여, 이 경전은 여러 부처님들께서 비밀하고 중요하게 생각하시는 바이니 분포하여 함부로 설해 주지 말라. 이 경전은 또 여러 부처님들께서 지극히 수호하시느니라. 옛날부터 지금까지 아직 나타내어 설하지 않은 것은 여래께서 세상에 계실 때에도 원망과 질투가 많았던 까닭인데, 하물며 멸도하신 뒤에야 더 말할 것이 있겠느냐?
약왕이여, 반드시 알라. 여래 멸도하신 뒤에도 이 경을 받아 가지고 쓰거나 읽으며 외우고 공양하며 다른 사람을 위하여 설하는 이는 여래께서 곧 옷으로 덮어 주실 것이며, 또 타방 세계에 계신 여러 부처님들로부터 보호를 받으리라. 이런 사람은 큰 신력(信力)과 지원력(志願力)[15]과 여러 가지 선근력(善根力)[16]이 있나니, 이런 사람은 여래와 더불어 머물며, 여래께서 손으로 그의 머리를 어루만지시는 것과 같으니라.

약왕이여, 어느 곳이거나 혹은 설하고 혹은 읽거나 혹은 외우고 혹은 쓰며 혹은 경권이 있는 곳이거든, 다 7보의 탑을 일으키되 극히 높고 넓게 하여 장엄하게 꾸미고 다시 사리를 봉안할 것이 없느니라. 왜냐하면 이 가운데는 이미 여래의 전신이 있기 때문이니라. 그러므로 이 탑의 일체의 꽃·향·영락·일산·당번·기악·노래 등으로 공양하고 공경하며 존중하고 찬탄할 것이니, 만일 어떤 사람이 이 탑을 보고 예배하고 공양하면 이런 사람은 벌써 아뇩다라삼먁삼보리에 가까운 줄 알아야 하느니라.

약왕이여, 많은 사람이 집에 있거나 또는 출가하여 보살의 도를 행할 적에, 만일 이 『법화경』을 보고 듣고 읽고 외우며 받아 쓰고 공양하지 아니하면 이런 사람은 보살의 도를 잘 행하지 못하는 사람이며, 만일 이 경전을 얻어 듣는 이는 능히 보살의 도를 잘 행하는 사람인 줄 알아야 하느니라. 중생 가운데 부처님의 도를 구하는 이가 이 『법화경』을 보고 혹은 들으며

---

15 뜻과 원을 굳게 세워서 얻는 힘이다.
16 선한 행위를 하는 데서 오는 힘이다.

혹은 듣고 믿어서 이해하면 이런 사람은 아뇩다라삼먁삼보리에 가까운 줄 알아야 하느니라.

약왕이여, 비유하면 어떤 사람이 목이 말라 물을 구하려고 높은 언덕에 우물을 팔 적에, 마른 흙이 아직 나오는 것을 보고 물이 먼 줄 알지만, 부지런히 쉬지 않고 땅을 파서 점차로 젖은 흙이 나오고 진흙이 나오는 것을 보면, 그 마음에 물이 가까운 줄 아는 것과 같으니라.

보살도 또한 이와 같아서 이 『법화경』을 아직 듣지 못하고 이해하지 못하며 능히 닦고 익히지 못하면, 이런 사람은 아뇩다라삼먁삼보리에 아직 거리가 먼 줄 알아야 하고, 만일 이 『법화경』을 얻어 듣고 이해하며 닦고 익히는 이는 아뇩다라삼먁삼보리에 가까운 줄 알 것이니, 왜냐하면 일체 보살의 아뇩다라삼먁삼보리는 다 이 경에 속하여 있기 때문이니라. 이 경전은 방편의 문을 열고 진실한 상(相)을 보이나니, 이 『법화경』의 법장은 그 뜻이 깊고 굳으며, 또한 아득하게 멀어서 능히 거기에 이를 사람이 없지만, 이제 부처님께서는 보살들을 교화하여 성취시키려고 열어 보이시는 것이니라.

약왕이여, 만일 어떤 보살이 이 『법화경』을 듣고 놀라고 의심하여 무서워하고 두려워하면 이런 사람은 새로 마음을 낸 보살이며, 만일 성문이 이 경을 듣고 놀라고 의심하며 무서워하고 두려워하면 이런 사람은 뛰어난 체하는[增上慢] 사람이니라.

약왕이여, 만일 선남자·선여인이 여래께서 열반하신 뒤 사부대중을 위하여 이 『법화경』을 설하려 할 때는 어떻게 설해야 하겠는가? 이 선남자·선여인은 여래의 방에 들어가 여래의 옷을 입고, 여래의 자리에 앉아 사부대중을 위하여 이 경을 널리 설할지니, 여래의 방은 일체 중생 가운데 대자비심이요, 여래의 옷은 부드럽고 화평하고 인욕(忍辱)하는 마음이며, 여래의 자리는 일체의 빈 법[法空]이니, 이런 가운데 편안히 머물러 있으면서 게으르지 않는 마음으로 여러 보살과 사부대중을 위하여 이 『법화경』을 널리 설할지니라.

약왕이여, 그러면 내가 다른 나라에서 변화인을 보내어 그를 위해 법 들을 대중을 모이게 하며, 또 변화된 비구·비구니·우바새·우바이들을 보내어 그 설법을 듣게 하리니, 이 변화인들이 법을 듣고 믿어 가지며 거역하지 않고 순종하여 따르리라. 만일 설법하는 이가 고요하고 한적한 곳에 있으면, 내가 그때 널리 하늘·용·귀신·전달바·아수라 등을 보내어 그 설법을 듣게 하며, 또 내가 다른 나라에 가서 있을지라도 설법하는 이로 하여금 나의 몸을 얻어 보게 하며, 또 만일 설법하다가 이 경의 구절을 잊으면 내가 알려 주고 구족함을 얻게 하리라."

그때 세존께서 이 뜻을 거듭 펴시려고 게송으로 말씀하셨다.

게으른 맘 버리려면
이 경전을 들을지니
얻어 듣기 어려웁고

받아 믿기도 어렵네.

목이 마른 어떤 사람
언덕에 우물 팔새
마른 흙이 나오면
물이 먼 줄 알지만

진흙을 볼 때에는
가까운 줄 아느니라.
약왕이여, 바로 알라.
이러한 모든 사람

『법화경』 못 들으면
불지혜에 아주 멀고
만일 듣게 되면
성문의 법 결정코 알리라.

이 경전은 경전의 왕
잘 듣고 사유하면
이런 사람 불지혜에
가까운 줄 알 것이니

이 경전 설하려면

여래의 방에 들어가서
여래의 옷을 입고
여래의 자리 앉아서

대중 가운데 두려움 없이
분별하여 널리 말하라.
대자비는 방이 되고
부드럽고 참는 것은 옷이 되며

법이 공한 것 자리가 되니
여기에 앉아 법을 말하리.
만일 이『법화경』
설하고 분별할 때

어떤 사람 나쁜 말로
훼방하고 욕을 하며
칼·막대기와 돌로
때리고 던지어도

지혜 신통 갖추신
부처님 생각으로
그 모든 고통을
능히 다 참아야 하느니라.

나는 천만억 국토에서
청정한 몸 나타내어
한량없는 억 겁 동안
중생 위해 설법하며

내가 멸도한 후
이 경을 설하는 이
공양할 사부대중
변화로 보내 주고

모든 중생 인도하여
그 법사가 설하는 법
모두 다 듣게 하려
그 앞에 모아 주며

나쁜 사람이 칼과 막대
돌로 때리려 하면
변화인을 곧 보내어
그로부터 보호할 것이며

설법을 하는 이가
고요한 데 홀로 있어
속세를 멀리 떠나

이 경전을 독송하면

그를 위해 나는
청정 광명 나타내며
한 구절만 잊게 돼도
설하여 통해 주고

이런 덕을 갖춘 이가
사부대중에게 법 설하고
고요한 곳에서 경 읽으면
내 몸을 얻어 보며

하늘·용왕·야차·귀신
내가 모두 보내어서
그가 설하는 법
모두 다 듣게 하리니

이런 사람 설법 즐겨
걸림이 없는 것은
부처님의 힘일러니
대중을 환희케 하며

법사를 친근하면

보살도 빨리 얻고
법사 따라 배우면
많은 부처님 친견하리.

11. 견보탑품(見寶塔品)

그때 부처님 앞에 7보탑이 하나 있었으니, 높이는 5백 유순이요 너비는 250유순으로, 이 탑은 땅으로부터 솟아나 공중에 머물러 있다. 그것은 가지가지 보물로 장식되어 있으며, 5천의 난간과 천만의 방이 있으며, 한량없이 많은 당번을 장엄하게 꾸미고, 보배 영락을 드리우고 보배 방울을 또 그 위에 수없이 달았으며, 그 사면에는 다마라발전단향(多摩羅跋栴檀香)을 피워 향기가 세계에 가득하고, 모든 번개(幡蓋)는 금·은·유리·차거·마노·진주·민괴 등 7보를 모아 이루니, 그 탑의 꼭대기는 사천왕궁에까지 이르렀다. 삼십삼천(三十三千)[17]은 하늘의 만다라꽃을 비내리듯 내리어 그 보배 탑에 공양하고, 그 밖에 하늘·용·야차·건달바·아수라·가루라·긴나라·마후라가 등 사람인 듯 아닌 듯한 천만억의 중생들은 온갖 꽃과 향과 영락과 번개와 기악들로 그 보배탑을 공양하며 공경하고 존중하

---

17 욕계(欲界) 6천(天)의 제2천으로 도리천(忉利天)이라고도 한다. 수미산 꼭대기에 있는데 가운데 선견성(善見城)이 있고, 사방에 각각 8성이 있어 합하면 삼십삼천이 되는데, 이 성에 사는 천신을 말한다.

며 찬탄하였다.

이때 보배탑 가운데서 큰 음성으로 찬탄하여 말하였다.

"거룩하시고 거룩하시도다. 석가모니 세존이시여, 능히 평등한 큰 지혜로 보살을 가르치는 법이며, 부처님께서 보호하고 생각하시는 『묘법연화경』으로 대중을 위하여 설법하시니, 이와 같이 석가모니 세존께서 하시는 설은 모두 진실이니라."

그때 사부대중이 이 큰 보배탑이 허공 가운데 머물러 있는 것을 보고 또 그 탑 가운데서 나는 음성을 듣고는 모두 기피하여. 전에 없던 일이라 이상하게 생각하고 자리에서 일어나 공경·합장하고 한쪽에 물러나 있더니, 그때 대요설(大樂說)이라 하는 보살마하살이 일체 세간의 하늘·인간·아수라 등이 마음으로 의심하는 것을 알고 부처님께 여쭈었다.

"세존이시여, 무슨 인연으로 이런 보배탑이 땅으로부터 솟아났으며, 또 그 가운데서 그와 같은 음성이 나옵니까?"

그때 부처님께서 대요설보살에게 말씀하셨다.

"이 보배탑 가운데는 여래의 전신이 계심과 같나니, 오랜 과거에 동방으로 한량없는 천만억 아승기 세계를 지나서 보정(寶淨)이라 하는 나라가 있었으며 그 나라에 부처님께서 계셨으니, 그 이름이 다보(多寶)였느니라. 그 부처님께서 보살도를 행하실 때 큰 서원을 세우셨느니라.

'내가 만일 성불하여 멸도한 후 시방국토에 『법화경』을 설하는 곳이 있으면, 나의 탑은 이 『법화경』을 듣기 위하여 그 앞에 나타나 증명하고, 거룩하다고 찬양하리라.'

그 부처님께서 도를 이루신 뒤 멸도할 때에 이르러, 하늘과 인간 가운데서 여러 비구들에게 말씀하셨느니라.

'내가 멸도한 후 나의 전신에 공양을 하려는 이는 마땅히 하나의 큰 탑을 일으켜 세우라.'

그 부처님께서 신통한 원력을 가져 시방세계 어느 곳에서나 『법화경』을 설하는 이가 있으면 그 보배탑이 모두 그 앞에 솟아나서 탑 가운데 전신이 있어 찬탄하여 거룩하다고 말하느니라. 대요설아, 지금 다보여래의 탑도 이 『법화경』을 들으려고 땅으로부터 솟아나 거룩하다고 찬탄하느니라."

이때 대요설보살이 여래의 신통한 힘으로 부처님께 여쭈었다.

"세존이시여, 저희들이 이 부처님의 전신을 뵙기 원합니다."

부처님께서 대요설보살마하살에게 말씀하셨다.

"이 다보불은 마음에 깊은 소원이 있으니, 만일 그의 보배탑이 『법화경』을 듣기 위하여 우리 부처님 앞에 솟아나서 사부대중들에게 그 속에 있는 몸을 나타내 보이려고 할 때에는, 시방세계에 있는 내 분신의 모든 부처님을 설법으로 다 모은 뒤에야 보이느니라. 대요설아, 시방세계에 있는 나의 분신의 모든 부처님을 지금 설법으로 마땅히 모이게 하리라."

대요설이 부처님께 여쭈었다.

"세존이시여, 저희들이 또한 세존의 분신 부처님들을 친견하고 예배하고 공양하고자 합니다."

그때 부처님께서 백호의 한 광명을 놓으시니 곧 동방 5백만 억 나유타 항하의 모래같이 많은 국토에 있는 여러 부처님들을 볼 수 있거늘, 그 여러 국토는 땅이 파려로 되었고, 보배 나무와 보배옷으로 장엄되었으며, 한량없이 많은 천만억 보살이 그 가운데 충만하였고, 보배 장막이 둘러쳐 있었다. 보배 그물을 위에 덮었고, 그 국토의 부처님들은 크고 미묘한 음성으로 법을 설명하였으며, 또 한량없이 많은 천만억 보살이 국토마다 가득하여 중생을 위하여 설법하는 것도 보았으며, 남·서·북방과 4유·상하 어느 곳이나 백호의 광명이 비치는 곳은 모두 이와 같았다.

그때 시방의 여러 부처님들께서 보살들에게 말씀하셨다.

"선남자야. 내가 이제 석가모니불이 계신 사바세계에 가서 공양하고, 아울러 다보여래의 보배탑에도 공양하리라."

이때 사바세계는 곧 청정하게 변하여 유리로 땅이 되고 보배 나무로 장엄되며 황금줄을 드리워 8도를 경계하고, 여러 가지 작은 촌락이나 성읍이나 큰 강·내·바다나 산, 수풀이 없어지며, 큰 보배의 향을 피우고 만다라꽃을 그 땅 위에 두루 덮고, 위로는 보배 그물과 장막을 치고 여러 가지 보배 방울을 달아 놓고, 다만 이 회중만은 그 가운데 머무르게 할 뿐, 하늘이나 인간들은 다른 땅으로 옮겼다.

이때 여러 부처님들께서 각각 하나의 큰 보살의 사자를 데리고 사바세계에 이르러 보배 나무 아래마다 앉으시니, 그 하나하나의 보배 나무는 높이가 6백 유순이며, 가지와 잎과 꽃과 열매가 모두 차례대로 장엄되었다. 그 많은 보배 나무 아래에는 각자 사자좌가 있었으니, 그 높이가 5유순으로 큰 보배로 꾸며졌고, 오신 여러 부처님들이 이 자리에 가부좌를 틀고 앉으실 때, 이와 같이 전전하여 삼천대천세계가 가득 찼지만 석가모니불의 한쪽 방위 분신불도 못 되었다.

그때 석가모니불께서는 분신의 모든 부처님을 앉게 하시려고, 8방으로 각각 2백만억 나유타 국토를 다시 청정하게 하셨다. 지옥·아귀·축생·아수라는 없어지고, 모든 하늘과 인간은 다른 땅으로 옮겨지며, 그 변화된 땅은 유리로 만들어지고 보배 나무로 장엄되니, 그 나무의 높이는 5백 유순의 높이로 역시 갖가지 보물들로 장식되었으며, 큰 바다와 강과 하천이 없으며, 목진린타산(目眞鄰陀山)[18]과 마하목진리타산(摩訶目眞鄰陀山)[19]과 철위산(鐵圍山)[20]과 대철위산(大鐵圍山)과 수미산(須彌山)[21] 등의 여러 산왕(山王)이 없어 한 개의 불국토로 통일하였다. 그 보배땅은 평탄하고 보배 장막을 그 위에 덮었으며, 여러 가지 번개를 달고 큰 보배의 향을 피웠으며, 많은 하늘의 보배꽃은 그 땅을 두루 덮었다.

---

18 범어 Mucilinda의 음사. 산 이름인데 그곳에 사는 용의 이름을 딴 것이다.
19 범어 Mahā-mucilinda의 음사. 마하는 크다[大]의 뜻이다.
20 범어로는 Cakravāḍa. 수미산을 중심으로 9산(山) 8해(海)가 있는데, 이 중 가장 바깥쪽에 있는 쇠로 된 산이다.
21 범어 Sumeru의 음사. 세계의 중심에 있는 산인데, 높이는 8만 유순이나 되며, 꼭대기에는 제석천(帝釋天)이, 중턱에는 사왕천(四王天)이 산다고 한다.

석가모니불께서는 또 여러 부처님들이 와서 앉게 하려고 다시 8방으로 각각 2백만억 나유타 국토를 모두 청정케 하시니, 지옥·아귀·축생·아수라가 없고, 또 모든 하늘과 인간을 다른 나라에 옮겨 두었다. 또한 그 변화된 국토의 땅은 유리로 되고 보배 나무로 장엄되었으며, 높이가 5백 유순이나 되는 그 보배나무는 가지와 잎과 꽃과 열매가 차례대로 장엄되었다. 나무 아래에는 높이 5유순이 되는 보배로 된 사자좌가 있으니, 역시 큰 보배들로 꾸몄으며, 또 큰 바다·강·하천이 없고 목진린타산·마하목진린타산·철위산·대철위산·수미산 등의 여러 산왕이 없어, 하나의 불국토로 통일되었다. 땅은 평탄하고 보배 장막이 그 위를 덮었으며, 많은 번개를 달고 큰 보배향을 피우며, 많은 보배꽃으로 그 땅을 두루 덮었다.

그때 동방으로 백천만억 나유타 항하의 모래 같은 불국토 가운데 계시는 석가모니불의 분신 부처님들이 설법을 하면서 여기 모여 왔으며, 이렇게 하여 시방의 모든 부처님들이 와서 8방에 앉을 때 그때 하나하나의 방위 4백만억 나유타 국토에 많은 부처님 여래가 가득하게 찼다. 그 여러 부처님들께서는 각각 보배 나무 아래에 있는 사자좌에 앉으셔서 데리고 온 사자를 석가모니불께 보내며 보배꽃과 문안을 일러 주었다.

"선남자야, 너는 기사굴산의 석가모니불께서 계신 곳에 가서 이렇게 말하라.

'병도 없으시고 고뇌도 없으시어 기력이 안락하시며, 보살과 성문 대중도 모두 안온하십니까?'

그리고 이 보배꽃을 흩어 부처님께 공양하고 또 말하여라.

'저 아무 부처님이 이 보배탑을 열어 달라고 하십니다.'"

또한 여러 부처님들도 각각 사자를 보내어 이렇게 하니 그때 석가모니불께서는 분신의 모든 부처님이 다 모여 각각 사자 자리에 앉아 있는 것을 보시고, 곧 자리에서 일어나 허공 가운데 머무르시므로, 모든 사부대중이 일어나 일심으로 합장하며 우러러보았다. 이에 석가모니불께서 오른 손가락으로 7보탑의 문을 여시니, 큰 성문의 자물쇠가 풀리어 열리는 것과 같이 큰 소리가 났다. 그때 거기 모인 모든 대중들은 보배탑 안의 사자좌에 산란치 않으시고 선정에 드신 다보여래를 보며, 또 그의 음성을 듣고 말하였다.

"거룩하시고 거룩하시도다. 석가모니불께서 이 『법화경』을 쾌히 설하시니, 이 경을 듣기 위하여 이곳에 이르렀노라."

그때 사부대중들이 한량없는 천만억 겁의 오랜 과거에 멸도하신 부처님께서 이와 같이 말씀하시는 것을 듣고 미증유라 찬탄하며, 하늘의 보배꽃을 다보불과 석가모니불 위에 흩었다. 그때 보배탑 가운데 계신 다보불께서 자리를 반으로 나누어 석가모니불께 드리고 이렇게 말씀하셨다.

"석가모니불께서는 이 자리에 앉으소서."

그러자 곧 석가모니불께서 그 탑 가운데로 드시어 그 반으로 나눈 자리에 가부좌를 틀고 앉으셨다.

그때 대중들은 두 여래께서 7보탑 가운데 있는 사자 자리에 가부좌를 틀고 앉으신 것을 보고 생각하기를 '부처님의 자리가 매우 높고 멀도다. 여래께 원하노니 신통력을 쓰시어 우리들로 하여금 허공에 머물도록 하여 주시옵소서' 하니, 곧 석가모니불께서 신통력을 나타내시어 대중들을 허공 가운데 모두 이끌어 올리시고, 큰 음성으로 사부대중에게 널리 말씀하셨다.

"누가 능히 이 사바세계에서 『묘법연화경』을 설하겠느냐? 지금이 바로 이 경을 설할 때이니라. 여래는 오래지 아니하여 열반에 들 것이니, 이 『묘법연화경』을 부촉(付囑)[22]하려고 여기에 있느니라."

그때 세존께서 이 뜻을 거듭 펴시려고 게송으로 말씀하셨다.

거룩하신 세존께서
열반한 지 오래지만
보탑 가운데 계시면서
법을 위해 오시거늘

어찌하여 중생들은
법 구하려 않는 건가.
이 부처님 멸도하심
무수하게 오래이나

그 부처님 본래 소원

---

22 불법을 전하는 일을 위촉하는 것이다.

내가 멸도한 후
어디든지 찾아가서
법 들으려 하느니라.

또 하나의 분신으로
항하의 모래같이
한량없는 여러 부처님들
법 들으러 여기 오고

오랜 옛날 멸도하신
다보여래 뵈오려고
미묘한 장엄 국토
하나 없이 다 버리고

제자들과 하늘 인간
용과 귀신의 여러 공양
싫다 하고 법 구하러
이곳에 왔느니라.

오신 부처님 앉게 하려
신통력을 또한 써서
무량 중생 옮기시고
국토를 청정케 해

보배 나무 아래마다
계시는 많은 부처님
청정한 연못 위에
연꽃을 장엄한 듯

보배 나무 아래마다
사자좌에 앉으신 부처님
광명으로 장엄함이
어둔 밤의 큰 불 같고

몸에서 나는 묘한 향기
시방세계 두루하니
중생들 향기 맡고
기뻐하는 그 마음

큰 바람이 작은 가지
불어 흔드는 것같이
이런 방편으로써
법 오래 머물게 하리.

대중들께 말하노니
내가 멸도한 후
누가 이 경 받아

능히 읽고 설할 거냐.

지금 부처님 앞에
스스로 선서하라.
저기 계신 다보불도
멸도한 지 오래이나

크게 세운 서원으로
사자후(獅子吼)를 설하시니
다보불과 나의 몸과
화신불[23]만 이 뜻 아노라.

여러 불자들아,
누구든지 법 받들면
큰 발원을 세워서
오래도록 머물지니

이 경법 받아 지녀
능히 읽고 보호하면
나와 다보불께
공양함이 되느니라.

---

23 중생 제도를 위해 몸을 나타낸 변화신으로 부처님의 분신이다.

보배탑의 사자좌에
항상 계신 다보불은
이 경전 듣기 위해
시방세계 출현하며

오신 모든 화불(化佛)
광명으로 여러 세계
장엄하게 꾸미는 이
이런 이를 공양하며

만일 이 경 설하면
나의 몸과 다보여래
그리고 모든 화불
다 함께 친견하리.

여러 선남자들아,
이것은 어려운 일
각기 깊이 생각하여
큰 발원을 세울지니

이 밖에 여러 경전
항하사 같은 수를
모두 다 설하여도

이보다는 쉬우니라.

그렇게 큰 수미산을
타방의 불국토에
멀리 던져 놓는 대로
어려운 일 그 아니며

만일 발가락 하나로
삼천대천 큰 세계를
멀리 들어 놓는 일도
어려울 것 하나 없고

유정천에 올라서서
한량없는 중생들에게
다른 경전 연설해도
어려울 것 없지마는

부처님 멸도 후에
악한 세상에 태어나
이 경전 설하는 일
이것이 어렵노라.

가령 어떤 사람

허공을 휘어잡고
그 가운데 거닐어도
어려운 일 그 아니고

내가 멸도한 후
스스로 써서 갖거나
다른 사람 시키는 일
이런 것은 어려우며

어떤 사람은 큰 땅덩이
발톱 위에 올려 놓고
범천까지 오른대도
어려운 일 아니지만

부처님 멸도한 후
악한 세상에 태어나
이 경 잠시 읽는 일,
이것은 어려운 일

마른 풀을 짊어지고
불 속으로 뛰어들어
몸을 비록 안 태워도
어려운 일 아니지만

내가 멸도한 후
이 경을 받아 지녀
한 사람에게 설하여도
그 일은 어려우며

8만 4천 법장
그리고 12부경(部經)²⁴을
모두 다 받아 지녀
인간 위해 연설하고

그를 들은 중생들이
6신통을 다 얻도록
교화하고 인도해도
어려운 일 아니지만

내가 멸도한 후
이 경전 받아 들고
그 뜻을 묻는 일
이것이 곧 어려우며

---

24 9부경(部經)에 우타나(優陁那)·비불략(毘佛略)·화가라(和伽羅)를 더한 것이다. 우타나는 질문자 없이 부처님께서 자진해 설하시는 경문이고, 비불략은 바르고 큰 진리를 설하는 경문이며, 화가라는 보살에게 수기하는 경문이다. 제1권 주 106) 참조.

한량없고 수가 없는
천만억의 항하 모래
그 많은 중생들께
설법하고 교화하여

아라한과 얻게 하고
6신통을 갖춰 주며
비록 이익 말하지만
이런 일도 어렵잖고

내가 멸도한 후
이런 경전 능히 받아
받들고 지니는 일
이가 곧 어렵노라.

내가 불도 위해
무량한 국토마다
처음부터 지금까지
여러 경전 설했으나

그 가운데 이 경전이
참되고 제일이니
능히 받아 지니면

부처님을 받드는 일.

여러 선남자야,
내가 멸도한 후
누가 능히 이 경전을
수지하고 독송할까.

누구든지 이러한 일
하려는 뜻 가진 이는
부처님 앞에 나와
스스로 선서하라.

수지하기 어려운 경
잠시라도 수지하며
내 마음과 여러 부처님
모두 다 환희하리니.

이와 같은 사람은
부처님 칭찬 받을지니,
이가 곧 용맹이며
범행 닦는 정진이요.

이 이름이 지계이며

두타행(頭陀行)²⁵을 닦음이니
위없는 부처님 도
더욱 빨리 이룰지며

앞으로 오는 세상
이 경전 수지하면
이런 이가 참된 불자
좋은 땅에 머무르며

부처님 멸도하신 후
그 뜻을 이해하면
이런 사람 하늘 인간
세간의 눈이 되며

두려운 세상에서
잠깐만 설하여도
일체 하늘 인간
모두 다 공경하리.

---

25 범어 dhūta의 음사. 의·식·주에 탐착하지 않고 오로지 수행에만 전념하는 것이다.

12. 제바달다품(提婆達多品)

그때 부처님께서 여러 보살들과 하늘과 인간과 사부대중에게 말씀하셨다.

"내가 지난 과거 한량없는 겁 동안 『법화경』을 구할 적에 게으른 마음이 없었으며, 또 많은 겁 동안 국왕으로 있으면서 발원하여, 위없는 보리(菩提)[26] 구할 때에도 마음이 물러나지 아니하였느니라. 또 6바라밀을 만족하려고 보시를 부지런히 행할 적에도 인색한 마음이 없어 코끼리·말·7보·국토·처자·남종·여종들과 머리·얼굴·몸·수족들을 아끼지 아니하였느니라. 그때 세상 사람들 수명은 한량이 없었지만, 법을 구하기 위하여 국왕을 버리고, 정사를 태자에게 물려주고, 북을 높이 치며 사방에 영을 내렸느니라.

'누가 능히 나를 위하여 대승법을 설하겠느냐? 만일 그런 이가 있다면 나는 평생토록 받들어 모시리라.'

바로 그때 한 선인이 왕을 찾아와서 말하였느니라.

---

26 범어 bodhi의 음사. 각(覺), 불타 정각의 지혜를 말한다.

'나에게 『묘법연화경』이라 하는 대승경이 있으니, 만일 나의 뜻을 어기지 아니하면 마땅히 설법하리라.'

선인의 말을 들은 왕은 환희하고 용약하여 곧 선인을 따라 받들고 모시되 과일도 따며 물도 긷고, 땔나무도 해오고 밥을 지으며, 혹 몸으로 그의 앉는 자리가 되어도 신심이 게으르지 않고 받들어 모시기를 천 년 동안 하였으나, 법 구하려는 까닭에 오히려 부지런히 모시어 조금도 부족함이 없게 하였느니라."

그때 세존께서 이 뜻을 거듭 펴시려고 게송으로 말씀하셨다.

내 생각하니 지나간 겁에
큰 법을 구하려고
세상 국왕 되었으나
5욕락(欲樂)[27]을 탐하지 않고

큰 법을 찾으려고
사방에 북을 칠새
나를 위해 설법하면
그의 노복이 되리라.

그때에 아사(阿私)[28] 선인

---

27 재물욕(財物欲)·색욕(色欲:性欲)·음식욕(飮食欲)·명예욕(名譽欲)·수면욕(睡眠欲) 등 인간의 다섯 가지 근본 욕망을 말한다.
28 범어 Asita의 음사. 중인도 가비라국에 있던 선인(仙人)의 이름으로 아사

대왕 앞에 하는 말
내가 가진 미묘한 법
세간에 회유하다.

만일 그 법 수행하면
너를 위해 설한다고
국왕이 그 말 듣고
마음 크게 환희하여

그 선인 즉시 따라
모시고 받들어서
나물 캐고 나무 하고
과일 따고 물을 길어

밥을 짓고 빨래하고
온갖 일을 보살필새
미묘한 법 뜻을 두니
신심이 가벼워라.

여러 중생 위하여서
부지런히 구하는 법

타(阿私陀)의 준말이다.

나의 욕심 채우거나
5욕락이 아니므로

큰 나라 왕이 되어서도
이런 법을 구하여서
마침내 성불하여
너를 위해 설하노라.

부처님께서는 여러 비구들에게 말씀하셨다.
"그때의 왕은 지금의 내 몸이며, 선인은 저 제바달다(提婆達多)[29]였느니라. 제바달다는 선지식(善知識)[30]이었으므로, 나로 하여금 6바라밀·자비희사(慈悲喜捨)[31]·33상[32]·80종호[33]·금색의 몸과 10력·4무소외와 4섭법(攝法)[34]과 18불공법과 신통력을

---

29 범어로는 Tevadatta. 부처님의 사촌 동생인데 부처님을 시기하여 해치려고 했으나 끝내 실패하고 피를 토하고 죽었다. 조달(調達)이라고도 한다.
30 범어로는 kalyāṇmitra. 훌륭한 벗, 불법을 설해 주어 깨달음을 얻도록 이끌어주는 좋은 스승, 선친우(善親友)라고도 한다. 그 반대는 악지식(惡知識)이다.
31 네 가지 한량없는 마음이다. 자(慈)는 즐거움을 주는 것, 비(悲)는 괴로움을 없애 주는 것, 희(喜)는 남의 즐거운 일을 보고 기뻐하는 것, 사(捨)는 마음이 평등한 상태를 말한다.
32 부처님이나 전륜성왕이 갖춘 서른두 가지의 신체적 특징을 말한다.
33 부처님이 갖춘 여든 가지의 특이한 신체적 특징을 말한다.
34 중생들을 제도하기 위해 사용하는 네 가지 방법으로, ①보시(布施): 법과 재물과 두려움을 없애 주는 것을 베푸는 것 ②애어(愛語): 따뜻하고 사랑스러운 말로 대하는 것 ③이행(利行): 착한 일로 이익을 주는 것 ④동

구족하여 등정각을 이루고 널리 중생을 제도하게 하였느니라.

이에 너희 사부대중에게 말하노라. 이 제비달다는 한량없이 오랜 겁을 지나서 반드시 성불하리니, 그 이름은 천왕(天王) 여래·응공·정변지·명행족·선서·세간해·무상사·조어장부·천인사·불세존이며, 그 세계의 이름은 천도(天道)이리라. 그때 천왕불이 세상에 머물기는 20중겁으로 널리 중생을 위하여 미묘한 법을 설하면, 항하의 모래 같은 많은 중생이 아라한과를 얻고, 또 한량없는 중생은 연각심을 내며, 다시 항하의 모래 같이 많은 중생이 위없는 도의 마음을 내어 무생인(無生忍)[35]을 얻고 물러남이 없으리라. 천왕불이 열반한 뒤에는 정법이 20중겁을 세상에 머물 것이며, 전신사리[36]로 7보탑을 세우리니, 높이는 60유순이며 너비는 40유순이다. 모든 하늘과 인간들이 여러 가지 꽃과 말향·소향·도향과 의복·영락·당번·보배의 번개와 기악과 가무로써 7보의 미묘한 탑에 예배하고 공양하며 한량없는 중생들은 아라한과를 얻고, 또 한량없이 많은 중생들이 벽지불을 깨닫고, 불가사의한 중생이 보리심을 내어 물러나지 아니하리라."

부처님께서는 비구들에게 말씀하셨다.

"앞으로 오는 세상에 만일 선남자·선여인으로서 이『묘법

사(同事): 상대의 입장에서 함께 일하는 것이 그것이다.
35 무생법인(無生法忍)의 준말로, 일체가 생함도 없고 멸함도 없음을 깨달아 안주하는 것이다.
36 보통은 쇄신(碎身) 사리라고 해서 크기도 작고 양도 얼마 되지 않으나, 부처님은 몸 전체가 사리였다고 한다.

연화경』의 「제바달다품」을 듣고 마음이 청정해지며, 믿고 공경하여 의심을 내지 않는 이는 지옥·아귀·축생에 떨어지지 않고, 시방에 계신 부처님 앞에 왕생할 것이요, 태어나는 곳마다 항상 이 경을 들으리라. 만일 인간이나 천상에 나면 가장 묘한 기쁨을 받을 것이며, 또 부처님 앞에 나게 되면 연꽃 위에 화생하리라."

그때 하방 세계에서 다보세존을 따라온 지적(智積)보살이 다보불게 인사하고 그의 본국에 돌아가려 하니, 석가모니불께서 지적에게 말씀하셨다.

"선남자야, 잠깐만 기다려라. 여기에 문수사리(文殊師利)라고 이름하는 한 보살이 있으니, 서로 만나 보고 미묘한 법을 논하고 말한 뒤에 그대의 본국으로 돌아가거라."

그때 문수사리는 큰 수레와 같은 연꽃 위에 앉고, 함께 오는 보살들도 또한 보배의 연꽃 위에 앉아 큰 바다의 사갈라(娑竭羅) 용궁[37]으로부터 저절로 솟아 허공에 머물더니 영취산[38] 위로 내려와, 부처님 앞에 이르러 머리 숙여 세존께 경례하고는 지적보살이 있는 곳으로 가서 서로 위문하고 한쪽에 물러나 있으니, 지적보살이 문수사리에게 물었다.

"인자(仁者)께서 용궁에 가서 교화하신 중생은 얼마나 됩니

---

37 범어 sāgara의 음사. 큰 바다라는 뜻이며 바다에 있는 용궁인데 이 용궁에 사갈라용왕(娑竭羅龍王)이 산다고 한다.
38 범어로는 Gṛdhrakūṭa. 중인도 마갈타국 왕사성(王舍城) 동북쪽에 있는 산이며, 부처님께서 설법하시던 곳이다. 기사굴산(耆闍崛山)이라고 한다.

까?"

문수사리가 대답하였다.

"그 수는 한량이 없고 헤아릴 수 없으며, 말로 할 수도 없고 생각으로 측량할 수도 없으나, 잠깐 기다리시면 스스로 증명하고 알 수 있으리라."

문수사리의 이 말이 채 끝나기도 전에 한량없는 보살이 보배의 연꽃 위에 앉아 바다로부터 솟아나서 영취산 허공 중에 머무니, 이 많은 보살은 모두 문수사리가 교화한 것으로, 보살의 행을 갖추어 6바라밀을 서로 논설하였다. 본래 성문이던 사람은 허공에서 성문의 행을 설하고, 이제는 모두 대승의 빈[空] 뜻을 닦고 행하니, 문수사리는 지적보살에게 바다에서 자기가 교화한 일이 이와 같다고 말하였다.

그때 지적보살이 게송으로 찬탄하였다.

크신 지혜 크신 위덕
위대하신 용맹으로
무량 중생 교화하심
나와 대중 보았나니,

실상(實相)의 뜻[39] 연설하고
1승법을 열어 보여

---

39 제법실상의 도리이다.

인도한 많은 중생
　　보리 이뤄 주셨도다.

　　문수사리가 말하였다.
　　"나는 바다 가운데서 오직 『묘법연화경』만을 설하였습니다."
　　지적보살이 또 문수사리에게 물었다.
　　"그 경이 매우 깊고 미묘하여 여러 경전 가운데 보배이며 세상에 희유하나니, 중생들이 만일 부지런히 정진하고 이 경전을 수행하면 빨리 성불할 수 있습니까?"
　　문수사리가 대답하였다.
　　"사갈라용왕에게 한 딸이 있었으니. 겨우 여덟 살이나 지혜가 있어 영리하였고, 중생의 모든 근기와 행업을 잘 알며 다라니(陀羅尼)를 얻었고, 여러 부처님들께서 설하신 매우 깊고 비밀한 법장을 다 수지하였습니다.
　　또한 선정에 깊이 들어 모든 법을 요달하였으며, 찰나 사이에 보리심을 내어 물러남이 없는 법을 얻었으며, 변재가 걸림이 없고 중생을 어린아이처럼 사랑하고 공덕을 구족하였습니다. 마음으로 생각하고 입으로 연설함이 미묘하고 광대하여 자비롭고 어질며, 그 뜻이 부드러워 등히 보리의 지위에 이르렀습니다."
　　지적보살이 다시 말하였다.
　　"내가 보니 석가모니불께서는 한량없는 겁 동안 어렵고 괴로운 수행을 하시고 많은 공덕을 쌓아 보리의 도를 구하시되 일찍이 쉰 일이 없으며, 삼천 대천의 큰 세계를 볼 때 아무리 작은 겨자씨만한 땅이라도 이 보살이 신명을 버리지 않는 데가 없나니. 이것은 중생을 위하기 때문입니다. 이렇게 하신 뒤에 보리의 도를 이루셨거늘 이제 용녀가 잠깐 동안에 정각을 이루었다는 것은 잘 믿어지지 않습니다."

그 말이 채 끝나기도 전에 용녀가 홀연히 앞에 나타나 머리 숙여 예경하고 한쪽에 물러나 있더니 게송으로 찬탄하였다.

죄와 복을 통달하여
시방을 두루 보고
미묘한 청정 법신
32상 갖추었으며

80종호로
법신을 장엄하니
하늘 인간 우러러보고
용과 귀신 공경하며

일체 세간 중생
한결같은 마음으로
미묘하고 높은 이를
정성껏 받드나니

보리를 이루는 일
부처님만 아시려니와
나도 대승을 펴서
고해 중생 제도하리.

그때 사리불이 용녀에게 말하였다.
"네가 오래지 않아 위없는 높은 도를 얻겠다고 말하지만 그런 일은 믿을 수 없다. 왜냐하면 여자의 몸은 때묻고 깨끗하지 못하므로 법기(法器)[40]가 아니기 때문이다. 그런데 어떻게 위없는 도를 능히 얻을 수 있다고 말하는가. 부처님의 도는 멀기 때문에 한량없는 겁 동안 부지런히 고행을 쌓고 모든 법도를 닦아 갖춘 뒤에 이루어지는 것이요, 또한 여자의 몸은 다섯 가지의 장애가 있으니, 그 첫째는 범천왕이 될 수 없는 것이요, 둘째는 제석(帝釋)이며, 셋째는 마왕(魔王)이요, 넷째는 전륜성왕이요, 다섯째는 불신(佛身)이니, 어떻게 여자의 몸으로 빨리 성불할 수 있다고 하느냐?"

그때 용녀에게 한 보배 구슬이 있었으니, 그 값은 삼천대천세계와 같았다. 그것을 부처님께 받들어 올리니 부처님께서 곧 받으시거늘, 용녀가 지적 보살과 존자 사리불에게 말하였다.

"제가 지금 보배 구슬을 세존께 받들어 올리니, 곧 받으셨거

---

40 불법을 믿고 받아 지닐 만한 그릇이 되는 사람을 말한다.

늘 이 일이 빠르지 않습니까?"

그들이 빠르다고 대답하니, 용녀가 다시 말하였다.

"여러분들은 신통력으로 성불하는 것을 보십시오. 이보다 더 빠를 것입니다."

그때 모인 대중이 모두 용녀를 보니, 홀연지간에 남자의 몸으로 변하여 보살행을 갖추고, 남방의 청정한 세계에 가서 보배 연꽃에 앉아 등정각을 이루었다. 그러자 32상과 80종호를 갖추어 시방의 온갖 중생을 위하여 미묘한 법을 널리 연설하고 있었다.

그때 사바세계의 보살·성문과 천룡팔부(天龍八部)[41]와 인간[人]과 인간 아닌 것[非人]들은 그 용녀가 성불하여 그때 모인 하늘과 인간 대중에게 설법하는 것을 멀리서 보고 마음이 크게 환희하여 모두들 멀리서 예경하며, 또 한량없는 중성은 법문을 듣고 깨달아 물러나지 아니했다. 또 어떤 무량 중생은 도의 수기를 받았으니, 그 청정한 세계는 여섯 가지로 진동하였고, 사바세계의 3천 대중은 물러나지 않는 지위에 머물렀으며, 또 3천 대중은 보리심을 내어 수기를 얻었으며, 지적보살과 사리불과 거기에 모인 모든 대중은 아무 말 없이 받아 지니고 믿었다.

---

41 불법을 수호하는 신장(神將)들로 천(天)·용(龍)·야차(夜叉)·건달바(乾闥婆)·아수라(阿修羅)·가루라(迦樓羅)·긴나라(緊那羅)·마후라가(摩睺羅伽) 등 8신이다. 이 가운데 천과 용이 대표적이므로 이같이 말한다.

13. 권지품(勸持品)

　그때 약왕(藥王)보살마하살과 대요설(大樂說)보살마하살이 2만 보살의 권속과 더불어 부처님 앞에 나와 이렇게 맹세하였다.
　"원하옵나니 세존이시여, 염려하지 마시옵소서. 부처님께서 멸도하신 후에는 저희들이 이 경전을 마땅히 받들어 읽고 외우며 설하겠습니다. 뒤에 악한 세상에 중생들의 선근이 점점 줄어들어 증상만이 늘고 이익 있는 공양을 탐내어 좋지 못한 근기가 점점 많아지고, 해탈을 멀리하여 교화하기 어려울지라도 저희들이 인욕의 힘을 크게 내어 이 경을 읽고 외우며 쓰고 갖가지로 공양하여 신명도 아끼지 않겠습니다."
　그때 수기를 받은 5백 아라한이 부처님께 여쭈었다.
　"세존이시여, 저희들도 또한 다른 국토에까지 이 경을 널리 설법할 것을 스스로 서원합니다."
　이때 수기를 받은 8천의 배우는 이와 다 배운 이가 자리에서 일어나 부처님을 향하여 합장하고 이런 서원을 하였다.
　"세존이시여, 저희들도 또한 다른 국토에까지 가서 이 경전을 설법하겠습니다. 왜냐하면 이 사바세계의 인간들은 폐악(幣惡)함이 많고 증상만을 품어 그 공덕이 얕고 성내기를 잘하고 마음이 흐리며, 아첨하고 진실하지 못한 까닭입니다."

그때 부처님의 이모인 마하파사파제(摩訶波闍波提) 비구니는 아직 배우는 이와 다 배운 비구니 6천 인과 더불어 자리에서 일어나 일심으로 합장하고 세존의 존안을 우러러보되, 눈을 잠깐도 깜박이지 않으므로, 이때 세존께서 교담미(憍曇彌)[42]를 보시고 말씀하셨다.

"그대는 어찌하여 근심스러운 얼굴로 여래를 보느냐? 그대 생각에 내가 그대 이름을 들어 아뇩다라삼먁삼보리의 수기를 주지 않을까 걱정하고 있구나. 교담미여, 내가 이미 모든 성문들에게 모두 수기를 설하였거늘, 이제 그대가 수기를 원한다면, 그대는 장차 오는 세상 6만 8천억의 부처님 법 가운데서 큰 법사가 될 것이며, 아직 배우는 이와 다 배운 6천의 비구니도 모두 함께 법사가 되리라. 그대가 이와 같이 점점 보살도를 갖추어 성불하면, 그 이름은 일체중생희견(一切衆生喜見) 여래·응공·정변지·명행족·선서·세간해·무상사·조어장부·천인사·불세존이리라. 교담미여, 이 일체중생희견불과 6천의 보살이 차례로 수기를 하여 아뇩다라삼먁삼보리를 얻으리라."

그때 라후라의 어머니 야수다라(耶輸多羅) 비구니는 생각하

---

42 범어 Gautamī의 음사. 석가족의 구담(瞿曇)의 성을 가진 여인이라는 뜻으로 석존의 이모인 마하파사파제(摩訶波闍波提)를 말한다.

였다.

'세존께서 수기를 주시면서 내 이름만 말씀하지 아니하시는 구나.'

그러자 부처님께서는 그 뜻을 아시고 야수다라에게 말씀하셨다.

"보살의 행을 닦고 대법사가 되며 점점 부처님의 도를 구족하여 훌륭한 국토에서 성불하리라. 또한 그 이름은 구족천만광상(具足千萬光相) 여래·응공·정변지·명행족·선서·세간해·무상사·조어장부·천인사·불세존이리라. 그 부처님의 수명은 한량없이 긴 아승기겁이니라."

그때 마하파사파제 비구니와 야수다라 비구니며, 그 권속이 모두 크게 환희하여 미증유를 얻고, 곧 부처님 앞에 나아가 게송으로 말하였다.

거룩하신 세존께서 도사가 되어
하늘 인간 많은 중생 안온케 하시니
우리들도 이제는 수기를 받아
마음에 편안함을 구족하도다.

여러 비구니들은 이 게송을 다 마치고 부처님께 여쭈었다.
"세존이시여, 저희들도 또한 다른 국토에 가서 이 경을 널리 설하겠습니다."

그때 세존께서 80만억 나유타 많은 보살마하살을 굽어보시니. 그 보살들은 모두 아유월치(阿惟越致)[43]로서 물러나지 않는 법륜을 굴리며, 여러 가지 다라니를 얻었다. 그들은 그때 자리에서 일어나 부처님 앞에 나아가서 일심으로 합장하고 생각하였다.

'만일 세존께서 우리들에게 이 경전을 설할 것을 분부하신다면 우리들은 부처님의 가르침같이 이 법을 널리 설하리로다.'

그리고는 다시 생각하였다.

'지금 부처님께서 묵연히 계시어 분부가 없으시니, 우리들은 어찌해야 좋을까?'

이때 여러 보살들이 부처님 뜻을 잘 공경하고 순종하며, 아울러 스스로 자기 본래의 원을 만족하려고, 부처님 앞에 나와 사자후로써 서원을 하였다.

"세존이시여, 저희들도 여래께서 멸도하신 뒤에는 시방세계를 두루 다니며 중생들로 하여금 이 경전을 쓰게 하고 받아지녀 읽고 외우게 하며, 그 뜻을 해설하고 법과 같이 수행해서 바르게 생각하고 알게 하려니, 이것은 모두 부처님의 위덕입니다. 오직 원하옵나니, 세존께서는 다른 국토에 계실지라도 멀리서 보시고 보호하여 주옵소서."

바로 그때 여러 보살들이 같은 소리로 모두 함께 게송으로 말하였다.

---

[43] 범어 avaivartika의 음사. 불퇴전(不退轉)·불퇴위(不退位)라 한역한다. 보살의 성불이 결정되어 물러남이 없는 지위이다.

부처님 멸도하신 후
두렵고 악한 세상
저희들이 설법하려니
염려하지 마옵소서.

어리석은 여러 중생들
나쁜 말로 욕을 하고
칼·막대로 괴롭혀도
저희들은 참으리다.

악한 세상 비구는
삿된 지혜 마음 굳어
못 얻고도 얻은 체
아만심이 충만하며

고요한 데 있으면서
누더기옷 걸쳐 입고
참된 도 행한다며
다른 인간 경멸하고

이익만을 탐착하며
속인 위해 설법하고
세상에서 받는 공경

6신통의 나한(羅漢)⁴⁴ 같아

이런 사람 악심 품어
세속 일만 생각하고
아련야(阿練若)⁴⁵라 이름하여
남의 허물 끄집어내되

이런 말을 하느니라.
저 모든 비구들은
이익만을 탐착하여
외도를 논설하며

스스로 경전 지어
세상 사람을 속이고
명예를 구하기 위하여
이 경 분별한다고.

대중 가운데 있으면서
우리들 훼방하려

---

44 아라한(阿羅漢)의 준말이며 범어로서 arhat의 음사. 소승의 성자를 가리킨다.
45 범어 aranya의 음사. 아란야(阿蘭若)·아란나(阿蘭那)라고도 하며, 적정처(寂靜處)라고도 한역한다. 시끄러움이 없고 한적해서 수행하기에 좋은 곳을 가리킨다.

국왕과 여러 대신
바라문과 거사들과

다른 비구 대중들께
우리를 비방하는 말,
저들은 삿된 인간
외도를 설한다고 하나

부처님 공경하는 우리
이런 악을 다 참으며
너희들이 부처라,
경만하게 빈정대도

부처님 믿는 우리
그 사납고 못된 짓을
싫다 않고 견디며
다 받아 참으리라.

흐린 겁 악한 세상
두려움이 많으며
악한 귀신 몸에 들어
꾸짖고 욕을 해도

부처님 믿은 우리
인욕의 갑옷 입고
이 경전을 설법하려
어려운 이 일 다 참으며

신명을 아끼잖고
위없는 도 구하여서
앞으로 오는 세상
부처님 법 보호하리니

세존께선 아시리라.
탁한 세상 악한 비구
부처님 방편 따라
설법함을 제 모르고

입 사납게 빈축하며
자주자주 절간에서
멀리멀리 내쫓아도
부처님 믿는 우리

내리신 분부 생각하고
이러한 모든 고통에
사납게 시달려도

모두 다 참으리다.

촌락이나 도시에서
법 구하는 이 있으면
저희들이 찾아가서
부축하신 법 설하올새

세존의 사자된 우리
두려움 하나 없이
설법을 잘 하리니
안온케 계시옵소서.

시방의 여러 부처님
세존 앞에 제가 나와
이런 맹세 하옵나니
저희 마음 아옵소서.

妙法蓮華經

묘법연화경

제5권

14. 안락행품(安樂行品)

그때 문수사리 법왕자 보살마하살이 부처님께 여쭈었다.

"세존이시여, 이 여러 보살들은 있기가 매우 어렵습니다. 이들은 부처님을 공경하고 순종하므로 큰 서원을 세워 뒤에 오는 악한 세상에 이 『법화경』을 받아 지녀 읽고 외우리니, 세존이시여, 이런 보살마하살은 뒤에 오는 악한 세상에서 어떻게 하면 이 경을 설할 수 있겠습니까?"

부처님께서는 문수사리에게 대답하셨다.

"만일 보살마하살이 뒤에 오는 악한 세상에서 이 경을 설법하려면, 네 가지 법에 편안히 머물러야 하나니, 첫째는 보살이 행할 곳과 친근할 곳에 편안히 머물러 중생을 위하여 이 경을 연설하는 것이니라.

문수사리여, 어떤 것을 보살마하살이 행할 곳이라 하느냐. 만일 보살마하살이 인욕의 지위에 머물러 부드럽게 화하고 선(善)에 순종하여 포악하지 아니하고, 마음에 놀라지 않으며, 또 법에 대하여 행한다는 것이 없이 모든 법을 실상과 같이 관찰하며, 행함도 없고 분별하지도 않는다면, 이것을 바로 보살마하살이 행할 곳이라 하느니라.

그러면 보살마하살이 친근할 곳은 어떤 것인가. 보살마하살은 국왕과 왕자, 대신과 관리들을 친근하지 말 것이며, 여러 외도인 범지(梵志)[1]와 니건자(尼犍子)[2]들과 세속의 문필과 외도의 서적을 찬탄하는 이와 로가야타(路迦耶陀)[3]와 역(逆)로가야타[4]들을 친근하게 말 것이며, 또한 여러 가지 흉악한 희롱과 서로 치고 겨루는 것과 나라(那羅)[5] 등의 갖가지 변덕스러운 장난을 친근하지 말 것이며, 또는 전다라(旃茶羅)[6]와 돼지·양·닭·개 등을 기르는 이와 사냥하고 물고기를 잡는 등의 여러 가지 악업에 종사하는 이들을 친근하지 말 것이며, 만일 이런 사람이 찾아오거든 그를 위하여 설법하되 아무것도 바라지 말 것이며, 또 성문을 구하는 비구·비구니·우바새·우바이를 친근하지 말 것이며, 또는 문안하지도 말며, 혹시 방이거나 경행하는 곳이나 강당에서도 함께하지 말며, 혹 그들이 찾아오거든 근기를 따라 설법하되 이양을 바라지 말 것이니라.

---

1 범어로는 brahmacārin. 범사(梵士)라고도 하며, 바라문(婆羅門)을 말한다.
2 범어로는 nirgrantha-putra. 외도의 일파로서 자이나교도를 말한다.
3 범어로는 lokāyata의 음사. 6사외도(師外道)의 하나로서 유물론을 주장했다.
4 범어로는 vāmalokāyatika. 세상의 도리에 역행하는 것을 주장하는 일파이다.
5 범어 naṭa의 음사. 기희(伎戲)라고 하며 춤추고 노래하는 등의 놀이 또는 배우(俳優)를 말한다.
6 범어 caṇḍāla의 음사. 인도 4성(姓)의 최하위 천민 계급으로 백정·옥졸 등의 직업에 종사하는 사람들.

문수사리여, 또 보살마하살은 여인에게 대하여 욕심의 생각을 내어 설법하지 말고, 또 보기를 즐겨 하지도 말며, 만일 남의 집에 들어가더라도 젊은 여자나 처녀·과부와 같이 말하지 말며, 또 오종불남(五種不男)[7]과 깊이 친하지 말며, 혼자 다른 사람의 집에 들어가지 말고, 만일 인연이 있어 꼭 들어갈 경우에는 오직 일념으로 부처님을 생각하라. 만일 여인을 위하여 설법하려거든 이[齒]를 드러내서 웃지 말고, 가슴을 헤쳐 보이지 말며, 법을 위해서라도 오히려 친하지 못하거늘, 하물며 다른 일이야 말할 것이 있겠느냐? 나이 어린 제자나 사미나 어린아이를 기르지 말고, 또한 한 스승을 함께 섬기기를 즐기지 말며, 항상 최신을 좋아하되 한적한 곳에 있으면서 그 마음을 잘 닦고 다스릴지니, 문수사리여, 이런 것이 첫째 친근할 곳이니라.

또 보살마하살은 일체 법이 빈[空] 것을 실상과 같이 관찰하여 뒤바꾸지 말고 흔들리지도 말고 물러나지도 말지니라. 빈 허공과 같아 성품이 있는 것이 아니니, 모든 말의 길이 끊어져 나지도 않고 나오지도[出] 않고 일어나지도 아니하며, 이름도 없고 모양도 소유도 헤아림도 끝도 없으며, 걸림도 없고 막힐

---

7 다섯 가지 남근(男根)이 불구인 사람을 말한다. ① 생불능남(生不能男): 나면서부터 남근이 발육되지 못한 사람 ② 건불능남(犍不能男): 칼로 남근을 잘라 버린 사람 ③ 투불능남(妬不能男): 다른 사람의 음행을 보고 정욕을 일으키는 사람 ④ 변불능남(變不能男): 다른 이와 음행할 때에 남근을 상실하여 불구가 되는 사람 ⑤ 반불능남(半不能男): 반 달은 남근을 사용하고, 반 달은 사용하지 못하는 사람이다.

것도 없으나, 다만 인연으로 있는 것이며, 뒤바뀌어 생기는 것이므로 말할 수 있는 것이니라. 항상 이와 같이 법의 진실한 모양을 관찰하면 이것이 곧 보살마하살이 둘째 친근할 곳이니라."

그때 세존께서 이 뜻을 거듭 펴시려고 게송으로 말씀하셨다.

만일 어떤 보살
뒤에 오는 악한 세상에
두려움 없는 맘으로
이 경전 설하려면

보살로서 행할 곳과
친근할 곳에 들어가되
국왕이나 왕자들과
큰 신하와 고관 대작

흉한 장난하는 이와
전다라 외도 범지
이와 같이 속된 것들
항상 멀리해야 하며

증상만의 인간이나
소승에 탐착하는

삼장의 학자들도
친근하지 말 것이며

계를 파한 비구들과
이름뿐인 아라한들
잘 웃으며 희롱하는
그 모든 비구니와

5욕락에 탐착한 채
멸도를 구하려는
어리석은 우바이도
친근하지 말지니라.

만일 이런 사람
정답게 찾아와서
보살한테 이르러
부처님 도 묻거든

중생을 구하려는
두려움 없는 마음으로
바라는 것 하나 없이
법을 설해 주며

과부거나 처녀거나
남자답지 못한 것도
모두 다 친근하지 말고
깊은 정을 주지 말며

짐승을 도살하고
사냥하고 고기 잡고
이익 위해 살생하는
그런 이를 친근하지 말며

고기 팔아 먹고 살며
여색 팔아 살아가는
그런 이도 친근하지 말며
흉악하게 서로 치고

가지가지 유희하고
희롱하여 노는 이와
음탕한 여자들을
모두 다 친근하지 말며

홀로 있으면서
여인 위해 설법 말고
만일 설법하려거든

희롱하여 웃지 말며

마을에서 걸식할 때
한 비구와 같이하고
만일 홀로 가게 되면
일심으로 염불하며

이러한 모든 일이
행할 곳과 친근할 곳
이 두 곳에 잘 들어서
편안하게 실하어라.

상·중·하의 여러 법과
유위법(有爲法)과 무위법(無爲法)
참되거나 거짓된 법
그 법도 또한 행치 말며

이건 남자 이건 여자
분별도 하지 말고
여러 법을 얻었다고
아는 체도 하지 말며

본 체도 말 것이니

이와 같이 모든 것을
일러서 하는 말이
보살들이 행할 곳

일체 온갖 법은
본래부터 빈 것이라
일어남도 없지만
멸하지도 않나니

지혜 있는 이들은
여기에 친근하리.
여러 법이 있다 없다
또는 진실 아니라며

생·멸을 따지는 건
전도된 분별이니
고요한 데 있으면서
마음을 잘 다스리고

흔들림 아주 없이
편안하게 머무르되
수미산과 같이하여
보살행을 보일지라.

일체 모든 법은
본래부터 없는지라,
마치 허공 같으므로
견고함도 없으며

생(生)도 없고 남(出)도 없고
부동하고 불퇴(不退)하여
한 모양에 항상 머물면
이것이 바로 친근할 곳.

만일 어떤 비구
내가 멸도한 후
행할 곳과 친근할 곳
부지런히 잘 들어서

이 경전 설할 때는
비겁하고 연약한 맘
두려운 그런 생각
하나도 없으리라.

보살이 어느 때에
고요한 방에 들어가서
곧고 바른 생각으로

뜻을 따라 법을 보고

선정에서 일어나면
국왕과 왕자들과
여러 신하 많은 백성
바라문을 위하여

이 경전 설해 주며
열어서 교화하면
그 마음이 안온하여
두려운 맘 없으려니

문수사리보살이여
이를 일러 하는 말,
모든 보살 법 가운데
편안히 머무를 곳

이런 곳에 잘 들어서
뒤에 오는 후(後) 세상
미묘한 『법화경』을
능히 넓게 설하리라.

"또 문수사리여, 여래께서 멸도하신 후 말법(末法) 가운데 이 경을 설법하려면 안락한 행에 머물러서 입으로 연설할 것이며, 혹은 경을 읽을 때 사람들과 더불어 경전의 허물을 말하지 말라. 또는 다른 법사를 가벼이 여겨 빈정대거나 다른 사람의 좋고 나쁜 장단점을 말하지 말며, 성문의 이름을 들어 그의 허물을 말하지 말고, 혹은 그를 칭찬하지도 말며, 원망이나 혐의의 마음을 품지 말라.

이와 같이 안락한 마음을 잘 닦으면 설법을 듣는 이들이 그의 뜻을 거역하지 아니하며, 혹 어려운 질문을 받더라도 소승의 법으로 대답하지 말고, 오직 대승법으로 해설하여 일체의 종지를 얻게 하여라."

그때 세존께서 이 뜻을 거듭 펴시려고 게송으로 말씀하셨다.

보살은 항상 즐겨
안온하게 설법하되,
맑고 깨끗한 땅
법 자리에 앉으시며

기름을 몸에 발라
먼지와 때를 씻고
청정하게 새 옷 입어
안과 밖이 청결해지면

법 자리 편히 앉아

묻는 대로 설법하여
만일 어떤 비구
비구니와 우바새

우바이와 국왕들과
왕자들과 여러 신하
백성들께 미묘한 뜻
부드럽게 설해 주며

어렵게 물어 와도
뜻을 따라 설법하되,
인연이나 비유들로
분별하고 연설하여

이런 방편으로써
모두 다 발심시켜
이익이 점점 많아
부처님 도 듣게 하며

게으르게 하는 일과
게으름을 못 피우게
근심 걱정 떨쳐 주고
자비롭게 설법하며

위없는 도 가르치기
낮도 밤도 없으려니
여러 가지 인연들과
한량없는 비유들로

중생들에게 열어 보여
환희토록 하여 주며
의복이나 침구나
음식들과 의약들을

그 가운데 하나라도
바라지를 말 것이며,
일심으로 생각하여
인연을 설법하며

부처님 도 이룩하고
중생들도 성불케 하면
이런 것이 큰 이익
안락한 공양이니라.

내가 멸도한 후
만일 어떤 비구
이 『묘법연화경』을

능히 잘 설법하면

성내는 일 질투의 맘
번뇌 장애 하나 없고
근심 걱정 마찬가지
꾸짖는 이도 없으며

두려움도 없어지고
칼이나 막대기로
내쫓기는 일 없는 것은
인욕 중에 머무름이다.

지혜로운 이 이와 같아
그 마음을 잘 닦고
안락하게 머물기를
위에 말함같이 하면

그 사람이 얻는 공덕
천만억의 오랜 겁에
산수로나 비유로도
헤아릴 수 없느니라.

"또 문수사리여, 보살마하살이 말세에 법이 멸하려 할 때 이 경전을 받아 가지고 외우고 읽는 이는 질투하거나 아첨하는 마음을 품지 말고, 또 부처님의 도 배우는 이를 경솔하게 욕하거나 그 잘하고 못하는 것을 말하지 말며, 만일 비구·비구니·우바새·우바이로서 성문을 구하는 이나, 벽지불을 구하는 이, 또는 보살도를 구하는 이를 어지럽게 하여 그들로 하여금 의심하고 후회하도록 하면서 '너희들은 도에서 거리가 매우 멀어 일체 종지를 마침내 얻지 못할 것이니, 왜냐하면 너희들은 게으른 사람들로 도에 방일하기 때문이니라'는 말을 하지 말며, 또는 모든 법을 희롱하여 말하지 말고 다투지도 말라.

오직 일체 중생에게 자비로운 생각을 일으키는 것이며, 모든 여래에게 자비로운 아버지라는 생각을 일으키며, 보살에게는 큰 법사라는 생각을 일으켜 시방에 있는 여러 보살들에게 깊은 마음으로 공경하고 예배하며, 일체 중생에게는 평등하게 법을 말하되, 법에 순응하여 많이 말하지도 말고 적게 말하지도 말며, 법을 깊이 사랑하는 이에게도 역시 많이 말하지 말라.

문수사리여, 이 보살 가운데 뒷세상의 말세에 법이 멸하려는 때에 이 셋째 안락행을 성취한 이가 이 법을 설할 적에는 어지럽게 함이 없으며, 같이 배우는 이를 잘 만나 이 경을 같이 읽고 외우며, 또한 대중들이 와서 듣고 받아 가지며, 받아서는 외우며, 외우고는 설하고, 설하고는 능히 쓰며, 또는 다른 사람을 시켜 쓰기도 하고 경전을 공양하고 공경하며 존중하고 찬탄하리라."

그때 세존께서 이 뜻을 거듭 펴시려고 게송으로 말씀하셨다.

만일 이 경 설하려면
성내고 질투하고 교만하며
기만하는 거짓된 마음 모두 버리고
항상 질직(質直)한 행을 닦고

다른 사람 경멸 말고
또한 법을 희롱 말며
의심 품게 하지 말고
성불 못 한다 하지 말며

이런 불자 설법하면
부드럽게 항상 참고
일체 중생 자비롭게
게으른 맘 없애 주며

시방의 큰 보살들
중생 위해 도 행하면
공경하는 마음 내어
대법사라 생각하며

부처님 세존들을

아버지같이 생각하여
교만한 맘 깨뜨리면
설법하기 장애 없으리.

셋째 법 이러하니
지혜로운 이 잘 수호하여
일심으로 안락하게 행하면
중생 공경 받느니라.

"또 문수사리여, 보살마하살이 뒷세상의 말세에 법이 멸하러 할 때, 이 『법화경』을 지니려거는, 재가인이나 출가인에게 크게 인자한 마음을 내고, 보살이 아닌 사람에게는 크게 어여삐 여기는 마음을 내면서 이렇게 생각한다.

'이런 사람들은 큰 것을 잃게 되나니, 여래께서 방편으로 뜻을 따라 설법하심을 듣지도 못하고 알지도 못하며, 깨닫지도 못하고 묻지도 아니하며, 믿지도 않고 이해하지도 못하는구나. 그 사람들이 비록 묻지도 않고 믿지도 아니하며, 이 경을 이해하지 못하더라도 내가 아뇩다라삼먁삼보리를 얻을 때는 어느 곳에 있든지 따라가서 신통력과 지혜의 힘으로 인도하여 이 법 가운데 머무르게 하리라.'

문수사리여, 이 보살마하살이 여래 멸도한 후 이 넷째 법을 성취한 이는 이 법을 설할 때에 잘못이 없으리라.

항상 비구·비구니·우바새·우바이·국왕·왕자·신하·인

민·바라문·거사 등이 그를 위하여 공양하고 공경하며, 존중하고 찬탄하며, 허공의 여러 하늘은 법을 듣기 위하여 항상 따라다니며 모시리라. 만일 촌락이나 도시나 고요한 산림 속에 있을 때 사람들이 찾아와서 어려운 질문을 하게 되면, 모든 하늘이 항상 법을 위하여 밤낮없이 호위하므로 듣는 이로 하여금 능히 환희토록 하나니, 왜냐하면 이 경은 과거·미래·현재의 모든 부처님께서 신통력으로 보호하시기 때문이리라.

문수사리여, 이 『법화경』은 한량없이 많은 나라에서 이름도 얻어 듣기가 어렵거든, 하물며 얻어 보고 받아 가지며 읽고 외우는 것이야 말할 것이 있겠느냐?

문수사리여, 비유하면 힘센 전륜성왕이 그 위세로써 여러 나라를 항복시키려 할 때 소왕(小王)들이 그 명령을 거역하면, 전륜성왕은 많은 군사를 일으켜 토벌하면서 그 전쟁 중에 공이 있는 이를 보고 크게 환희하여 그 공을 따라 상을 주되, 혹은 논밭을 주며 혹은 집이나 촌락·도시를 주며, 혹은 의복이나 장신구를 주고, 혹은 여러 가지 진귀한 보물인 금·은·유리·차거·마노·산호·호박·코끼리·말·수레·남종·여종·인민들을 주지만, 머리속에 있는 밝은 구슬만은 주지 않는 것이니, 왜냐하면 이 구슬은 세상에 왕의 이마에 있는 단 하나뿐이기 때문이니라. 만일 이것을 주면 왕과 그 권속은 반드시 크게 놀라리라.

문수사리여, 여래께서도 또한 이와 마찬가지로 선정과 지혜의 힘으로 법의 국토를 얻어 거역하면 여래의 장군인 성인들이 그들과 함께 싸우되, 공이 있는 이를 보면 여래의 마음이 환희하여 사부대중 가운데서 여러 경을 설해서 그 마음을 기쁘게 해주고 선정과 해탈과 번외 없음과 근력(根力)의 법을 주며, 또 열반을 주어 멸도라는 말로 그 마음을 인도해서 모두 환희하게 하지만 아직 이『법화경』은 설하지 않느니라.

문수사리여, 전륜성왕이 병사들 가운데 공이 있는 이들을 보고 그 마음이 크게 환희하여 이 믿기 어려운 구슬을 오랫동안 머리속에 감추어 합부로 사람들에게 주지 않다가 그제야 그것을 주는 것처럼, 여래께서도 또한 이와 같아 상계 가운데 큰 법왕이 되어 법으로 일체 중생을 교화하실새, 성인의 장군들이 5음마(陰魔)[8]·번뇌마(煩惱魔)[9]·사마(死魔)[10]와 함께 싸워 큰 공이 있는 것을 보고, 또 3독을 멸하고 상계에서 나와 마군들의 그물을 깨뜨리는 것을 보고, 그때에 여래께서 크게 환희하고 중생으로 하여금 일제 지혜에 이르게 하는『법화경』을, 그동안 온갖 세간의 원망이 많고 믿지 않아서 먼저 설하지 못한 것을 이제야 설하시느니라.

문수사리여, 주는 것은 저 힘센 왕이 밝은 구슬을 오래도록 가지고 있다가 이제야 주는 것과 같으니라.

문수사리여, 이『법화경』은 여러 부처님 여래의 비밀한 법장

---

[8] 우리 몸을 구성하고 있는 색(色)·수(受)·상(想)·행(行)·식(識)의 다섯 가지 요소가 주는 장애를 말한다.
[9] 번뇌가 우리의 몸과 마음을 어지럽게 해 깨달음을 얻지 못하도록 일으키는 장애를 말한다.
[10] 목숨을 빼앗김으로써 아무런 일도 할 수 없게 되는 장애를 말한다.

으로 여러 경전 가운데 가장 그 위가 되므로 오래도록 잘 수호하여 함부로 선설하지 않다가 이제 처음으로 너희들에게 연설하느니라."

그때 세존께서 이 뜻을 거듭 펴시려고 게송으로 말씀하셨다.

인욕 항상 행하여
일체를 불쌍히 여겨야
부처님께서 찬탄하신 이 경전
연설할 수 있나니

뒷세상 말세에
이 경전 가지는 이,
재가거나 출가거나
보살이 아니라도

자비한 맘 낼지니
많은 중생 이 경을
듣지 않고 믿지 못해
큰 이익을 잃지마는

내가 불도 이루면
여러 가지 방편으로
이 경전 설법하여

그 가운데 있게 하리.

비유하면 힘이 강한
전륜성왕이
싸움에 공 있는 이
여러 가지 상을 주되

코끼리·말·수레며
몸에 걸칠 장신구
많은 논밭·집들이며
촌락·성읍 떼어 주고

혹은 입을 옷가지와
가지가지 귀한 보배
노비와 재물들을
모두 주어 기쁘도록

용맹하게 잘 싸우며
어려운 일 능히 하면
머리 속에 감춘 구슬
풀어내어 주듯이

여래 또한 이와 같아

여러 세계 법왕 되어
인욕하는 큰 힘과
지혜스런 보장(寶藏)들을

큰 자비의 마음으로
법과 같이 교화하되
일체 중생들이
여러 고통 받음 보고

또는 해탈 구하려고
마군과 싸움 보며
이런 중생 위하느라
갖가지 법 설하므로

큰 방편을 잘 써서
이런 경전 설해 주며
중생들이 힘 얻은 것
여래께서 아시고는

맨 나중에 이르러
『법화경』을 설하시니
왕이 머리 풀고
밝은 구슬 줌과 같다.

이 경은 존귀하여
경전 중에 으뜸이라.
내가 항상 수호하여
열어 뵈지 않았으나

지금 때가 되어
너희에게 설하노니,
내가 멸도한 후
부처님 도 구하는 이

안온함을 얻어서
이 경전을 설하려면
이와 같은 네 가지 법
마땅히 친근할지니라

이 경을 읽는 이는
항상 번뇌 없으며
병과 고통 하나 없어
얼굴빛이 아름답고

비천하고 추잡하며
빈궁하게 나지 않고
중생들이 즐겨 보되

어진 성인 보듯 하며

하늘과 여러 동자들
모시고 또 모시며
칼·막대로 못 해치고
독약도 불능이며

나쁜 욕을 하면
그 입이 막혀지고
두려움이 없는 일
사자왕과 같으며

지혜의 밝은 광명
햇빛과 같으니라.
혹은 꿈 가운데
미묘한 일 보더라도

모든 여래께서
사자좌에 앉으시어
비구 대중 둘러싸여
설법하심을 보며

항하 모래 같은 수의

용과 귀신·아수라들
그 모두가 일심으로
공경하고 합장하면

그 몸들을 위하여
설법함도 또한 보며
여러 부처님 상
그 몸이 금색이라.

한량없는 광명 놓아
일체를 다 비추며
맑은 음성 범음으로
설법함을 또한 보며

부처님께서 사부대중 위해
위없는 법 설하실 적에
자기 몸이 그 가운데
있는 것을 발견하고

일심으로 합장하여
부처님을 찬탄하고
법을 듣고 환희하여
받들어 공양하며

다라니를 또한 얻어
불퇴지(不退地)[11]를 증득하니
부처님께서 그 뜻 아시고
불도(佛道)에 깊이 들어

앞으로 오는 세상에
위가 없이 가장 높은
각을 이루리라.
수기 주어 하시는 말

너희들 선남자는
앞으로 오는 세상
한량없이 밝은 지혜
부처님의 큰 도 얻고

국토는 청정하여
비할 데 없이 광대하며
사부대중 합장하여
그 불법을 들으리라.

스스로 자신들이

---

11 물러남이 없는 지혜. 다시는 미혹(迷惑)됨이 없는 지혜를 말한다.

산림 속에 들어가서
좋은 법을 닦고 익혀
실상(實相)[12]을 증득하며

선정에 깊이 들어
시방 계신 부처님을
친견함도 또한 보니
부처님 몸 금색이라.

백복으로 장엄한 상
그 많은 부처님들
법을 듣고 대중 위해
설법하는 꿈이 있네.

꿈 속에도 국왕이 되어
궁전과 권속들과
가장 묘한 향락들을
하나 없이 다 버리고

도량을 찾아가서
보리수나무 아래

---

12 참모습, 있는 그대로의 모습, 본모습이라는 뜻이다.

사자좌에 높이 앉아
부처님 도 구할 때

7일 간을 지나서
불지혜를 모두 얻고
위없는 도 이루어
법륜을 잘 굴리며

사부대중 위하여
법을 설하는 일
천만억 겁 지나도록
무루 묘법 설하여

무량 중생 제도하고
열반에 들 적에는
등불이 다 꺼지고
연기마저 없으리니

뒤에 오는 악한 세상
으뜸가는 법 설하면
이런 사람 얻는 이익
공덕 또한 위 같노라.

15. 종지용출품(從地踊出品)

　그때 타방 국토에서 온 여러 보살마하살들이 8항하의 모래 수보다 많더니, 그들이 대중 가운데서 일어나 합장 예배하고 부처님께 여쭈었다.
　"만일 저희들에게 부처님께서 멸도하신 후 이 사바세계에 있으면서 부지런히 정진하고 보호하며, 이 경전을 받아 읽고 외우고 쓰며 공양한 것을 허락하여 주시면, 마땅히 이 국토에서 널리 설하겠습니다."
　그때 부처님께서 여러 보살마하살들에게 말씀하셨다.
　"그만두어라, 선남자야. 너희들이 이 경전을 받들어 가지기를 바라지 않나니, 왜냐하면 내 사바세계에는 6만 항하의 모래 같은 권속을 가지고 있어, 이 모든 사람들이 내가 멸도한 후에는 이 경을 받아 보호하고 읽고 외우며 널리 설하기 때문이니라."
　부처님께서 이를 설하실 때 사바세계 삼천대천의 국토의 땅이 다 진동하면서 열리더니 그 가운데에 한량없는 천만억 보살마하살이 동시에 솟아나오되, 그 보살들의 몸은 모두 금색으로 32상을 갖추었으며, 한량없이 밝은 광명이 있었다. 이 보살들은 사바세계의 아래 허공 가운데 머물러 있다가 석가모니 불께서 설법하시는 음성을 듣고 아래로부터 솟아오른 것이다.

그 낱낱 보살들은 모두 이 대중을 이끄는 이들로서 각각 6만 항하의 모래 수의 권속을 거느리고 있으며, 5만·4만·3만·2만·1만 내지 한 항하의 모래 같은 수, 또는 4분의 1항하의 모래 같은 수의 권속을 거느리며, 천만의 나유타분의 1이나 또는 천만의 나유타 권속 또는 억만의 권속을 거느리며, 또는 천만 내지 백만, 1만 또는 1천이나 1백으로부터 번거로움을 멀리 여의고 원문으로 행하기를 하려는 사람도 한량없고 가없어 숫자나 비유로는 그 수를 능히 헤아릴 수 없었다.

이 여러 보살들이 땅으로부터 솟아나와 허공의 7보탑에 계신 다보여래와 석가모니불 계신 데에 찾아가 두 세존께 머리 숙여 예배하고 오른쪽으로 세 번 돌고는 합장하고 공경하며, 여러 보살들이 하는 가지가지 찬탄하는 법으로써 찬탄하고, 한쪽으로 물러나 기쁜 마음으로 두 세존을 우러러보며, 이와 같은 보살마하살이 땅에서 솟아나서 모든 보살의 가지가지 찬탄하는 법으로 부처님을 찬탄하니, 이러한 시간이 50소겁이 지났거늘, 그때 석가모니불께서도 잠자코 말없이 앉아 계시니, 여러 사부대중들도 또한 잠자코 앉아 50소겁이 지났지만, 부처님의 신통력으로 모든 대중들은 한나절과 같이 생각하였다.

그때 사부대중은 부처님의 신통력으로 한량없는 백천만억 국토의 허공에 가득한 많은 보살을 보았다. 이 보살 대중 가운데 네 도사가 있었으니, 그 첫째 이름은 상행(上行)이요, 둘째 이름은 무변행(無邊行)이며, 셋째 이름은 정행(淨行)이요, 넷째 이름은 안립행(安立行)으로, 이 네 보살은 그 대중 가운데 우두머리로서 그들을 창도하는 법사였는데, 대중 앞에 나와 각각 합장하여 석가모니불을 우러러보며 문안을 드렸다.

"세존이시여, 병도 없고 고통도 없으시며 안락하게 행하십니까? 제도받을 이들은 가르침을 잘 받고, 세존으로 하여금 피로하게 하지나 않았습니까?"

그때 네 큰 보살이 게송으로 말하였다.

　　세존께서 안락하사
　　병도 없고 고통 없어
　　중생 교화 하시느라
　　피로함이 없으시며

　　또한 여러 중생들
　　교화를 잘 받아서
　　세존으로 하여금
　　피로케 하지 않았습니까.

그때 세존께서 보살 대중들에게 말씀하셨다.

"이와 같으니라. 여러 선남자야, 여래는 안락하여 병도 없고 고통도 없으며, 여러 중생들도 교화가 잘 되어 피로함도 없나니. 왜냐하면 이 여러 중생들은 오랜 세상으로부터 나의 교화를 항상 받았으며, 또한 과거에 많은 부처님을 공경하고 존중하여 여러 선근(善根)[13]을 심은 까닭이니라. 이 여러 중생이 처음에 내 몸을 보고 나의 설법을 듣고 모두 믿고 받아서 여래의 지혜에 들어가니, 먼저 배우고 익힌 소승은 제외하느니라. 그러므로 이런 사람을 내가 이 경을 설법하여 부처님 지혜에 들게 하리라."

그때 여러 큰 보살들이 게송으로 말하였다.

거룩하고 거룩하신
대웅이신 세존께서
많은 그 중생들
가히 쉽게 제도하며

매우 깊은 불지혜
부처님께 묻는 그들
듣고는 믿어 행하니
저희 또한 기쁩니다.

그때 세존께서 대중의 우두머리가 되는 여러 큰 보살들을 찬탄하셨다.

"훌륭하고 훌륭하도다. 선남자들이여, 너희들이 능히 여래

---

13 깨달음의 원인이 되는 공덕, 온갖 선의 근본, 선본(善本)과 같다.

를 따라 기쁜 마음을 내는구나.”

그때 미륵보살과 8천 항하의 모래 같은 많을 보살이 생각하였다.

‘우리들은 지금껏 이렇게 많은 보살마하살이 땅으로부터 솟아나와 세존 앞에 하강하고 공양하고 문안드리는 것을 보지도 못했고 듣지도 못하였는데…’

이때 미륵보살마하살은 8천 항하의 모래같이 많은 보살들이 마음속으로 생각하는 것을 알고, 아울러 자기 의심도 결단하려 부처님께 합장하고 게송으로 물었다.

한량없는 천만억
이렇게 많은 보살들은
일찍이 못 보던 일
양족존은 설하소서.

어디에서 오셨으며
무슨 인연으로 모였는가.
큰 몸에 큰 신통력
지혜 또한 부사의라.

그 뜻이 견고하고
인욕의 힘 크게 있어
중생 보기 즐거우니

어디에서 왔습니까.

하나하나 보살들이
거느린 그 권속
항하의 모래 같아
헤아릴 수 없으며

혹은 큰 보살은

6만의 항하 모래
이 많은 대사들이
부처님께 공양하고
이 경 받아 지니며

5만 항하사 거느린 이
그 수는 더 많아서
4만이나 3만이나
2만 내지 1만이며

1천이나 1백이요,
내지 1항하사의
반분(半分)이나 3, 4분
내지 억만분의 1이며

천만의 나유타며
만억의 여러 제자
거느린 반열이
그 수보다 더 많고

백만 내지 1만이며
1천 내지 1백과
50에서 10을 지나
3, 2, 1을 거느리며

권속 없이 홀몸으로
다니기를 즐겨하여
부처님 앞에 나온 수도
그보다 더 많으니

이와 같은 많은 대중
숫자로 헤아리려
항하사 겁 다해도
능히 알지 못하며

이 많은 큰 위덕
정진하는 보살 대중
누가 설법해서

교화 성취시켰으며

누구 따라 발심하고
어느 불법 칭찬하며
무슨 경전 받아 지녀
어떤 불도 익혔을까.

이렇게 많은 보살
신통력과 큰 지혜로
사방의 땅 진동시켜
그 속에서 나왔으니

옛날부터 이런 일은
못 보던 희유한 일
그들이 온 국토의
이름 설해 주옵소서.

여러 국토 다녔으나
이 대중은 처음 보며
더구나 대중 속에
아는 이가 하나 없어

홀연히 땅에서 솟은

그 인연 설하소서.
지금 여기 모인
한량없는 백천만억

이 많은 보살들도
한결같은 마음으로
이런 일은 무엇인가
알기를 원하오니

이 많은 보살 대중
본말(本末)[14]의 인연들을
무량 위덕 세존께서
오직 설해 주옵소서.

그때 석가모니불의 분신이신 여러 부처님들이 한량없는 천만억의 타방 국토에서 찾아와 8방의 많은 보리나무 아래에 놓인 사자 위에 가부좌를 틀고 앉으니, 그 사자들도 각각 많은 보살 대중이 삼천대천세계의 땅으로부터 솟아나고 허공에 머물러 있는 것을 보고 그의 부처님들께 여쭈었다.

"세존이시여, 이 한량없고 가없이 많은 아승기의 보살 대중이 어디에서 왔습니까?"

---

14 근본과 지말이라는 뜻이며, 근본에 있어서 변하지 않는 것과 주변에 있어서 변화하는 부분을 말한다.

그때 여러 부처님들께서 사자들에게 말씀하셨다.

"여러 선남자야, 잠깐만 기다려라. 미륵이라 이름하는 보살이 석가모니불의 수기를 받고 다음에 성불하리라. 그 보살이 이 일을 이미 물었으니, 석가모니불께서 대답하실 것이므로 너희들도 자연히 듣게 되리라."

그때 석가모니불께서 미륵보살에게 말씀하셨다.

"훌륭하고 훌륭하다. 미륵보살이여, 네가 어찌 이렇게 큰일을 물었느냐? 너희들은 일심으로 정정하여 견고한 뜻을 일으켜라. 여래는 이제 모든 부처님의 지혜와 자유스러운 신통력과 부처님들의 바르고 원만한 힘과 용맹스런 위덕과 큰 세력을 나타내어 일으켜 펴보이려 하느니라."

그때 세존께서 이 뜻을 거듭 펴시려고 게송으로 말씀하셨다.

일심으로 정진하라.
이 일을 설하려니
의심도 품지 말라.
불지혜는 불가사의

너는 이제 믿음 내어
인욕에 잘 머물러
일찍이 못 듣던 법
마땅히 들으리라.

안위토록 해주리니
의심하고 두려워 말라.
부처님 말씀 진실되고
지혜 또한 한량없어

얻은 바 제일의 법
분별하기 어려울새
이제 바로 설하노니
너희 모두 잘 들으라.

그때 세존께서 이 게송을 다 말씀하시고 미륵보살에게 또 말씀하셨다.

"내가 이 대중 가운데서 너희들에게 말하노라. 미륵이여, 이 한량없고 가없는 아승기 많은 보살마하살들이 땅에서 솟아나온 일은 너희들이 일찍이 보지 못한 일이리라. 내가 이 사바세계에서 아뇩다라삼먁삼보리를 얻어 이 많은 보살을 교화하여 보이고 인도하여, 그 마음을 조복받고 도의 뜻을 일으키게 하였느니라. 이 많은 보살들은 모두 이 사바세계 아래의 허공 중에 머무르며, 모든 경전을 읽고 외워 통했으며, 사유하고 분별하여 바르게 생각하느니라.

미륵이여, 이 여러 선남자들은 대중 속에서 많이 설하기를 즐겨하지 않고, 항상 고요한 곳을 즐겨 부지런히 정진하되, 일찍이 쉰 일이 없으며, 또한 인간이나 하늘에 의지하지 않고 항상 깊은 지혜도 장애됨이 없으며, 또 여러 부처님의 법을 항상 즐겨 일심으로 정진하여 위없는 지혜를 구했느니라."

그때 세존께서 이 뜻을 거듭 펴시려고 게송으로 말씀하셨다.

미륵이여, 바로 알라.
이 많은 큰 보살들
수없는 겁 동안에
불지혜를 익혔으며

이는 모두 나의 교화
큰 도 마음 내었으니
그들은 내 아들
이 세계에서 의지하여

두타의 일 행하고
고요한 데 있으면서
대중들의 시끄러움
피해서 다 버리며

많은 설법 하지 않는
이와 같이 많은 아들
나의 큰 도법을
익히고 또 배우되

부처님 도 구하므로
밤낮없이 정진하여
사바세계 아래의
허공 중에 있느니라.

뜻과 생각 견고하여
지혜 항상 구하며
가지가지 묘한 법
두려움 없이 구하며

가야성(伽耶城)15의 보리수 아래
최정각을 내어 이뤄
무상 법륜 굴리어서
이 모두를 교화하고

도의 마음 처음으로
일으키게 하였으니
불퇴지에 머물러서
앞으로 모두 부처 되리라.

내가 진실 말하노라.

---

15 범어 Gayā의 음사. 중인도 마갈타국에 있는 도시의 성인데 이 도시 남쪽 10km 지점에 부처님께서 성도하신 부다가야가 있다.

너희들은 믿을지니
옛날부터 이 대중을
남김없이 교화했노라.

그때 미륵보살마하살과 수없이 많은 보살들이 일찍이 없던 이상한 일이라 의심하고 이렇게 생각하였다.

'세존께서는, 어떻게 그 짧은 시간에 이 한량없고 가없이 많은 아승기 보살들을 교화하여 아뇩다라삼약삼보리에 머물도록 하셨을까?'

그리고 곧 부처님께 여쭈었다.

"세존이시여, 여래께서 태자로 계실 때 석씨(釋氏) 왕성을 나오시어 가야성 가까운 도량에 앉아 아뇩다라삼막삼보리를 이루시고, 그때로부터 지금까지 겨우 40여 년이온데, 세존께서는 어떻게 이 짧은 기간에 큰 부처님을 아셨습니까? 부처님의 세력과 부처님의 공덕으로 이와 같이 한량없는 보살이 아뇩다라삼먁삼보리를 얻도록 하셨습니까?

세존이시여, 이 많은 보살을, 가령 어떤 사람이 천만억 겁을 두고 헤아릴지라도 능히 그 수를 알 수 없겠습니다. 이들이 오랜 세월부터 지금까지 한량없고 그지없는 여러 부처님들 계신 데서 많은 선근을 심고 보살의 도를 취했으며, 항상 범행을 닦았을 터인데, 세존이시여, 이런 일은 세상 사람들이 믿기 어려울 것입니다.

세존이시여, 이 일을 비유하면 얼굴이 아름답고 머리가 검은 25살의 젊은이가 백 살 된 노인을 가리켜 자기 아들이라 하고, 또한 그 백 살 노인도 젊은이를 가리켜 자기를 낳은 아버지라 한다면 이런 일을 세상에서 믿겠습니까?

부처님께서도 이와 같이 도를 이루신 지 실은 오래지 않지만, 이 많은 보살들은 한량없는 천만억 겁 동안 부처님 도를 위하여 부지런히 정진을 행하고 한량없는 백천만억 삼매에 잘 들고 나며 머물러서 큰 신통을 오래 닦아 차례대로 잘 배우고, 선법을 익히며 문답에 묘하여 인간 가운데 보배이니, 일체 세간에 매우 희유합니다. 오늘 세존께서 불도를 얻었을 때 처음으로 발심시켜 교화하고 인도하여 아뇩다라삼먁삼보리에 향하도록 하셨다고 말씀하시지만, 세존께서 성불하신 지가 오래되지 않는데 능히 이렇게 큰 공덕을 이루셨습니까?

저희들은 부처님께 알맞게 설하신 법이나 또 부처님께서 하시는 말씀은 모두 허망함이 없다고 믿사오며, 여러 신발의 보살(新發意菩薩)[16]이 부처님께서 멸도하신 후, 만일 이 법을 들으면 혹 믿지 않고 받지 않아 법을 깨뜨릴 죄업의 인연을 일으킬까 두렵습니다. 원하옵나니 세존이시여, 해설하여 주시어 저희들의 의심을 풀어 주시고, 아울러 미래 세상에 많은 선남자들이 이 일을 들더라도 의심을 내지 않게 하옵소서."

그때 미륵보살이 이 뜻을 거듭 펴려고 게송으로 말하였다.

---

16 새로 발심(發心)한 보살. 새로이 구도(求道)의 뜻을 일으킨 보살이다.

부처님께서 오랜 옛날
석씨 왕성에서 출가하여
가이성 가까운 곳
보리수 아래 앉으시니

그렇게 짧은 세월
교화한 여러 불자
한량없고 가없어
그 수가 불가사의

불도 오래 행한 그들
신통력에 머무르며
보살도를 잘 배워
세간법에 물들지 않을새

물 속에 편 연꽃 같고
땅에서 솟아나와
세존 앞에 머물러서
모두 다 공경하니

이런 일은 부사의라
어찌 우리 믿으리까.
부처님 도 이루심

오랜 세월 아니온데

성취한 일 많으시니
세존께 원하오니
많은 의심 풀어 주소서.
진실하게 분별하소서.

비유하면 스물다섯
습니 젊은 청년이
백발에 주름 많은
백발 노인 가리키며

저이가 곧 내 아들이라
아들 또한 애비라니
애비 젊고 자식 늙어
세상 누가 믿으리까.

세존 또한 이와 같아
도 이룬 지 가까운데
이 많은 보살들은
뜻이 굳고 떳떳하며

한량없는 옛날부터

보살도를 행하여
문답에도 교묘하니
두려운 맘 하나 없고

인욕의 맘 결정되고
단정하고 위덕 있어
시방 부처 찬탄 받고
분별하여 잘 설하며

시끄러운 중생 피해
선정 항상 즐겨 하며
불도 구하려고
아래 허공에 머무르며

저희들은 이제 들어
의심 다시 없사오나
미래를 위하여
연설하여 주옵소서.

만일 이 경전을
의심하여 안 믿는 이
악도에 떨어지리니
해설하여 주옵소서.

그토록 짧은 세월에
한량없이 많은 보살
어떻게 교화하여
불퇴지[17]에 머물게 했습니까.

---
17 물러남이 없는 경지를 말한다.

16. 여래수량품(如來壽量品)

그때 부처님께서는 여러 보살들과 일체 대중들에게 말씀하셨다.

"선남자들이여, 너희들은 반드시 여래께서 진실하게 밝히시는 말씀을 믿고 이해하라."

다시 대중들에게 말씀하셨다.

"너희들은 반드시 여래께서 진실하게 밝히시는 말씀을 믿고 이해하라."

또 다시 부처님께서는 여러 대중들에게 거듭 말씀하셨다.

"너희들은 반드시 여래께서 진실하게 밝히시는 말씀을 믿고 이해하라."

이때 그 보살 대중 가운데 미륵보살이 상수가 되어 합장하고 부처님께 여쭈었다.

"세존이시여, 원하옵나니 설하여 주옵소서. 저희들이 부처님의 말씀을 믿고 받으오리다. 이렇게 세 번이나 여쭈오니 세존이시여, 설하여 주시면 저희들이 부처님의 말씀을 믿고 받으오리다."

그때 세존께서 여러 보살들이 세 번이나 청하여 그치지 않을 것을 아시고, 대답하여 말씀하셨다.

"너희들은 여래의 비밀한 신통력을 자세히 들으라. 일체 세간의 하늘과 인간 그리고 아수라들은 모두 석가모니불은 석씨 왕성을 나와 가야성 가까운 도량에 앉아 아뇩다라삼먁삼보리를 얻었다고 생각하지만, 그러나 선남자들아, 내가 성불한 지는 한량없고 가없는 백천만억 나유타 겁이니라. 비유하면, 5백천만억 나유타 아승기 삼천대천세계를 어떤 사람이 모두 가는 티끌로 만들어 그것을 가지고 동방으로 5백천만 나유타 아승기 국토를 지날 때마다 한 티끌씩을 떨어뜨림과 같으니라. 이렇게 동방으로 행하여 그 많은 티끌이 다했다면 선남자들이여, 너희들의 생각은 어떠하냐? 이와 같이 많은 국토를 사유하고 헤아려서 그 수를 알 수 있겠느냐?"

미륵보살 등이 대답하여 여쭈었다.

"세존이시여, 그 국토는 한량없고 가없어 산수(算數)로도 알 수 없고 생각으로도 알 수 없습니다. 또 일체 성문과 벽지불이 번뇌[漏] 없는 지혜로 사유하더라도 그 한계의 수를 알 수 없으며, 저희들이 아유월치(阿惟越致)에 머물지라도 이런 일은 알 수 없으니, 세존이시여, 이와 같이 많은 국토는 한량없고 가이없습니다."

그때 부처님께서 보살 대중들에게 말씀하셨다.

"선남자들이여, 이제 너희들에게 분명히 말하겠노라. 만일 티끌을 떨어뜨린 국토나 그렇지 않은 국토를 다 합하여 티끌로 만들고 그 하나하나의 티끌을 1겁이라 하여도, 내가 성불한 지는 이보다 백천만억 나유타 아승기겁이나 더 오래되느니라.

그로부터 나는 항상 이 사바세계에 있으면서 설법하여 교화했고, 또 다른 백천만억 나유타 아승기 국토에서 중생을 인도하여 이익되게 하였느니라. 선남자들이여, 이 중간에서 내가 연등불(燃燈佛)[18]에게서 법을 얻었노라 말하였고, 또 거기서 열반에 들었다고 말하였으니, 이와 같은 것은 모두 방편으로써 분별한 것이니라.

선남자들이여, 만일 어떤 중생이 나를 찾아오면, 나는 부처의 눈으로 그의 신심과 모든 근기의 날카롭고 둔함을 관하여 제도할 바를 따라 곳곳에서 설하되. 이름이 같지 아니하며, 연대가 많고 적으며, 또다시 나타나 열반에 든다 하고, 또 가지가지 방편으로 미묘한 법을 설하여 중생으로 하여금 능히 환희한 마음을 일으키게 하리라.

선남자들이여, 여래는 모든 중생들이 작은 법을 즐겨 덕이 엷고 업장이 무거운 것을 보고, 이런 사람을 위하여 나는 젊어서 출가하여 아뇩다라삼먁삼보리를 얻었다고 말하였느니라. 내가 성불한 지는 이와 같이 오래되고 멀지만, 방편으로 중생을 교화해서 부처님 도에 들게 하려고 이렇게 말하였느니라.

여러 선남자들이여, 여래가 설한 경전은 다 중생을 제도하기 위한 것이니, 자기의 몸을 설하거나 다른 사람의 몸을 설하

---

18 석가모니부처님이 과거세 보살로 있을 때 이 부처님에게서 다음 세상에 성불하리라는 수기를 받았다고 한다.

며, 혹은 자기의 몸을 보이거나 다른 사람의 몸을 보이며, 혹은 자기의 일을 보이거나 다른 이의 일을 보이나니, 설하는 모든 말은 다 허망함이 없느니라. 왜냐하면 여래는 삼계의 모습을 참답게 알고 보아 나고 죽음에 물러나거나 나옴이 없으며, 또 세상에 있거나 멸도함도 없으니, 진실도 아니고 허망함도 아니며, 같지도 않고 다르지도 아니하며, 삼계를 삼계 같지 않게 보나니, 이런 일을 여래는 밝게 보아 그릇됨이 없건만, 중생들이 다만 가지가지 성품과 가지가지 욕망과 가지가지 행과 가지가지 생각하는 분별이 있으므로, 모든 선근을 내게 하려고 여러 가지 인연과 비유와 이야기로 가지가지 법을 설하며, 부처님의 일을 하되 일찍이 쉬어 본 일이 없느니라. 이와 같이 나는 성불한 지가 매우 오래되어 수명이 한량없는 아승기겁에 항상 머물러 멸하지 않느니라.

    선남자들이여. 내가 본래 보살도를 행하여 이룬 수명은 지금도 아직 다하지 못하였으며, 다시 위에서 말한 수의 배나 되지만, 참 멸도가 아닌 것을 방편으로써 열도를 취한다고 말하나니, 여래는 이런 방편으로 중생을 교화하느니라. 왜냐하면 만일 여래가 이 세상에 오래 머물 것을 말하면, 박덕한 사람들은 선근을 심지 않아 빈궁하고 하천하며, 5욕을 탐착하여 생각하는 것들이 허망한 그물에 걸리게 될 것이며, 만일 여래가 멸하지 않고 항상 있음을 보면 교만한 마음을 일으켜 싫증을 내고 게으름을 피워 만나기 어렵다는 생각과 공경하는 마음을 내지 아니하므로 여래는 방편으로써 설하느니라.

비구들이여, 마땅히 알라. 여러 부처님들께서 이 세상에 출현하심을 만나기는 매우 어려우니라. 왜냐하면 박덕한 사람들은 한량없는 백천만억 겁 만에 혹 부처님을 뵙기도 하고 뵙지 못하기도 하기 때문이니라. 그러므로 내가 '여러 비구들아, 여래를 만나 보기가 어렵다'고 말하느니라. 중생들이 이 말을 들으면 부처님 만나기가 어렵다는 생각을 내어 마음에 연모하는 생각을 품고 부처님을 간절하게 그리워하여 곧 선근을 심으리라. 그러므로 여래는 비록 멸도하지 않지만 멸도한다고 말하느니라.

또 선남자들이여, 모든 부처님 여래의 법이 다 이와 같아 중생을 제도하기 위하여 모두 진실이요 허망함이 없느니라. 비유하면, 어떤 의사가 지혜롭고 총명하고 통달하여 좋은 처방과 좋은 약을 만들어 여러 가지 병을 잘 치료했느니라. 그 의사에게는 많은 아들이 있었으니, 열, 스물 내지 1백 명이나 되었다. 아버지가 불일이 있어서 다른 나라에 간 뒤, 여러 아이들은 독약을 잘못 마시고 약 기운이 번져서 정신이 어지러워 땅에 쓰러져 있었다. 이때 그 아버지가 집에 돌아오니, 여러 아이들이 독약을 마시고 본심을 잃기도 하고 혹은 아직 본심만은 잃지 않은 이도 있었다. 멀리서 아버지가 오는 것을 보고 다 크게 환희하여 무릎 꿇고 절하면서 말하였다.

'안녕히 다녀오십니까? 저희들이 어리석어 독약을 잘못 마셨으니 구원하시어 다시 생명을 얻도록 하여 주십시오.'

아버지는 자식들의 고통이 이와 같음을 보고 여러 가지 처방으로 좋은 약초의 빛과 향과 맛을 다 갖추어 방아에 쌓고 체로 쳐서 아이들에게 먹이면서 말하였다.

'이것은 좋은 약이다. 빛과 향과 맛을 아주 잘 맞추었으니 너희들이 먹으면 그 고통이 빨리 낫고 다시는 다른 병에 걸리지 않으리라.'

그 가운데 본심을 잃지 아니한 아들은 그 약에 빛과 향이 갖추어 있음을 보고 좋아하면서, 곧 이 약을 먹어 병이 나았다. 본심을 잃은 아이들은 아버지가 오는 것을 보고 비록 환희하고 문안드리며 병 치료를 원했으나, 그 약을 먹지 않았으니, 왜냐하면 독기가 깊이 들어 그 본심을 잃었으므로 이같이 좋은 빛과 향으로 갖춘 약을 좋지 않게 생각하였기 때문이다.

그때 아버지는 생각하였다.

'이 자식들이 참으로 불쌍하구나. 독약 중독으로 마음이 다 뒤집혀 나를 보고 기뻐하며 병의 치료를 원하지만 이렇게 좋은 약을 먹지 않으니, 내가 이제 방편을 베풀어 이 약을 먹게 하리라.'

그리고 이와 같이 말하였느니라.

'너희들은 마땅히 알라. 내 이제 늙고 쇠약하여 죽게 되었거늘, 이 좋은 약을 여기에 남겨 두니 이것을 먹을 때 차도가 없을까 두려워하지 말라.'

이렇게 타일러 놓고 다시 다른 나라에 가서 사자를 본국의 아이들에게 보내어 그대들의 아버지는 이미 죽었다고 말하였느니라. 이때 그 여러 아들들이 아버지께서 세상을 떠났다는 소식을 듣고 크게 슬퍼하며 생각하였다.

'만일 아버지께서 계시면 우리들을 불쌍히 여기시고 사랑하여 구원해서 보호하시련만, 이제 우리를 버리고 멀리 타국에서 세상을 떠나셨으니 우리는 외롭구나. 이제는 다시 모실 수도 없도다.'

그러면서 항상 슬픔에 잠겨 지냈다. 그러다가 마침내 마음이 깨어나 이 약의 빛과 맛과 향기가 좋은 것을 알고 곧 먹으니 병이 다 나았느니라. 그 아버지가 아이들이 약을 먹고 다 나았다는 소식을 듣고 다시 찾아와 이들에게 보이는 것과 같으니라.

여러 선남자들이여, 너희들 생각에는 어떠하냐? 누가 이 의사를 허망하다고 말할 수 있겠느냐?"

"그렇지 않습니다, 세존이시여."

부처님께서 말씀하셨다.

"나도 또한 이와 같아 생활한 지는 한량없고 가없는 1천만의 나유타 아승기겁이지만, 중생을 위하여 방편의 힘으로 멸도를 말하고 있으나 능히 법과 같이 설하였으므로, 나를 허망하여 허물이 있다고 하지 않으리라."

그때 세존께서 이 뜻을 거듭 펴시려고 게송으로 말씀하셨다.

내 스스로 성불하여
지나온 그 겁수는
한량없는 백천만억

아승기가 되느니라.

설법으로 한량없는
만억 중생 교화하여
부처님 도에 들게 하니
그 또한 무량한 겁

중생 제도 위하여
방편으로 열반을 나타내지만
그 실은 멸도 않고
항상 이곳에 있으며 법을 설했나니

나는 매양 여기 있으며
여러 가지 신통한 힘으로
뒤바뀐 중생들로 하여금
가까이 와도 보지 못하게 하노라.

나의 멸도, 중생이 보고
사리에 널리 공양하며
연모의 정 다 품어
그리운 맘 다시 내며

중생들 모두 믿고

그 뜻이 부드러워
신명을 아끼지 않고
부처님 뵙기 원하면

그때에 나와 대중이
영취산에 함께 나와
중생들에게 말하기를,
나는 항상 불멸하여

이곳에 머물지만
오직 방편의 힘으로
멸(滅)과 또한 불멸을
나타내어 보이느니라.

다른 나라 중생들이
공경하여 믿으며
내가 다시 그 가운데
무상법을 설하거든

너희들은 듣지 않고
나의 멸도 말하지만
여러 중생들 내가 보니
고통 속에 빠졌구나.

그러므로 은신하여
그리운 맘 내게 하고
연모의 정 일으켜
나타나서 설법하느니라.

신통력이 이와 같아
아승기 오랜 겁에
영취산과 다른 곳에
머물러 있으려니

중생이 겁 다하여
큰 불에 탈 때에도
나의 땅은 안온하여
하늘 인간 충만하고

동산 수풀 여러 당각(堂閣)
보배로써 장엄되고
보배 나무 꽃이 만발
중생들이 즐겨 놀며

천신은 북을 쳐서[19]

---

19 도리천(忉利天)의 선법당(善法堂)에 있는 북으로, 치지 않아도 절로 소리가 난다고 한다.

여러 기악 연주하고
만다라화 꽃비 내려
부처님과 대중께 흩으며

나의 정토 안 헐리나
중생들은 불에 타서
근심 고통 가득함을
여기에서 다 보노라.

죄가 많은 이런 중생
악업의 인연으로
아승기겁 지나도록
3보(寶)[20] 이름 못 듣고

여러 공덕 잘 닦아
부드럽고 질직(質直)한 이
여기 있는 내 몸이
설법함을 다 보며

이런 중생 위하여서

---

20 ① 불보(佛寶): 위없는 법을 깨달은 부처님 ② 법보(法寶): 부처님이 설한 가르침 또는 경전 ③ 승보(僧寶): 부처님의 가르침을 수행하는 집단 승가(僧伽)·화합 대중·스님을 말한다.

어느 때는 말하기를
부처님 수명 길고 멀어
무량하다 하지마는

부처님을 오래도록
만나 봐온 사람에겐,
부처님은 희유하여
친견하기 어렵다고

나의 지혜 이와 같아
광명이 무량하고
무수한 겁 수명은
오래 닦은 업이니라.

너희들 지혜로운 이
의심 내어 품지 말고
죄업 영영 끊을지니
부처님 말씀 진실이라.

의사가 좋은 방편으로
미친 자식 구원하려
거짓말로 죽는 일이
허망함이 없듯이

나도 또한 이와 같아
많은 고통을 구하려고
뒤바뀐 범부 위해
거짓 멸도 말하나니,

나를 항상 보게 되면
교만한 마음 내고
5욕에 깊이 집착
악도 중에 떨어지리.

나는 항상 중생의
행하는 도 모두 알고
제도할 바 근기 따라
갖가지로 설법하며

매양 하는 이런 생각
어떻게 저 중생을
무상 지혜 들게 하여
성불 빨리 시킬 건가.

17. 분별공덕품(分別功德品)

그때 모임에서 부처님의 수명이 이와 같이 장원(長遠)함을 듣고 한량없고 가없는 아승기의 중생이 큰 이익을 얻었다.

이때 세존께서 미륵보살에게 말씀하셨다.

"미륵이여, 내가 여래의 수명이 이와 같이 장원하다고 말할 때에 680만억 나유타 항하 모래 같은 중생이 무생법인(無生法忍)[21]을 얻었으며, 또 천 배의 보살마하살은 문지다라니(聞持陀羅尼)[22]를 얻었고, 또 1세계[23] 티끌 같은 수의 보살마하살은 말 잘하고 걸림없는 변재를 얻었으며, 또 1세계 티끌 같은 수의 보살마하살은 백천만억 한량없는 선다라니(旋陀羅尼)[24]를 얻

---

21 생함도 없고 멸함도 없는 일체의 참모습을 깨달아 거기에 안주하는 것이다.
22 부처님의 교법을 듣고 명심하여 잊지 아니하는 것이다. 법다라니(法多羅尼)라고 한다.
23 수미산(須彌山)을 중심으로 4주(州)·사천왕(四天王)·야마천(夜摩天)·도솔천(兜率天)·화락천(化樂天)·타화자재천(他化自在天)·색계초선(色界初禪)의 범세천(梵世天)과 일월(日月)을 포함하는 세계이다.
24 법문에 있어 선전(旋轉)이 자재한 힘을 얻는 것, 상(相)에 대한 집착을 돌이켜 공(空)의 도리를 깨닫게 하는 지력(智力)을 말한다.

었고, 또 삼천대천세계(三千大千世界)²⁵ 티끌 같은 수의 보살마하살은 물러남이 없는 법륜을 능히 굴렸으며, 또 이천중국토(二千中國土)²⁶의 티끌 같은 수의 보살마하살은 청정한 법륜을 능히 굴렸고, 소천국토(小千國土)²⁷의 티끌 같은 수의 보살마하살은 8생(生)²⁸만에 아뇩다라삼먁삼보리를 얻었으며, 또 네 사천하(四天下)²⁹의 티끌 같은 수의 보살마하살은 4생 만에 아뇩다라삼먁삼보리를 얻었으며, 또 세 사천하의 티끌 같은 수의 보살마하살은 3생 만에 아뇩다라삼먁삼보리를 얻었으며, 또 두 사천하의 티끌 같은 수의 보살마하살은 2생 만에 아뇩다라삼먁삼보리를 얻었으며. 또다시 한 사천하의 티끌 같은 수의 보살마하살은 1생 만에 아뇩다라삼먁삼보리를 얻었으며, 또한 8세계의 티끌 같은 수의 중생들도 아뇩다라삼먁삼보리의 마음을 일으켰느니라."

부처님께서 이 많은 보살마하살들이 큰 법의 이익을 얻었다고 말씀하실 때, 만다라 꽃과 마하만다라꽃을 내려서 한량없는 백천만억 보리수 아래 사자좌에 앉아 계신 여러 부처님 위

---

25 1세계(世界)를 천 개 모은 것을 소천세계(小千世界), 소천세계 천 개 모인 것을 중천세계(中千世界), 중천세계 천 개 모인 것을 대천세계(大千世界)라 하는데, 1대천세계에는 소천·중천·대천의 세 종류의 천 세계로 이루어져 있으므로 삼천대천세계라고 한다.
26 중천세계(中千世界)·이천중천세계(二千中千世界).
27 소천세계(小千世界)를 말한다.
28 여덟 번 다시 태어나는 것을 말한다.
29 수미산 사방에 있는 4대주(大州). 즉, 남섬부주·동승신주·서우화주·북구로주를 통틀어 말한다.

에 흩으며, 7보탑 속의 사자좌에 앉으신 석가모니불과 멸도하신 지 오래인 다보여래의 위에도 흩으며, 또한 모든 큰 보살 대중과 사부대중에게도 흩으며, 가늘게 된 전단향과 침수향을 비내리듯 뿌리며, 허공 가운데는 하늘북이 스스로 울려 미묘한 음성이 멀리까지 들리며, 또는 천 가지 만 가지 되는 하늘 옷이 비오듯이 내리고, 또 여러 가지 진주 영락과 마니주 영락과 여의주 영락 등을 9방(方)[30]에 두루 드리웠으며, 여러 가지 보배의 향로에는 값도 모를 좋은 향을 피워 대회(大會)가 모두 공양하고, 낱낱 부처님 위에는 보살들이 번개(幡蓋)를 들고 차례로 올라가 범천에 이르며, 이 많은 보살들이 미묘한 음성으로 한량없는 게송을 노래 불러 모든 부처님을 찬탄하였다.

그때 미륵보살이 자리에서 일어나 오른쪽 어깨를 벗어 드러내고, 부처님을 향하여 합장하고 게송으로 말하였다.

부처님 설하신 법
다시 없이 희유하여
저희들이 옛날에는
듣지 못한 바이오니

세존의 힘 크시고
그 수명 무량하며

---

30 부처님의 분신(分身)은 8방의 나무 아래 있고, 석가여래 · 다보여래는 허공의 다보탑에 계시므로 9방이 된다.

한량없이 많은 제자
세존께서 분별하사

법의 이익 크게 얻어
불도에 잘 들었다니
그 말씀 들은 저희들
환희함이 충만합니다.

혹은 불퇴지 얻고,
다라니를 얻으며
걸림없는 요설(樂說)이니
만억의 선총지(旋總持)[31]를 얻으며

대천의 많은 세계
티끌같이 많은 보살들은
불퇴의 큰 법륜을
능히 모두 굴리며

다시 중천세계
티끌같이 많은 보살들,
청정한 법륜들을

---

31 제5권 주 24) 선다라니(旋陀羅尼)와 같다.

능히 모두 잘 굴리며

또한 소천세계
티끌같이 많은 보살들은
8생에서 각각 있어
부처님 도 이루며

또다시 4, 3, 2의
이와 같은 사천하
티끌같이 많은 보살
그 수대로 성불하며

혹은 한 사천하의
티끌같이 많은 보살들도
남은 1생이 있어
일체지를 이루었노라.

이와 같이 많은 중생
부처님 수명 장원함 듣고
번뇌 없고 한량없는
청정한 과보 얻었으며

또한 8세계 티끌 같은

무수한 중생들도
부처님 수명 모두 듣고
무상심을 냈습니다.

세존께서 설하신 법
한량없고 부사의라
많은 중생 준 이익이
허공같이 가없고

그 설법 하실 때에
만다라·마하만다라 꽃비
항하사 같은 석범(釋梵)[32]
곳곳에서 찾아오며

전단 침수 향가루
분분하게 날리기를
나는 새와 같이하여
여러 부처님 공양하며

하늘에는 하늘북이
묘한 음성 절로 내고

---

32 제석천(帝釋天)과 범천(梵天)을 말한다.

천만억의 하늘옷이
둥글둥글 내려오며

갖가지 보배 향로
값도 모를 향을 피워
두루하게 향기로워
여러 세존 공양하며

그 많은 보살 대중
높고 묘한 만억 가지
7보로 된 번개(幡蓋)³³ 들고
차례차례 범천에 오르며

하나하나 부처님 앞에
보배 당번 두루 달고
천만 가지 게송으로
여러 찬탄 노래하며

이러한 갖가지 일
전에 없던 미증유라,
무량한 부처님 수명 듣고

---

33 번(幡)과 천개(天蓋). 번이란 불·보살의 위력을 기리기 위해 장식하는 깃발이고, 천개란 법당 안의 탁자 위를 덮도록 만든 닫집을 말한다.

일체 환희합니다.

부처님 이름 널리 들려
많은 중생 이익 되니
일체의 선근 갖추어
위없는 맘 돕습니다.

그때 부처님께서 미륵보살마하살에게 말씀하셨다.
"미륵이여, 어떤 중생이 부처님의 수명이 이와 같이 장원함을 듣고 능히 일념으로 믿고 이해하면, 얻는 바의 공덕이 한량없으리라. 만일 선남자·선여인이 아뇩다라삼먁삼보리를 위하여 80만억 나유타 겁 동안 5바라밀인 단바라밀(檀波羅蜜)[34]·시라(尸羅)바라밀[35]·찬제(羼提)바라밀[36]·비리야(毘梨耶)바라밀[37]·선(禪)바라밀[38]만을 행하고, 반야(般若)바라밀[39]만 제외한다면, 이 공덕을 앞에서 말한 공덕과 비유하면, 백분이나 천분이나 백천만억분의 일에도 미치지 못하며, 숫자로나 비유로도 능히 알 수 없느니라. 만일 이러한 공덕 있는 선남자·선여인은 물

---

34 범어 dāna-pāramitā의 음사. 보시(布施)바라밀이라고도 하며, 보시의 완성이다.
35 범어 śila-pāramitā의 음사. 지계(持戒)바라밀이며, 계율의 완성이다.
36 범어 kṣanti-pāramitā의 음사. 인욕(忍辱)바라밀이며, 인욕의 완성이다.
37 범어 virya-pāramitā의 음사. 정진(精進)바라밀이며, 정진의 완성이다.
38 dyāna-pāramitā의 음사. 선정(禪定)바라밀이며, 선정의 완성이다.
39 ptajñā-pāramitā의 음사. 지혜(智慧)바라밀이며, 지혜의 완성이다.

러나지 않느니라."
 그때 세존께서 이 뜻을 거듭 펴시려고 게송으로 말씀하셨다.

만일 어떤 사람
불지혜를 구할 적에
80만억 나유타 겁을
5바라밀 행하되

이 많은 겁 동안
부처님과 연각 제자
여러 보살 대중에게
좋은 의복·좋은 음식

아름다운 침구들과
전단으로 지은 정사
장엄스런 동산들을
보시하고 공양하며

가지가지 미묘함을
이와 같이 보시하길
그 많은 겁 다 채워서
불도에 회향하고

혹은 청정한 계를 지녀
결핍됨이 하나 없어
위없는 도 구하므로
여러 부처님 찬탄 받고

혹은 인욕을 다시 행해
부드러운 땅 머물러서
많은 악을 가하여도
그 마음이 부동하며

삿된 법에 걸린 이가
증상만을 품어서
경멸하고 괴롭혀도
이를 능히 참으며

부지런히 정진하여
뜻과 생각 견고하고
한량없는 억 겁에
게을리 쉬지 않고

수없이 오랜 겁에
한가한 데 머물러서
혹은 앉고 혹은 거닐며

자지 않고 마음 닦아

이런 인연 때문으로
여러 선정 생기어서
80억만 겁에
마음 편히 머무르며

이와 같은 복을 가져
위없는 도 구하며
일체지를 내가 얻어
모든 선정 다 하리라.

이와 같이 많은 사람
백천만억 겁 가운데
행한 여러 공덕
위에 말함 같거늘

선남자·선여인이
나의 수명 설함 듣고
일념으로 다 믿으면
그 복이 더 많나니

만일 어떤 사람

의심 하나 내지 않고
깊이 잠깐 믿더라도
그 복이 이렇노라.

많은 그 보살들
무량한 겁, 도 행하다가
나의 수명 설함 듣고
이를 믿고 받으면

이와 같은 여러 사람
이 경전 받들어서
미래에 중생 제도
오래도록 하기를

오늘날의 세존처럼
도량에 나가시어
사자후로 설법하되
두려움이 없으리.

우리들도 미래세에
일체의 존경받아
도량에서 하는 설법
그 수명도 같기 원해

마음 깊이 믿는 이가
청정하고 질직하여
많이 듣고 능히 가져
부처님 말씀 이해하면

앞으로 오는 세상
부처님 같은 수명으로
두려움 없고 의심 없어
모든 설법 잘 하리라.

"또 미륵이여, 만일 부처님 수명이 장원함을 듣고 그 말뜻을 이해하면, 이런 사람이 얻는 공덕은 한량없어 능히 여래의 무상 지혜를 일으키거늘, 하물며 이 경을 듣고 널리 사람에게 가르치고 스스로 가지며 사람에게 가르쳐 가지게 하고, 스스로 쓰며 혹은 다른 사람에게 쓰도록 하고, 꽃과 향과 영락과 당번과 증개(繒蓋)[40] 그리고 향유와 소등(酥燈)[41]으로 경권에 공양하면, 이런 사람의 공덕은 한량없고 가없어 능히 일체 종지를 내지 않겠느냐?

미륵이여, 만일 선남자·선여인이 내 수명이 장원함을 듣고 깊은 마음으로 믿고 이해하면, 이는 곧 부처님께서 항상 기사

---

40 불상을 덮는 일산, 또는 설법하는 사람이 앉는 법상 위에 달아 놓은 산개이다. 천개(天蓋) 또는 대산(大傘)이라고도 한다.
41 범어로는 ghṛa-pāramitā. 유락(乳酪)에 향유(香油)를 섞어서 켜는 등불이다.

굴산에 계시어 큰 보살과 여러 정문들에게 둘러싸여 설법하시는 것을 보게 되리라. 또 이 사바세계의 땅이 유리로 되어 탄탄하고 평정(平正)하며, 8도를 염부단금(閻浮檀金)⁴²으로 경계하며, 보배 나무가 늘어서 있고, 많은 누각이 다 보배로 이루어지고, 보살 대중들이 그 가운데 있는 것을 볼 것이니, 만일 이런 것을 보는 이는 깊이 믿고 잘 이해하는 모양인 줄을 마땅히 알라. 또다시 여래 멸도한 후 이 경을 듣고 또 이를 헐뜯지 아니하며, 따라 기뻐하는 마음을 일으키면 이 사람도 깊이 믿고 잘 이해하는 줄을 마땅히 알라. 하물며 받아 지녀 읽고 외우는 이야 말할 것이 있겠느냐? 이런 이는 곧 여래를 머리 위에 받드는 것과 같으니라.

미륵이여, 이와 같은 선남자·선여인은 나를 위하여 탑이나 절을 일으키며 승방을 새로 짓는 등의 네 가지 일을 하지 아니하여도 무방하리니, 왜냐하면 이 선남자·선여인이 이 경전을 받아 지녀 읽고 외우면, 이미 탑을 일으키고 승방을 세워 스님들에게 공양함이 되기 때문이니라. 이는 곧 부처님의 사리로 1보의 탑을 세우되, 높이와 너비가 점점 작아져 그 꼭대기는 범천에 이르고 그 탑에 여러 가지 번개와 보배 방울을 달며, 꽃과 향과 영락·말향·소향·도향과 여러 가지 춤과 기악과 피리, 공후의 미묘한 음성으로 노래 불러 찬탄하며 한량없는 천만억 겁에 공양함과 같으니라.

---

42 염부수의 숲 속을 흐르는 강물 바닥에서 나는 사금인데, 적황색에 자줏빛을 띠고 있는 고귀한 황금이다.

미륵이여, 내가 멸도한 후 이 경전을 듣고 능히 받아 지니어 스스로 쓰거나 혹은 다른 사람을 시켜 쓰면, 이는 곧 승방을 세워 일으킴이니, 붉은 전단향나무로 서른두 칸의 전당을 지으며, 그 전당의 높이는 8다라수(多羅樹)⁴³로 높고 넓어 장엄스럽고 좋으며, 백천 비구들이 그 가운데 머무르고 좋은 동산과 목욕할 연못과 경행할 선실(禪室)이 있으며, 의복·음식·침구·탕약과 일체 오락 기구가 그 안에 충만하며, 이와 같은 승방 당각이 백천만억으로 그 수가 한량없으니, 이로써 나와 비구들에게 공양함이 되느니라.

그러므로 내가 말하기를, 여래가 멸도한 후 만일 이 경전을 받아 지녀 읽고 외우고 다른 사람을 위하여 설하고, 또는 스스로 쓰거나 다른 사람을 시켜 쓰고 경전에 공양하면, 탑과 절을 일으키며 승방을 지어 스님들께 공양하지 아니하여도 좋다고 한 것이니라. 하물며 이 경을 능히 가지고 보시·지계·인욕·정진·선정·지혜를 행하면 그 덕이야 말할 것이 있겠느냐?

그 공덕은 가장 수승하여 한량없고 가없으니, 비유하면 허공의 동·서·남·북과 4유(維)·상하가 한량없는 것과 같아 일체 종지에 빨리 이르게 되리라.

만일 어떤 사람이 이 경을 받아 지녀 읽고 외우고, 다른 사

---

43 범어 tāla의 음사. 종려과에 딸린 나무 이름으로 인도·버마·스리랑카 등에서 자라는 열대식물이다. 인도에서는 이 나무로 높이의 척도를 삼는데, 1다라수의 높이는 49척(尺)이라고 한다. 이 나무의 잎을 패엽(貝葉) 혹은 패다라엽(貝多羅葉)이라고 하며, 여기에 경문(經文)을 새겼다.

람에게 설하고 스스로 쓰며 혹은 다른 사람을 시켜 쓰기도 하고, 또 탑과 절을 일으키고 승방을 지으며 그것으로 성문과 스님들께 공양하며, 또 백천만억의 찬탄하는 것으로써 보살의 공덕을 찬탄하고 또 다른 사람을 위하여 가지가지 인연으로 이 『법화경』의 뜻을 해설하며, 머무르며, 인욕으로 화내는 마음이 없고 뜻과 생각이 굳으며, 좌선을 항상 귀하게 생각하여 여러 가지 깊은 선정에 들며, 정진을 용맹히 하여 여러 가지 선법을 잘 다스리며 영리한 지혜로 어려운 질문에도 잘 대답하면, 미륵이여, 이러한 여러 선남자·선여인은 그 공덕으로 이미 도량에 나아가 아뇩다라삼먁삼보리에 가까워 도의 나무 아래 앉은 것과 같으니라. 미륵이여, 이 선남자·선여인이 앉고 서며 경행하는 곳에는 마땅히 탑을 일으켜 세우고 일체의 하늘이나 인간이 모두 부처님의 탑과 같이 공양할지니라."

그때 세존께서 이 뜻을 거듭 펴시려고 게송으로 말씀하셨다.

내가 만일 멸도한 후
이 경 받아 가지면
이런 사람 받는 복은
위에 말함 같아서

일체의 여러 공양
모두 다 갖춤이니
사리로 탑을 세워

7보로 장엄하며

높고 넓은 그 표찰
범천까지 이르고
천만억 보배 방울
바람에 잘 울리며

한량없이 오랜 겁
이 탑에 공양하되,
꽃과 향과 영락들과
하늘옷과 기악으로 하며

향유등과 소등으로
두루 밝게 비치며
앞으로 오는 악한 세상
법이 끝나는 때

능히 이 경 가지면
위에서 이미 말한
여러 가지 공양을
모두 구족하느니라.

만일 이 경 가지면

부처님 계실 때에
우두전단 향나무로
승방을 일으키되

그 당각 서른두 칸
높이는 8다라수며
좋은 음식 좋은 의복
침구들을 다 갖추며

거처하는 백천 중생
동산과 연모들과
경행할 선실 장엄하여
공양함과 같으니라.

신해(信解)하는 마음으로
이 경 받아 읽고 외우며
남을 시켜 쓰게 하되
경전에 공양하며

꽃과 향을 뿌리거나
수만·첨복·아제목다가[44]

---

[44] 수만(須曼)은 범어 sumanas의 음사로 수마나화(須摩那花)라고도 한다. 향이 강하고 황백색의 꽃이 핀다. 첨복(瞻蔔)은 범어 campaka의 음사로

기름으로 불을 밝혀
이런 공양하는 이는

한량없이 얻는 공덕
빈 허공과 같나니
가없이 많은 복
이런 줄을 알지니라.

또한 이 경 가져
보시·지계·인욕과
선정을 즐겨 하고
성내는 일 전혀 없어

악한 말도 하지 않고
탑묘에 공경하며
비구들에게 겸손하여
자만심을 멀리하며

지혜로 항상 생각

황화수(黃花樹)·금색화수(金色華樹)라고 한역한다. 노란색의 꽃이 피고 향이 강한 큰 키 나무이다. 아제목다가(阿提目多伽)는 범어 atimuktaka의 음사로 잎은 푸르고 붉은 꽃이 피는 마(麻)와 같은 풀이다. 씨에서 기름을 짜고 향료로 사용한다.

어렵게 물어와도
성 안 내고 순하게
해설하여 주리니

이런 행을 닦는 사람
그 공덕이 한없으니
이런 공덕 성취한
큰 법사를 보거든

하늘꽃을 흩어 주고
하늘옷을 입혀 주며
부처님을 뵈온 듯이
머리 숙여 예배하고

이와 같이 생각하라.
도량에 빨리 나가
무루(無漏)·무위(無爲) 법을 얻어
천상 인간 이익 주리.

그 법사가 머무는 곳
경행커나 앉고 누워
한 게송만 설하여도
이 가운데 탑 세울새

미묘하고 아름다운
여러 가지 보배들로
장엄하고 장식하여
갖가지로 공양할지니

이런 경지 머문 불자
부처님 수용합이니
그 가운데 항상 계셔
경행하며 누움이라.

妙法蓮華經

묘법연화경

제6권

18. 수희공덕품(隨喜功德品)

그때 미륵보살마하살이 부처님께 여쭈었다.
"세존이시여, 만일 어떤 선남자·선여인이 이『법화경』말씀을 듣고 따라 기뻐한다면, 그 얻는 복이 얼마나 됩니까?"
다시 게송으로 말하였다.

세존께서 멸도하신 후
이 경전 받아 듣고
능히 따라 기뻐하면
얻는 복이 얼마입니까.

그때 부처님께서 미륵보살마하살에게 말씀하셨다.
"미륵이여, 여래 멸도한 후 만일 비구·비구니·우바새·우바이, 그리고 지혜 있는 이로서 어른이거나 혹은 어린아이가 이 경을 듣고 따라 기뻐하며 법회에서 나와 다른 곳에 이르되, 혹은 승방이거나 혹은 한적한 곳이거나 혹은 성읍·촌락 어느 곳에서나 그 들은 바와 같이 부모·친척과 친한 친구와 지식 있는 이를 위하여 힘껏 연설하여서 그 많은 사람들이 듣고 따라 기뻐하며, 그들이 또 다른 이들에게 전하여 가르치고 그 가르침을 받은 이들이 듣고 따라 기뻐하며, 또 전하여 가르치며, 이렇게 전전하여 50번째까지 이르면, 미륵이여, 그 50번째의 선남자·선여인이 따라 기뻐한 공덕을 내 이제 말하리니. 너희들은 마땅히 잘 들으라.

"만일 4백만억 아승기 세계의 6취(趣)[1], 4생(生)[2]의 중생인 난생(卵生)·태생(胎生)·습생(濕生)·화생(化生)과 모양이 있는 것[有形][3]과 모양이 없는 것[無形][4]과 생각이 있는 것[有想][5]과 생각이 없는 것[無想][6]과 생각이 있지도 않은 것[非有想][7]과 생각이 없지도 않은 것[非無想][8]과 발이 없는 것[9]과 두 발을 가진

---

1 범어로는 ṣad-gati. 중생이 윤회하는 여섯 가지 세계. 지옥(地獄)·아귀(餓鬼)·아수라(阿修羅)·축생(畜生)·인간(人間)·천상(天上)을 말한다. 6도(道)라고도 한다.
2 모든 생명체가 태어나는 방식에 따라 네 가지로 분류한 것이다. ① 태생(胎生): 사람과 같이 태(胎)로 태어나는 것 ② 난생(卵生): 새와 같이 알에서 태어나는 것 ③ 습생(濕生): 벌레같이 축축하고 습한 곳에서 태어나는 것 ④ 화생(化生): 의탁함이 없이 홀연히 태어나는 것으로 천상(天上)이나 지옥에 태어나는 중생들이다.
3 육체를 지닌 존재로 욕계(欲界)·색계(色界)의 중생을 말한다.
4 육체가 없는 존재로 무색계(無色界)의 중생을 말한다.
5 범어로는 saṃjñin. 의식(意識)이 있는 중생을 말한다.
6 범어로는 asaṃjñin. 의식이 끊어진 중생. 멸진정(滅盡定)에 든 사람을 말한다.
7 범어로는 naivasaṃjñin. 거친 번뇌가 다 끊어진 중생을 말한다.
8 범어로는 nāsaṃjñin. 거친 번뇌는 다 끊어졌어도 미세한 번뇌는 남아 있는 중생을 말한다.
9 발이 없는 생물, 지렁이·뱀 등을 말한다.

것¹⁰과 네 발 가진 것¹¹과 다리가 많은 것¹² 등의 많은 수의 중생에게, 어떤 사람이 복을 구하려고 그들이 원하는 바를 따라 오락의 도구를 모두 나누어 주되. 그 하나하나 중생에게 염부제에 가득한 금·은·유리·차거·마노·산호·호박의 여러 가지 아름답고 진귀한 보물과 코끼리·말·수레와 7보로 만든 궁전과 누각 등을 주고, 이 큰 시주가 이와 같은 보시를 80년 동안 다 마치고는 생각하였다.

'내가 이미 중생에게 오락의 도구를 그들의 뜻에 따라 주었으나, 이 중생들이 다 노쇠하고 80이 지나 머리는 희고 얼굴은 주름이 많으니 오래잖아 죽으리라. 내가 그들을 불법으로 가르쳐 인도하리라.'

곧 그 중생들을 모아 선포하여 법으로 교화하며 가르쳐 보이고, 이롭고 기쁘게 하며 일시에 다 수다원(須陀洹)¹³의 도와 사다함(斯多含)¹⁴의 도와 아나함(阿那含)¹⁵의 도와 아라한(阿羅漢)¹⁶의 도를 얻게 하여 여러 가지 번뇌를 다하게 하고, 선정에

---

10 사람을 가리킨다.
11 네 발 달린 짐승 따위를 말한다.
12 지네같이 발이 많이 달린 짐승을 말한다.
13 범어로는 srotāpanna. 성문(聲聞) 4과(果)의 첫 단계로 깨달음에 처음 들어간 지위이다.
14 범어 sakṛdāgāmin의 음사. 성문 4과의 두 번째 단계, 죽어서 한 번만 이 세상에 다시 태어나는 도이기 때문에 일래과(一來果)라고 한역한다.
15 범어 anāgāmin의 음사. 성문 4과의 세 번째 단계. 욕계(欲界)에서 죽어 색계(色界)·무색계(無色界)에 태어나 다시 돌아오지 아니하는 경지이기 때문에 불래(不來)라고 한역한다.
16 범어 arhan의 음사. 성문 4과의 마지막 단계로 모든 악을 여의고 다시 태

깊이 들어 자재로움을 다 얻고 8해탈(解脫)을 갖추게 했다면, 너의 뜻에는 어떠하냐? 이 큰 시주가 얻은 공덕이 많다고 하겠느냐, 아니겠느냐?"

미륵이 부처님께 아뢰었다.

"세존이시여, 이 사람의 공덕은 매우 많아 한량이 없고 가없습니다. 만일 이 시주가 중생들에게 다만 일체 오락 기구만을 보시하더라도 공덕이 한량없을 것이거늘, 하물며 아라한과를 얻게 하였으니 말할 것이 있습니까?"

부처님께서 미륵에게 말씀하셨다.

"내가 이제 너희들에게 분명히 말하리라. 이 사람이 오락 기구로써 4백만억 아승기 세계의 6취 중생들에게 주며, 또 아라한과를 얻게 하였어도, 그가 얻은 공덕은 50번째의 사람이 『법화경』의 한 게송을 듣고 따라 기뻐한 공덕의 백 분, 천 분 내지 백천만억분의 1만도 못하며, 내지 산수나 비유로도 능히 알지 못하리라.

미륵이여, 이와 같이 50번째의 사람이 차츰 전하여 『법화경』을 듣고 따라 기뻐한 공덕이 한량없고 가없는 아승기와 같거늘, 하물며 최초의 대회에서 듣고 따라 기뻐한 이야말로 말할 것이 있겠느냐? 그 사람의 복은 더욱 많아 한량없고 가없는 아승기로 가히 비유할 수가 없느니라.

또 미륵이여, 만일 어떤 사람이 이 경을 위하여 승방에 나가

어나지 않으며 마땅히 공양받아야 할 경지이기 때문에 응공(應供)·불생(不生)이라 번역한다.

앉거나 서서 잠깐만 들을지라도 이 인연 공덕으로 몸을 바꾸어 다시 태어나면 좋고 아름다운 코끼리나 말의 수레를 타며, 또는 진귀한 보배의 연을 타고 천궁에 오르리라. 또 어떤 사람이 법을 강하는 곳에 앉아 있다가 다른 사람이 오면 권하여 앉아 듣게 하며 자리를 나누어 앉게 하면, 이 사람의 공덕은 몸을 바꾸어 태어날 때, 제석천이 앉는 자리나 혹은 범천왕이 앉는 자리나 혹은 전륜 성왕이 앉는 자리에 앉게 되리라.

미륵이여, 다시 어떤 사람이 다른 사람에게 말하기를 『법화경』이라 이름하는 경이 있으니 우리 함께 가서 듣자' 해서, 곧 그 말을 듣고 잠시 동안만 듣게 하여도 이 사람의 공덕은 몸을 바꾸어 태어날 때 다라니 보살과 한 곳에 나게 되며, 근기가 영리하고 지혜가 있으며, 백천만 세에 벙어리가 되지 않고 입에서 추한 냄새가 나지 아니하며, 혀는 항상 병이 없고 입도 병이 없으며, 치아에 때가 묻거나 검지 아니하며, 누렇지도 않고 성글지도 아니하며, 빠지지도 않고 굽거나 덧니가 없으며, 입술이 아래로 처지지도 않고 위로 말려 올라가지도 아니하며, 거칠거나 부스럼이 나지 않으며, 또는 언청이거나 삐뚤어지지도 아니하며, 두껍거나 너무 크지도 않고, 또한 검지도 아니하고 여러 가지 악한 것이 없으며, 코는 납작하지도 않고 삐뚤어지거나 굽지 않으며, 얼굴색은 검지 않고 좁고 길지도 않으며, 푹 들어가거나 비뚤어지지도 아니하며, 이와 같이 나쁜 상이 하나 없으며, 입술·혀·치아가 보기에 다 좋으며, 코는 높고 곧으며 얼굴이 원만하며, 눈썹은 높고 길며, 이마는 넓고 평정하여 인간의 모든 모양을 잘 구족하며, 세세생생에 나는 곳마다 부처님을 친견하여 법을 듣고 그 가르침을 믿고 받으리라.

　미륵이여, 한 사람만 권하여 법을 듣게 한 공덕도 이와 같거늘, 어찌 하물며 일심으로 듣고 설하고 읽고 외우며 대중이 모인 곳에서 남을 위하여 분별해서 설하며 설한 대로 수행하는 것이야 말할 것이 있겠느냐."

　그때 세존께서 이 뜻을 거듭 펴시려고 게송으로 말씀하셨다.

만약에 법회에서
듣고 따라 기뻐하고
그 가운데 한 게송을
타인 위해 설해 주며

이와 같이 전전하여
50번째 이르거든
맨 나중에 얻는 복을
이제 내가 분별하리.

어떤 큰 시주가
한량없이 보시하되
80년 긴 세월을
뜻에 따라 나눠 주고

그 중생들 노쇠하여
백발 되고 주름 잡혀
바싹 마른 모양 보고
곧 죽을 일 생각하여

그들을 가르쳐서
도의 결과 얻게 하려
방편으로 곧 설하는
열반의 진실한 법

세상은 나 물거품
연기같이 허망하니
그대들은 모두 다
싫은 맘을 빨리 내라.

이 법 들은 여러 사람
아라한을 다 얻으며
6신통·3명(明)과
8해탈을 갖추어도

최후의 50번째 사람
한 게송을 얻어 듣고
따라서 기뻐하면

이 사람 얻는 복은

먼저 말한 시주보다
한량없이 더 많아
비유하여 말할 수가
가없느니라.

이와 같이 전해 들어도
한량없는 복이거늘
법회 나가 처음 듣고
따라 기뻐함이랴.

만일 어떤 이가
한 사람을 권하여
『법화경』을 듣게 하되
이 경은 깊고 묘해

천만억 겁 지내어도
만나 보기 어렵다고
그들에게 일러 주어
잠깐만 듣게 해도

이런 사람 얻는 복

내가 이제 말하리라.
세세에 입[口] 병 없고
치아는 성글지 않으며

누렇거나 검지 않고
입술은 두껍지 않으며
안 거칠고 깨끗하여
나쁜 상이 전혀 없고

혀는 또한 마르거나
검거나 짧지 않고
미끈하고 높은 코
곧고 또한 바르며

이마는 평정하고
얼굴 모양 단정하여
사람들이 즐겨 보고
추한 냄새 없는 입

우담바라 좋은 향기
그 속에서 항상 나며
만일 승방에 가서
『법화경』의 설법을

잠깐 듣고 환희하면
그런 사람 받는 복
내가 이제 마땅히
너희에게 말하리니

다음에 오는 뒷세상
하늘·인간 그 가운데
아름다운 코끼리나
잘생긴 말 수레와

진귀하고 미묘한
보배의 가마 타고
환희한 맘 가득하여
하늘 궁전 오르며

법 설하는 곳에 나가
다른 사람 권하여
앉아 이 경 듣게 하면
이런 복의 인연으로

제석 범천 전륜성왕
높은 자리 얻거늘
하물며 일심으로

그 경을 받아 듣고

미묘하고 깊은 뜻
아주 잘 해석하고
들은 대로 수행하면
받는 복이 한량없노라.

19. 법사공덕품(法師功德品)

그때 부처님께서 상정진(常精進) 보살마하살에게 말씀하셨다.

"만일 선남자·선여인이 이 『법화경』을 받아 지녀 읽고 외우거나 해설하고 옮겨 쓰면, 이런 사람은 8백의 눈의 공덕과 1,200의 귀의 공덕과 8백의 코의 공덕과 1,200의 혀의 공덕과 8백의 몸의 공덕과 1,200의 뜻의 공역을 얻으리니, 이 공덕으로 6근(根)[17]을 장엄하여 다 청정하리라. 이 선남자·선여인은 부모 소생의 청정한 육안으로 삼천대천세계의 안팎에 있는 산과 숲과 강과 바다를 보되, 아래로는 아비지옥(阿鼻地獄)[18]까지, 위로는 유정천(有頂天)[19]까지 이르며, 또한 그 가운데 일체중생을 다 보고 아울러 업의 인연과 과보로 나는 곳을 다 보아 알

---

17 눈[眼]·귀[耳]·코[鼻]·혀[舌]·몸[身]·의식[意]으로 시각·청각·후각·미각·촉각과 의근(意根)의 여섯 가지를 말한다.
18 avicika의 음사. 무간지옥(無間地獄)이라 한역한다. 남섬부주 아래 2만 유순 되는 곳에 있으며 끊임없는 고통을 받는다고 한다.
19 범어로는 akaniṣṭha. 색계(色界) 맨 꼭대기에 있는 천상계로 색구경천(色究竟天)이라고도 한다.

리라."
그때 세존께서 이 뜻을 거듭 펴시려고 게송으로 말씀하셨다.

만일 대중 가운데
두려움 없는 마음으로
이 『법화경』 설하면
그 공덕을 잘 들으라.

이 사람은 8백 공덕
수승한 눈 얻어서
이로써 장엄하니
그 눈 매우 청정하며

부모 소생 육안으로
3천 세계 안팎의
미루산(彌樓山)[20]과 수미산
그리고 철위산과

아울러 숲과 바다
큰 바다와 큰 강물
그 모두를 다 보니

---

20 Meru의 음사. 수미산 주위의 칠금산(七金山)이라고도 하고, 칠금산 중에 있는 니민달라산(尼民達羅山)이라고도 한다.

아래로는 아비지옥

위로는 유정천까지
그 가운데 여러 중생
일체를 다 보나니
비록 천안(天眼)²¹은

가히 얻지 못했으나
부모 소생 육안으로
보는 힘이 이 같음을
너희들은 바로 알라.

"또 상정진아, 만일 어떤 선남자·선여인이 이 경을 받아 지녀 읽고 외우거나 해설하고 옮겨 쓰면, 이런 사람은 1,200의 키의 공덕을 얻으리니, 이 청정한 귀로 삼천대천세계의 아비지옥에서 유정천에 이르기까지 그 안팎에 있는 가지가지의 음성과 소리를 들으리라. 코끼리·말·소·수레의 소리를 들으며, 우는 소리와 탄식하는 소리, 바라치고 부치는 소리, 종 소리와 방울 소리, 또 웃는 소리와 말소리를 다 들으며, 남자 소리와 여자 소리, 사내 아이와 계집 아이들의 소리, 법의 소리와 법 아닌 소리, 괴로운 소리와 즐거운 소리, 범부의 소리와 성

---

21 온갖 것을 다 볼 수 있는 초인적인 신통력을 말한다.

인의 소리, 기쁜 소리와 기쁘지 않은 소리, 하늘에서 나는 소리와 용의 소리, 아차와 건달바의 소리, 아수라와 가루라의 소리, 긴나라와 마후라가의 소리, 불타는 소리와 물 흐르는 소리와 바람 부는 소리, 비구와 비구니의 소리, 성문과 벽지불의 소리, 보살과 부처님의 소리를 다 분별하여 들으리라. 다시 요약하면, 삼천대천세계의 안팎에 있는 일체의 소리를 비록 천이(天耳)²²는 못 얻었더라도 부모 소생의 청정한 귀로 다 들어 아나니, 이렇게 가지가지 소리를 분별하여 들어도 이근(耳根)²³은 파괴되지 않느니라."

그때 세존께서 이 뜻을 거듭 펴시려고 게송으로 말씀하셨다.

이 경전 수지하여
독송하고 해설하면
부모님께 받은 그 귀
청정하고 흐리잖아

이런 귀로 3천 세계
나는 소리 다 듣되
코끼리·말·수레·소와
종과 방울·북 소리며

---

22 모든 소리를 다 들을 수 있는 초인적인 신통력을 말한다.
23 6근(根)의 하나. 청각을 인식하는 근본, 곧 귀를 말한다.

가야금과 비파, 퉁소
피리 부는 소리들과
청정한 노랫소리 듣고
집착 아니하며

무수한 사람 소리
다 듣고 알아내고
여러 하늘 묘한 음악
그 소리도 다 들으며

남자 소리, 여자 소리
동자(童子)와 동녀 소리
산천의 깊은 계곡
가릉빈가(迦陵頻伽) 소리와

명명새[命命]²⁴와 여러 새들의
아름다운 소리도 다 듣고
지옥에서 받는 고통
그 소리도 다 들으며

배고픈 아귀들이

---

24 범어로는 jivika. 한 몸뚱이에 두 개의 머리가 달린 새로 설산(雪山)에 산다고 한다. 생생(生生)·공명(共命)이라고도 한다.

먹을 것을 찾는 소리
많고 많은 아수라들
바닷가에 모여 가서

서로 주고받는 말
그 큰 소리들을
이렇게 설법하는 이가
여기 편히 머물면서

그런 소리 다 들어도
이근은 상하지 않으며
시방세계 가운데
금수들이 우는 소리

설법하는 그 사람은
여기에서 모두 듣고
그 여러 범천 세계
광음천(光音天)25과 변정천26

유정천서 하는 말,

---
25 색계(色界) 제2선(禪)의 제3위(位)에 있는 천신이다. 이 신이 말할 때는 입에서 광명이 나와 그 광명이 말이 된다고 한다.
26 색계 제3선(禪)에 사는 신이다.

여러 가지 소리들을
여기 머문 법사가
모두 얻어 듣고

일체 비구들과
많은 비구니들
경전 읽고 외우며
타인 위해 설하는 말

법사 여기 머물면서
그 소리를 다 듣고
또다시 여러 보살
경전을 읽고 외우며

타인 위해 설하고
그 뜻을 말하는
이와 같은 여러 음성
모두 다 잘 들으며

부처님 대성존(大聖尊)이
많은 대중 가운데서
중생 교화하느라고
묘한 법을 연설커든

이 『법화경』 가지는 이
그 말씀을 다 들으며
삼천대천 큰 세계
안팎의 모든 음성

아비지옥 아래에서
유정천의 위에까지
그 가운데 나는 소리
빠짐없이 다 들어도

그 귀는 총명하여
이근(耳根)이 성장하므로
모든 소리 능히 듣고
분별하여 아느니라.

『법화경』을 가진 이
천이(天耳)는 못 얻고
부모 주신 귀일망정
그 공덕이 이렇노라.

"다시 상정진아, 만일 선남자·선여인이 이 경을 받아 지녀 읽고 외우거나 해설하고 옮겨 쓰면 8백의 코의 공덕을 성취하느니라. 이 청정한 코로 삼천대천세계 위와 아래 그리고 안과 밖의 여러 가지 많은 향기를 맡느니라. 수만나화(須曼那華)[27]의 향기, 사제화(闍提華)[28]의 향기, 말리화(末利華)[29]의 향기, 첨복화(瞻蔔華)[30]의 향기, 바라라화(波羅羅華)[31]의 향기, 붉은 연꽃의 향기, 푸른 연꽃의 향기, 흰 연꽃의 향기, 꽃나무의 향기며 과일나무의 향기며, 전단·침수향·다마라발향(多摩羅跋香)[32]·다가라향(多伽羅香)[33]과 천만 가지의 향이며, 혹은 가루향과 둥근 향과 바르는 향기를, 이 경전을 가진 이는 여기에 머물러서도 다 맡고 분별하여 알아내며, 또 중생들의 냄새를 맡되, 코끼리·말·소·양 등의 냄새며, 남자·여자·사내아이·계집아이의 냄새를 맡고, 멀고 가까운 풀과 나무와 숲의 여러 가지 냄새를 다 맡아 분별하되 착오가 없느니라. 이 경을 가진 이가 비록 이 세계에 머물러 있지만 또한 천상의 모든 하늘 냄새를 맡나니, 파리질다라(波利質多羅)[34]와 구비다라(拘鞞陀羅)[35]나무의 향기며, 만다라꽃[曼茶羅華][36]·마하만다라꽃·만수사꽃[曼殊沙華]·마하만수사꽃의 향기며, 전단향·침수향 그리고 가지가

---

27 범어 sumanas의 음사. 황백색의 꽃이 피는 향기가 진한 꽃이다.
28 범어 jātika의 음사. 금색의 꽃이 핀다.
29 금색의 꽃이 피고 중국 남방에도 있다고 한다.
30 범어 campaka의 음사. 노란색이고, 향기가 강한 꽃이다.
31 범어 pātala의 음사. 꽃뿐만 아니라 열매도 진한 향기를 내뿜는다고 한다.
32 범어 tamala-pattra의 음사. 향의 이름이다.
33 범어 tagara의 음사. 향나무의 일종이다.
34 범어 pārijātaka의 음사. 제석천의 정원에 있다는 나무이다.
35 범어 kovidāra의 음사. 사철 꽃이 피고 가을에 열매를 맺는다고 한다.
36 범어 māndārava의 음사. 꽃이 아름답고 향기로워 보는 이로 하여금 마음을 기쁘게 해준다는 천상에 피는 꽃이다.

지 말향과 여러 가지 꽃의 향기가 화합하여 풍겨 나오는 모든 하늘의 냄새나 향기를 맡아 알지 못하는 것이 없느니라.

또 천인들의 냄새를 맡으리니, 석제환인이 좋은 궁전에서 5욕락을 즐겨 유희하는 때의 냄새며, 혹은 훌륭한 법당에서 도리천(忉利天)[37]을 위하여 설법할 때에 풍기는 향기, 여러 동산을 유희할 때에 풍기는 향기와 다른 나라의 남녀들 몸에서 나는 냄새를 멀리서 다 맡되, 이와 같이 전전하여 법전에 이르고, 또 위로는 유정천의 모든 천인 냄새를 맡으며, 아울러 여러 하늘에서 태우는 향의 향기를 다 맡고, 성문과 벽지불과 보살과 부처님의 몸에서 풍기는 향기를 멀리서도 잘 맡아 그 처소를 살 아느니라. 이와 같이 많은 냄새를 맡을지라도, 코는 파괴되지도 않고 착오도 없나니, 만일 분명하여 다른 사람을 위해 설하려 하면 그 생각과 기억이 틀림이 없으리라."

그때 세존께서 이 뜻을 거듭 펴시려고 게송으로 말씀하셨다.

> 이런 사람 청정한 코
> 이 세계 가운데의
> 향기나 물건 냄새
> 갖가지로 다 맡으며

---

[37] 범어 Trāyasrtiṃśa. 욕계(欲界) 6천의 제2천. 삼십삼천(三十三天)이라고도 한다. 제4권 주 17) 참조.

수만나·사제꽃 향
다마라향·전단향과
침수향과 계향들과
과일 향기 다 맡으며

남자 여자 중생들의
온갖 냄새 또한 맡고
설법자는 멀리서도
그 처소를 알아내며

대전륜왕·소전륜왕
그 아들과 여러 군신
궁인들이 있는 곳을
냄새 맡고 알아내며

몸에 지닌 귀한 보배
땅 속에 든 보물이나
전륜왕의 궁녀들을
냄새 맡고 알아내며

여러 사람 장신구와
의복이나 영락이며
갖가지로 바른 향을

냄새 맡고 알아내며

하늘이 걷거나 앉아서
유희하고 신통함을
『법화경』 가진 이는
냄새로 알아내고

여러 가지 꽃과 과일
소유(酥油)의 향기들을
경 가진 이 여기에서
그 있는 곳 다 알며

산 깊은 험한 계곡
전단향의 꽃이 피면
그 가운데 있는 중생
냄새 맡고 알아내며

철위산과 큰 바다
땅 속의 여러 중생
법 가진 이 냄새 맡고
그 있는 곳 알아내며

아수라의 남자·여자

그 여러 권속들이
투쟁하고 유희함을
냄새 맡고 알아내며

거칠고 넓은 광야
사자·코끼리·호랑이·이리
들소나 물소들
있는 곳을 맡아 알고

잉태한 여인 몸 속
남아인가, 여아인가
중성(中性)[38]인가, 사람 아닌가[非人][39]를
냄새 맡아 알아내며

냄새 맡는 이런 힘은
처음 잉태한 이가
성취할는지 못할는지와
복자 낳을지를 알아내며

냄새 맡는 이런 힘은
남녀들이 생각하는 일과

---

38 생식기가 정상이 아닌 사람이다.
39 귀신 따위가 사람으로 태어나는 것을 말한다.

탐·진·치의 마음과
선을 닦는 이를 알아내며

땅 속에 감추어진
금과 은과 많은 보배
구리 그릇에 담긴 물건
냄새 맡아 알아내며

가지가지 많은 영락
그 값을 모르더라도
귀천과 출처와 소재를
냄새 맡아 알아내며

천상의 그 많은 꽃
만다라꽃·만수사꽃
파리질다나무 등을
냄새 맡아 알아내며

천상의 여러 궁전
상·중·하의 차별과
보배꽃의 장엄함을
냄새 맡아 알아내며

하늘 동산 좋은 궁전
미묘한 법당에서
노래하고 유희함을
냄새로 맡아 알고

여러 하늘 법을 듣고
혹은 5욕 받을 때에
오며 가며 눕는 일을
냄새로 모두 알고

처녀들이 꽃과 향을
입은 옷에 장엄하고
두루 돌며 유희할 때
냄새 맡고 다 알며

이와 같이 전전하여
범천의 세계에서
선정에 들고 남을
냄새 맡아 알아내며

광음천과 변정천과
내지 유정천의
처음 나고 퇴몰함을

냄새 맡아 알아내며

많은 비구 대중
불법에 항상 전진하여
앉거나 경행하고
경전 읽고 외우며

혹은 숲속 나무 아래
전심으로 좌선함을
경 가진 이 냄새 맡아
있는 곳을 알아내고

보살들 뜻이 굳어
좌선하고 독송하며
인간 위해 설법함을
냄새 맡아 알아내며

방방곡곡 계신 세존
일체 공경 받으면서
중생 위해 설법함을
냄새 맡아 알아내며

부처님 앞에 있는 중생

이 경 듣고 환희하며
법과 같이 수행함을
냄새 맡아 알아내니

보살의 번뇌 없는
법의 코가 아니라도
이 경전 갖는 이의
코 공덕은 이렇노라.

"또 상정진아, 만일 선남자·선여인이 이 경을 받아 지녀 읽고 외우거나 해설하고 옮겨 쓰면 1,200의 혀의 공덕을 얻으리니, 만일 좋은 것이나 나쁜 것이나 또 맛이 있고 없는 것과 여러 가지 쓰고 떫은 것이 그 혀에 닿으면 다 좋은 맛으로 변하여 하늘의 감로수와 같이 달고 맛있게 되느니라.

만일 이런 혀로 대중 가운데서 연설하면 깊이 미묘한 음성이 생겨 듣는 이의 마음이 다 환희하고 쾌락하게 되리라. 또 여러 하늘의 천자와 천녀가 제석과 범천의 여러 하늘이 이런 깊고 미묘한 음성으로 연설하고, 순서 있게 하는 설법을 다 와서 들으며, 또 여러 용왕과 8녀·야차·야차녀·건달바녀·아수라·아수라녀·가루라·가루라녀·긴나라·긴나라녀·마후라가·마후라가녀가 법을 듣기 위하여 다 와서 친근하고 공경하고 존중하며, 그리고 비구·비구니·우바새·우바이·국왕·왕자·군신들의 권속이며, 소전륜왕·대전륜왕(大轉輪王)과 그의

7보(寶)⁴⁰·천자(千子)⁴¹와 내외 권속이 각각 그들의 궁전을 타고 법을 들으러 오리라.

　이 보살이 법을 잘 설하기 때문에 바라문과 거사와 나라 안의 인민이 그 수명이 다하도록 모시고 따르며 공양하리라. 또 여러 성문과 벽지불과 보살과 부처님께서 항상 즐겨 보시며, 이 사람이 있는 곳에는 여러 부처님들께서 그를 향하여 설법하시며, 그러면 그는 일체 부처님 법을 능히 다 받아 가져 깊고 미묘한 법의 음성을 내리라."

　그때 세존께서 이 뜻을 거듭 펴시려고 게송으로 말씀하셨다.

이런 사람 청정한 혀
나쁜 맛을 받지 않고
먹고 씹는 모든 것
감로의 맛 되느니라.

깊고 묘한 음성으로
대중 위해 설법하며
여러 가지 인연 비유
중생의 맘 인도커든

40　전륜성왕(轉輪聖王)이 소유하고 있는 7보, 즉 금륜(金輪)·상(象)·마(馬)·주(珠)·주장신(主藏臣: 거사, 곧 대신을 말함)·옥녀(玉女)·주병신(主兵臣: 뛰어난 장군)을 가리킨다.
41　전륜성왕은 아들이 천 명이라는 뜻이다.

모두 듣고 환희하여
좋은 공양 올리고
여러 하늘 용과 야차
아수라와 모든 것들

공경하는 마음으로
함께 와서 법을 듣고
이런 설법하는 이
미묘한 음성으로

3천 세계 채우려면
그 뜻이 곧 이뤄지고
크고 작은 전륜성왕과
그의 1천 아들과 권속

공경한 맘 합장하여
항상 와서 법 들으며
여러 하늘 용과 야차
나찰이나 비사사(毘舍闍)[42]도

마음들이 환희하여

---

42 범어 piśāca의 음사. 사람의 정기나 피를 빨아먹는 악귀이다.

항상 즐겨 공양하며
범천왕과 마왕들과
자재천과 대자재천

이와 같은 하늘 중생
미묘한 그 음성을
얻어 듣기 즐겨 하여
그곳 찾아 항상 오고

여러 불자 부처님들
그 설법 들으시면
생각하여 수호하며
그 몸을 나투시리라.

"다시 상정진아, 만일 선남자·선여인이 이 경을 받아 지녀 읽고 외우거나 해설하고 옮겨 쓰면 8백 몸의 공덕을 얻느니라. 이런 사람이 얻는 청정한 몸은 깨끗하기가 유리와 같아 중생들이 그 몸을 보기 즐겨 하며, 또한 그 몸이 청정하므로 삼천대천세계 중생들이 나고 죽는 때와 상하의 좋고 나쁜 것과 악한 곳과 선한 곳에 태어나는 일이 다 그 가운데 나타나느니라.

또 전위산과 대철위산과 수미산과 대수미산 등 여러 산과 그 가운데 있는 중생이 몸 가운데 다 나타나며, 아래로는 아비지옥에서 위로는 유정천까지의 많은 중생들이 그 가운데 나타나느니라. 혹은 성문과 벽지불과 보살과 여러 부처님들께서 설법하시는 것이 다 그 몸 가운데 색(色)과 모양[像]으로 나타나느니라."

그때 세존께서 이 뜻을 거듭 펴시려고 게송으로 말씀하셨다.

『법화경』을 수지한 이
그 몸이 청정하여
맑고 깨끗한 유리 같아
중생이 보고 기뻐하리.

깨끗하고 맑은 거울
여러 색상 비치듯이
청정한 보살 몸에서
세상 것을 다 보리니

홀로 스스로 밝게 알 뿐
다른 사람은 못 보느니라.
3천 세계 가운데
일체의 모든 중생

하늘·인간·아수라
지옥·아귀·축생의
이러한 여러 색상

그 몸에 나타나며

하늘 궁전 유정천과
철위산과 수미산
대수미산과 큰 바다
그 몸 안에 나타나며

부처님들과 성문들과
불자와 보살들이
혹은 홀로 혹은 대중에서
설법함이 다 나타나며

무루법성(無漏法性) 미묘한 몸
비록 얻지 못했으나
청정한 그 몸 안에
일체가 나타나느니라.

"다시 상정진아, 만일 선남자·선여인이 여래 멸도한 후 이 경을 받아 지녀 읽고 외우며, 해설하고 옮겨 쓰던 1,200의 뜻의 공덕을 얻느니라. 이 청정한 의근(意根)[43]으로 한 게송이나 한 구절만을 들어도 한량없고 가없는 뜻에 통달하여 알며, 그

---

43 대상을 인식하는 근본 마음, 마음의 작용을 말한다.

한 구절이나 한 게송을 능히 연설하되, 한 달 내지 넉 달 또는 1년 동안을 하리라. 그가 설하는 모든 법이 그 뜻을 따르되, 다 실상과 같이 서로 위배되지 아니하며, 혹은 속세의 경서나 세상을 다스리는 언어나 학설, 생활하는 방법을 설할지라도 다 정법에 순하게 되리라. 삼천대천세계 6취 중생이 마음으로 행하는 바와 마음에 동작하는 바와 마음으로 논하는 바를 다 아나니, 비록 무루의 지혜는 얻지 못했으나 그 의근이 이와 같이 청정하므로 이 사람이 사유함과 헤아리고 말하는 바가 다 불법으로 진실하지 아니함이 없으며, 또한 이것은 이미 부처님의 경 가운데서 설하신 바이니라."

그때 세존께서 이 뜻을 거듭 펴시려고 게송으로 말씀하셨다.

이런 사람 청정한 뜻
영리하고 흐리잖아
미묘한 이 의근으로
상·중·하의 법을 알고

한 게송만 듣더라도
무량한 뜻 통달하며
법과 같이 설법하되
한 달, 넉 달, 1년이며

이 세계 안팎의

일체 모든 중생
하늘·용과 인간들과
야차와 여러 귀신

6취 중에 있는 것들
마음으로 생각함을
『법화경』을 가진 과보로
일시에 다 알며

백복으로 장엄한
시방의 수없는 부처님
중생 위해 하신 설법
다 듣고 수지하며

무량한 뜻 생각하고
한량없이 설법하며
시종 착오 없는 것은
『법화경』을 수지한 까닭이라.

법의 모양 다 알고
뜻에 따라 차례로 알며
이름과 글도 통달하며
아는 대로 연설하나니

이런 사람 하는 설법
모두 다 불법이니
이 법 연설하므로
두려움이 한이 없고

『법화경』을 가진 이
의근 청정하기 이와 같아
비록 무루 못 얻어도
이런 모양 갖추나니

이 사람 이 경 가져
희유한 경지 머물러서
일체중생 위하면
환희하고 공경하며

착하고도 교묘한
천만 가지 언어로써
분별하여 설법함은
『법화경』을 수지한 까닭이라.

20. 상불경보살품(常不輕菩薩品)

그때 부처님께서 득대세(得大勢)보살마하살에게 말씀하셨다.

"너는 이제 마땅히 알라. 만일 비구·비구니·우바새·우바이 중에서 『법화경』 가진 이를 어떤 사람이 악한 말로 욕하고 비방하면 얻는 큰 죄보가 앞에서 말한 바와 같고, 그 얻는 공덕은 이제 말하는 바와 같이 눈·귀·코·혀·몸·뜻이 다 청정하리라.

득대세야, 한량없고 가없는 불가사의 아승기겁을 지난 오랜 옛날에 부처님께서 계셨으니, 이름은 위음왕(威音王) 여래·응공·정변지·명행족·선서·세간해·무상사·조어장부·천인사·불세존이며, 겁의 이름은 이쇠(離衰)요, 나라의 이름은 대성(大成)이었느니라. 그 위음왕께서 그 세상 가운데 하늘·인간·아수라들에게 설법하시되, 성문을 구하는 이에게는 4제법(諸法)을 설하여 생·노·병·사를 극복하고 마침내 열반에 이르게 하시고, 벽지불을 구하는 이에게는 12인연법을 설해 주시고, 여러 보살들에게는 아뇩다라삼먁삼보리를 인하여 6바라밀

다를 설해 주시어 마침내 부처님 지혜에 들게 하셨느니라.

득대세야, 이 위음왕불의 수명은 40만억 나유타 항하의 모래 수와 같은 겁이며, 정법(正法)이 세상에 머무는 겁수는 1염부제(閻浮提)⁴⁴의 가는 티끌수와 같고, 상법(像法)의 세상 겁수는 사천하(四天下)의 가는 티끌수와 같으니, 그 부처님께서는 중생을 이익케 한 뒤에 멸도하셨고, 정법과 상법이 다 멸진한 뒤에도 그 국토에 다시 부처님께서 나시니, 또한 이름이 위음왕 여래·응공·정변지·명행족·선서·세간해·무상사·조어장부·천인사·불세존이었으니, 이와 같은 차례로 똑같은 이름의 부처님께서 2만억이나 계셨느니라. 최초의 위음왕여래께서 멸도하시고 정법이 멸진한 뒤 상법 가운데 증상만의 비구가 큰 세력을 가졌더니, 그때 상불경(常不輕)이라는 한 보살비구가 있었느니라.

득대세야, 무슨 인연으로 그를 상불경이라 이름하는지를 아느냐? 이 비구는, 비구·비구니·우바새·우바이를 보면 모두 다 예배하고 찬탄하며 말하였느니라.

'나는 그대들을 깊이 공경하고 경만하게 생각하지 않나니, 왜냐하면 그대들은 모두 보살의 도를 행하여 반드시 성불하기 때문이니라.'

그 비구는 경전을 읽지도 않고 외우지도 아니하며 다만 예배만 행하였느니라. 멀리서 사부대중을 볼지라도 또한 쫓아가

---

44 4대주(大洲)의 하나. 수미산 남쪽의 대륙, 섬부주(贍部洲)라고도 한다. 사바세계(娑婆世界)를 말한다.

서 예배하고 찬탄하여 말하였느니라.

'나는 그대들을 경만하게 생각하지 않나니. 그대들은 다 반드시 성불하기 때문이니라.'

사부대중 가운데 진심을 내어 마음이 맑지 못한 사람이 악한 말로 꾸짖고 욕하기를 '이 어리석고 무지한 비구야, 너는 어디서 와서 우리들을 경만히 생각하지 않는다고 하며, 또 반드시 성불하리라 수기까지 하느냐? 우리들은 이와 같이 허망한 수기는 받지 않겠노라' 하니, 이렇게 여러 해 동안을 두루 돌아다니며 항상 비웃음과 욕을 들을지라도 진심을 내지 않고 말하였느니라.

'그대들은 반드시 성불하리라.'

그가 이런 말을 할 때 여러 사람들이 혹은 막대기나 기와 또는 돌로 때리면 멀리 피해 달아나며, 오히려 큰 소리로 외쳤느니라.

'나는 그대들을 경만하게 생각하지 않나니 그대들은 모두 다 성불하리라.'

그가 항상 이런 말을 하고 다녔으므로 증상만의 비구·비구니·우바새·우바이들은 그를 상불경이라 불렀느니라.

이 비구가 임종할 때 위음왕불께서 먼저 설하셨던 『법화경』의 20천만억 게송을 허공으로부터 들어 다 수지하고 곧 앞에서 말한 것과 같이 눈·귀·코·혀·몸·뜻이 청정하고, 이 6근의 청정함을 얻고는 다시 2백만억 나유타 세(歲)의 수명이 늘어나 많은 사람을 위하여 이 『법화경』을 설하였느니라. 이때 그를 천대하고 경멸하여 상불경이라 부르던 비구·비구니·우바새·우바이의 사부대중들이 큰 신통력과 요설변재력(樂說辯才力)⁴⁵과 큰 선적력(善寂力)⁴⁶을 보며 그가 설하는 바를 듣고는 다 믿고 따라 순종하니, 이 보살은 다시 천만억 중생을 교화하여 아뇩다라삼먁삼보리에 머물도록 하였느니라. 그가 수명을 다한 뒤에는 2천억의 부처님을 친견하니 그 부처님들의 이름이 다 같이 일월등명(日月燈明)이며, 그 법 가운데 이 『법화경』을 설하고 그 인연으로 다시 2천억의 부처님을 친견하니 또한 운자재등왕불(雲自在燈王佛)이었으며, 이 여러 부처님 법 가운데서도 이 경전을 받아 지녀 읽고 외우며 여러 사부대중을 위해 설한 까닭에 항상 눈이 청정하고 귀·코·혀·몸·뜻의 근기가 청정하며, 사부대중 가운데서 설법하더라도 마음에 두려움이 없었느니라.

득대세야, 이 상불경보살마하살이 이와 같이 많은 부처님들께 공양하고 공경하여 존중하고 찬탄하여 여러 선근을 심었으며, 수명을 다한 뒤에는 천만억의 부처님을 친견하여 여러 부처님 법 가운데서 이 경전을 설하고 공덕을 성취하여 성불하였느니라.

득대세야, 너의 생각은 어떠하냐? 그때의 상불경 비구가 어찌 다른 사람이겠느냐? 그 사람이 바로 내 몸이었느니라. 만일 숙세에 내가 이 경전을 받아 지녀 읽고 외우며 다른 사람을 위

---

45 중생들이 원하는 바에 따라 자유자재로 법을 설하는 능력이다.
46 범어로는 prajñābala. 지혜의 힘이다.

해 설하지 아니하였다면 나는 아뇩다라삼먁삼보리를 빨리 못 얻었을 것이다. 내가 앞에 계신 부처님들로부터 이 경전을 받아 지녀 읽고 외우며 다른 사람을 위하여 설하였기 때문에 아뇩다라삼먁삼보리를 이렇게 빨리 얻은 것이니라.

득대세야, 그때 사부대중인 비구·비구니·우바새·우바이들은 진심을 내어 나를 경멸했기 때문에 2백억 겁 동안에도 부처님 한 번 못 만나 뵙고 법을 못 들었으며, 또한 스님도 보지 못했으며, 천 겁 동안을 아비지옥 속에서 큰 고통을 받고, 그 죄보가 다한 뒤에는 다시 상불경보살의 교화로 아뇩다라삼먁삼보리를 얻게 되었느니라.

득대세야, 너의 생각은 어떠하냐? 그때 상불경보살을 항상 경멸한 이들이 어찌 다른 사람이랴. 이 회중 가운데 있는 발타바라(跋陀婆羅) 등 5백 보살과 사자월(師子月) 등의 5백 비구니와 사불(思佛) 등의 5백 우바새로서 다 아뇩다라삼먁삼보리에서 물러나지 않는 이들이니라.

득대세야, 마땅히 알라. 이『법화경』은 여러 보살마하살을 크게 이익케 하고 아뇩다라삼먁삼보리에 이르게 하나니. 그러므로 보살마하살은 여래께서 멸도하신 뒤에는 이 경전을 받아 지녀 읽고 외우며 해설하고 옮겨 쓸지니라."

과거에 한 부처님
그 이름이 위음왕불
신통 지혜 무량하사

일체중생 인도할새

하늘·인간·용·귀신
정성스런 공양받고
이 부처님 멸도하여
법 또한 다할 때에

보살 한 분 계셨으니
이름하여 상불경
그때에 사부대중
법마다 집착커늘

상불경 그 보살이
곳곳마다 찾아가서
말하여 이르는 말,
그대 경멸 않나니

도 행하는 그대들도
모두 다 성불하리라고.
이 말 들은 여러 사람
비방하고 욕을 해도

상불경 그 보살은

능히 받아 다 참으며
숙세의 죄 다한 후
임종할 때 이르러서

이 경전 얻어 들어
6근이 청정하고
신통력을 쓰기 때문
수명 또한 더했노라.

다시 중생 위하여
이 경 널리 설하니
법에 걸린 뭇 중생들
그 보살의 교화로

빠짐없이 성취하여
부처님 도 다 이루며
그 보살은 임종한 후
많은 부처님 만나 뵙고

이 경전을 설한 인연
무량한 복 받아서
공덕을 점점 갖춰
성불 빨리 했느니라.

그때의 상불경은
바로 내 몸이고
상불경을 경멸하던
사부대중들은

내가 준 성불 수기
모두 받은 인연으로
한량없고 가없는
부처님을 만나 봐온

이 가운데 5백 보살
청신사와 청신녀[47]도
나의 앞에 지금 와서
법을 듣는 이들이라.

나는 지난 세상
많은 사람 권하여서
제일 되는 이 법을
듣고 받게 하였으며

보이고 가르쳐서

---

47 청신사(淸信士)는 3보(寶)에 귀의하여 5계를 받아 지키는 재가(在家)의 남자 신도를 말하고, 청신녀(淸信女)는 재가의 여자 신도를 말한다.

열반에 잘 머물러
세세에 이 경전을
수지토록 하였으며

억만 겁 오랜 세월
불가사의 얻게 하려
항상 이 법 듣게 하고
열어 뵈고 가르치며

천만이나 억만 겁
불가사의에 이르도록
여러 부처님 세존께서
때때로 이 경 설하시니

그러므로 도 닦는 이
부처님 멸도 후에
이 경전을 듣고
의혹된 맘 내지 말며

한결같은 마음으로
이 경전 설법하면
세세에 부처님 만나
빨리 성불하리라.

21. 여래신력품(如來神力品)

그때 땅에서 솟아나온 천 세계의 티끌수 같은 보살마하살이 모두 부처님 앞에서 일심으로 합장하고 부처님 존안을 우러러 보며 여쭈었다.

"세존이시여, 저희들은 부처님께서 열반하신 뒤 세존의 분신들이 계시다가 멸도하신 곳에 가서 이 경을 설하오리다. 왜냐하면 저희들도 이 진실되고 청정한 큰 법을 얻어 받아 가지고 읽고 외우며, 해설하고 옮겨 쓰며, 이를 공양하려는 때문입니다."

그때 세존께서, 오래 전부터 머물러 있던 문수사리 등 한량없는 백천만억의 보살마하살과 여러 비구·비구니·우바새·우바이와 하늘·야차·건달바·아수라·가루라·긴나라·마후라가 등 사람인 듯 아닌 듯한 것의 온갖 중생 앞에서 큰 신통력을 나타내셨다. 넓고 긴 혀[48]를 내시니 위로는 범천까지 이르며, 일체의 털구멍에서는 한량없이 많은 광명이 나타나 시방

---

48 32상(相)의 하나로, 부처님의 혀가 긴 것을 지칭한다.

세계를 두루 비추며, 또한 보배 나무 아래의 사자좌에 앉으신 많은 부처님들께서도 그와 같은 넓고 긴 혀를 내시어 광명을 놓으셨다. 이렇게 석가모니불과 보배 나무 아래 계신 많은 부처님들은 백천 년 동안 신통력을 내신 뒤에야 다시 혀를 거두시며, 이때 큰 기침을 하시며 함께 손가락을 튕기시니,[49] 이 두 가지 소리가 시방의 부처님 세계에 두루 들려 땅이 여섯 가지로 진동[50]하였다.

그 가운데 하늘·용·야차·건달바·아수라·가루라·긴나라·마후라가 등 사람인 듯 아닌 듯한 것들이, 부처님의 신통력으로 보배 나무 아래의 사자좌에 앉으신 한량없고 가없는 백천만억의 여러 부처님들과 석가모니불께서 다보여래와 함께 보배탑 안의 사자좌에 앉아 계신 것을 이 사바세계에서 다 보며, 또 한량없고 가없는 백천만억의 보살마하살들과 여러 사부대중들이 석가모니불을 둘러싸고 공경함을 보고 다 크게 환희하여 미증유를 얻었다.

그때 모든 하늘의 허공 중에서 큰 소리가 났다.

"이 한량없고 가없는 백천만의 아승기의 세계를 지나서 한 세계가 또 있으니, 그 이름은 사바세계요. 그 세계에 계신 부처님은 석가모니불이라고 하느니라. 지금 그 부처님께서 여러 보살마하살들을 위하여 대승경을 설하시니, 이름이 『묘법연화

---

49 손가락 한 번 튕기는 동안, 즉 아주 짧은 시간을 가리킬 때 쓰는 말이다.
50 세간에 상서가 있을 때 대지가 진동하는 여섯 가지 모양을 말한다. 제1권 주 25) 참조.

경』으로, 보살을 가르치는 법이며 부처님께서 생각하시는 바이니, 그대들은 마음 깊이 따라 기뻐하고 또한 마땅히 예배 공양할지니라."

그때 여러 중생들이 허공 중에서 들리는 이 소리를 듣고 사바세계를 향하여 합장하고, "나무석가모니불, 나무석가모니불" 하고 부르며, 가지가지 꽃과 향과 영락과 번개와 그리고 많은 장신구들인 진귀하고 아름다운 보물들을 다 함께 사바세계에 흩었다. 그 흩은 여러 가지 물건은 구름처럼 시방에서 몰려 와서 변하여 보배 장막으로 이 세상의 부처님들 위를 덮으니, 이때 시방세계는 통달하여 걸림없는 것이 하나의 불국토와 같았다.

그때 부처님께서 상행(上行) 등 많은 보살 대중들에게 말씀하셨다.

"모든 부처님의 신통력은 이와 같이 한량없고 가없으며 또한 불가사의하니라. 만일 내가 이 신통력으로 한량없고 가없는 백천만억 아승기겁 동안 부촉하기 위하여 이 경의 공덕을 설할지라도 오히려 그를 다하지 못하리라. 그러므로 중요한 것만을 말하면, 여래의 일체법과 여래의 일체 자재한 신통력과 여래의 일체 비밀한 법장과 여래의 일체 깊은 일을 이 경에서는 선설하여 펴보였느니라. 그러므로 너희들은 여래께서 멸도하신 뒤 일심으로 받아 가지고 읽고 외우며, 해설하고 옮겨 쓰며 설한 것과 같이 수행할지니, 너희들이 있는 국토에서 받아 가지고 읽고 외우며 해설하고 옮겨 쓰며 설한 것과 같이 수행하라.

 이 경권이 있는 곳이 혹은 동산이거나 산림 가운데거나 나무 아래 승방이거나 서민의 집이거나 전당 산곡이나 들판일지라도 마땅히 그곳에 탑을 쌓을 것이니, 왜냐하면 이곳은 모두 도량으로 여러 부처님께서 이곳에서 아뇩다라삼먁삼보리를 얻으시며, 또 여러 부처님들께서 이곳에서 열반하시기 때문이니라.

 그때 세존께서 이 뜻을 거듭 펴시려고 게송으로 말씀하셨다.

  큰 신통력에 머무시는
  부처님 세존께서
  중생을 기쁘게 하려
  무량 신통 나타내시니

  혀는 길어 범천까지
  몸에 놓는 밝은 광명
  부처님 도 구하는 이
  그를 위해 나타내시며

  그때 나는 기침 소리
  손가락을 또 튕기시니
  시방의 모든 세계
  여섯 가지로 진동하며

부처님 멸도하신 뒤
이 경 능히 가지므로
여러 부처님들 환희하사
무량 신통 나타내시며

이 경 부촉 위하므로
경 가진 이 찬탄하되
무량한 겁 다하여도
능히 다하지 못하리니

이런 사람 공덕은
가없이 무궁하여
시방의 허공 같아
재어 볼 길 없느니라.

능히 이 경 갖는 이
내 몸을 보게 되며
다보불과 여러 분신(分身)
또한 만나 뵙고

내가 오늘 교화하는
많은 보살 보게 되며
이 경전 갖는 이는

나와 또 나의 분신

멸도하신 다보불과
일체를 환희케 하며
시방에 계신 부처님
과거·미래 부처님께

친근하고 공양하며
환희토록 하게 하고
부처님께서 도량에서
얻으신 비밀한 법

이 경전 갖는 이는
머지않아 얻어 보며
또한 이 경 갖는 이
여러 법의 묘한 뜻과

명자(名字)들과 언사들을
무궁하게 설하기를
허공 중에 바람같이
걸림 하나 없느니라.

여래 멸도하신 후

부처님 설하신 경
인연과 차례 알아
뜻을 따라 설법하되

일월의 밝은 광명
온갖 어둠 걷어내듯
이런 사람 행하는 일
중생의 어둠 멸해 주어

무량한 보살 가르쳐
1승에 머물게 하니
이러므로 지혜로운 이
공덕 이익 받아서

내가 멸도한 후
이 경전 수지할지니
이런 사람 불도에
의심 없이 들리라.

22. 촉루품(囑累品)

그때 석가모니불께서 법의 자리에서 일어나 큰 신통력을 나타내시어 오른손으로 한량없이 많은 보살마하살들의 머리를 어루만지시고 이렇게 말씀하셨다.

"내가 한량없는 백천만억 아승기겁에 이 얻기 어려운 아뇩다라삼먁삼보리를 닦고 익혀 지금 너희들에게 부촉(付囑)[51]하나니, 너희들은 마땅히 일심으로 이 법을 널리 펴서 이롭게 하여라."

그 보살들의 머리를 세 번이나 어루만지시고 다시 이렇게 말씀하셨다.

"나는 한량없고 가없는 백천만억 아승기겁에 이 얻기 어려운 아뇩다라삼먁삼보리를 닦고 익혀 지금 너희들에게 부촉하나니, 너희들은 이 법을 받아 지녀 읽고 외우며 널리 선설하여 일체중생으로 하여금 듣게 하고 알게 할지니라. 왜냐하면 여래는 큰 자비가 있어 무엇이나 아끼고 인색함이 없어 두려울

---

51 범어 anuparindanā. 위촉·위임의 뜻으로 가르침의 호지(護持)와 전파를 당부하는 것이다.

바가 없고. 또 중생들에게 부처의 지혜와 여래의 지혜와 자연의 지혜를 능히 주기 때문이니라. 여래는 일체중생의 큰 시주(施主)[52]이니, 여래의 법을 따라 배우되 아끼거나 인색한 마음을 내지 말지니라. 앞으로 오는 세상에 만일 선남자·선여인이 있어 여래의 지혜를 믿는 이에게는 이『법화경』을 마땅히 연설해 주어 얻어 듣게 하고 알게 할 것이니, 그 사람으로 하여금 부처님 지혜를 얻게 하려 하기 때문이니라. 또 만일 어떤 중생이 믿지 않고 받지 않으면 여래의 다른 깊고 미묘한 법 가운데서 보이고 가르쳐 이익되고 기쁘게 할지니라. 만일 너희들이 이와 같이 하면 이것이 곧 여러 부처님들의 은혜를 갚는 것이니라."

그때 여러 보살마하살들이 부처님께서 이와 같이 말씀하시는 것을 듣고 몸 가득히 기쁨이 차서 더욱 공경하고, 허리를 굽히고 머리를 숙여 예배하고 부처님을 향하여 합장하고 다 같이 여쭈었다.

"세존께서 분부하신 바와 같이 마땅히 갖추고 받들어 행하겠사오니, 원컨대 세존이시여, 걱정하지 마옵소서."

그때 석가모니불께서 시방에서 오신 여러 분신 부처님들을 각각 본국에 돌아가도록 하시며 이런 말씀을 하셨다.

"여러 부처님들께서 편안히 돌아가시고 또한 다보불탑도 다시 전과 같이 돌아가옵소서."

---

[52] 보시(布施)하는 사람, 베푸는 주체이다.

석가모니불께서 이렇게 말씀하실 때에, 보배 나무 아래의 사자좌에 앉아 계시던 시방세계의 한량없는 많은 분신불과 그리고 다보불과 아울러 상행 등의 가없는 아승기보살 대중과 사리불 등 성문의 사부대중과 일체 세간의 하늘·인간·아수라 등이 부처님께서 하신 설법을 듣고 모두 다 크게 기뻐하였다.

23. 약왕보살본사품(藥王菩薩本事品)

그때 수왕화(宿王華)보살[53]이 부처님께 여쭈었다.

"세존이시여, 약왕(藥王)보살은 어찌하여 이 사바세계에서 노닙니까? 이 약왕보살은 백천만억 나유타 어려운 고행들을 수행했습니까? 거룩하신 세존이시여, 원하오니 간략히 설하여 주옵소서. 여러 하늘·용·귀신·야차·건달바·아수라·가루라·긴나라·마후라가 등 사람인 듯 아닌 듯한 것들과 다른 국토에서 온 여러 보살들과 이 성문 대중들이 들으면 다 기뻐하오리다."

그때 부처님께서는 수왕화보살에게 말씀하셨다.

"지난 과거 한량없는 항하의 모래 수 같은 겁에 부처님께서 계셨으니, 이름은 일월정명덕(日月淨明德) 여래·응공·정변지·명행족·선서·세간해·무상사·조어장부·천인사·불세존이었느니라. 그 부처님께는 80억의 많은 보살마하살이 있었으며, 또한 72항하의 모래 같은 수의 성문 대중이 있었으며, 부

---

53 범어로는 Naksatrarājasamkusumitābhijinā. 성수(星宿)의 왕에 의해 신통력을 발휘한 자라는 뜻이기 때문에 숙(宿)은 수로 읽어야 한다.

처님의 수명은 4만 2천 겁이요, 보살의 수명도 또한 같았으며. 그 국토에는 여자와 지옥·아귀·축생·아수라 등과 여러 가지 어려운 일이 없었느니라.

땅은 손바닥처럼 평평하여 유리로 이루어지고 보배 나무로 장엄되었으며, 보배 장막을 위에 덮어 보배꽃의 번개를 드리우고, 보배의 병과 향로가 나라에 두루하였으며, 보배로 만든 좌대가 한 나무에 한 개씩 있었으니. 그 나무들의 거리는 화살 한 개 사이였느니라. 이 보배 나무 아래에는 보살과 성문이 다 앉아 있었고, 또 보배의 좌대 위에는 백억이나 되는 여러 천신들이 하늘 음악을 울리고 노래로 부처님을 찬탄하며 공양하였느니라.

그때 그 부처님께서는 일체중생희견(一切衆生喜見)보살과 또 다른 보살 대중 그리고 성문의 대중을 위하여 『법화경』을 설하셨느니라. 이 일체중생희견보살이 고행을 즐겨 익히고 일월정명덕불의 법 가운데서 정진하고 수행하여 1만 2천 년 동안을 일심으로 부처님을 구하더니, 마침내 현일체색신삼매(現一切色身三昧)[54]를 얻었느니라. 이 삼매를 얻은 일체중생희견보살은 마음이 크게 환희하여 생각하였느니라.

'내가 이 일체색신상매를 얻은 것은 다 이 『법화경』을 들은 힘 때문이니라. 나는 이제 일월정명덕불과 『법화경』에 마땅히 공양하리라.'

---

54 보현색신삼매(普現色身三昧)라고도 하며, 일체중생의 모습을 마음대로 나타낼 수 있는 삼매이다.

그리고는 즉시 이 삼매에 들어가 허공 가운데 만다라꽃·마하만다라꽃과 가늘고 검은 전단향을 가득하게 구름처럼 내리며, 또는 해차안(海此岸)의 전단향(栴檀香)[55]을 비오듯 내리니, 이 향은 6수(銖)[56]가 되는데, 그 값은 사바세계와 같으니라.

이러한 공양을 마치고 삼매에서 일어나 스스로 생각하였느니라.

'내가 비록 신통력으로 부처님께 공양하였으나, 몸으로써 공양하는 것만 같지 못하니라.'

그리고는 곧 여러 가지 전단·훈륙(薰陸)[57]·도루바(兜樓婆)[58]의 향과 필력가[59]·침수·교향(膠香)[60]들을 먹고, 또 1,200년 동안 첨복 등의 꽃 향유를 마시며, 또 몸에 바르고 일월정명덕불 앞에서 하늘 보배옷으로 스스로 몸을 감고 거기에 향유를 부어 적신 뒤 신통력의 발원으로써 몸을 태우니, 그 광명이 80억 항하의 모래 같은 세계를 두루 비추었느니라.

그때 그 세계 부처님들께서 동시에 찬탄하셨느니라.

'훌륭하고 훌륭하다. 선남자야, 이것이 참된 정진이니라. 또한 이것이 여래께 드리는 참된 공양이니라. 만일 꽃과 향과 영

---

55 수미산 내해(內海), 즉 염부제의 남단에서 나는 전단향이다.
56 무게의 단위로 1수는 1냥(兩)의 24분의 1이다.
57 범어 kunduruka의 음사. 황색의 송진 비슷한 나무의 진으로 태우면 좋은 냄새가 난다.
58 범어 turuṣka의 음사. 향초(香草)의 하습이다.
59 prkkā의 음사. 목숙향(目蓿香)·촉향(觸香)이라고 한역한다.
60 백교향(白膠香)이다.

락·소향·말향·도향이나 하늘 비단으로 된 번개와 해차안의 전단향, 이와 같은 여러 가지 물건을 공양하더라도 능히 이에 미치지 못할 것이며, 혹은 왕국이나 치자를 보시하더라도 또한 이에 미치지 못하느니라. 선남자야, 이것을 제1의 보시라 하나니, 여러 가지 보시 중에서 가장 높은 보시가 되는 것은 법으로써 모든 여래를 공양하기 때문이니라.

이런 말씀들을 하시고는 모두 잠자코 계셨느니라. 그 몸이 1,200년 동안을 탄 뒤에야 몸이 다하였느니라. 이와 같이 일체 중생희견보살이 몸을 다 태워 법공양을 마친 후, 다시 일월정명덕불의 국토 가운데 정덕왕(淨德王)의 집에 결가부좌하고 홀연히 화생(化生)[61]하여 게송으로 그의 아버지께 말하였느니라.

대왕이신 아버지여, 마땅히 아옵소서.
저는 저 땅에서 오래도록 경행하여
현일체색신삼매를 잘 얻었으며
또한 그 삼매에 들었습니다.

부지런히 큰 정진 행하려는 뜻
아끼던 내 몸까지 선뜻 버리고
거룩하신 세존께 공양을 하니
위없는 큰 도 구하기 위함이었습니다.

---

61 의존함이 없이 저절로 태어나는 것이다.

이 게송을 다 마치고 아버지께 또 말하였느니라.

'일월정명덕불이 아직도 계시나니, 제가 먼저 공양을 마치고 해일체중생어언다라니(解一切衆生語言陀羅尼)[62]를 얻고, 다시 이『법화경』의 8백천만억 나유타인 견가라(甄迦羅)[63]·빈바라(頻婆羅)[64]·아촉바(阿閦婆)[65] 등의 게송을 들으려니 대왕이시여, 제가 지금 돌아가 이 부처님께 공양하려 합니다.'

이 말을 마치고 7보의 좌대에 앉아 허공으로 오르니 그 높이가 7다라수나 되었으니라. 부처님 계신 데에 가서는 머리 숙여 예배하고 열 손가락을 모아 합장하여 게송으로 찬탄하였느니라.

존안이 기묘하고 아름다운 세존께서
시방 두루하게 광명을 놓으시니
오랜 옛날 일찍이 공양을 하였지만
지금 다시 와서 친근합니다.

그때 일체중생회견보살이 이 게송을 다 마치고 부처님께 여쭈었느니라.

'세존이시여, 세존께서 아직도 계십니까?'

---

62 일체중생의 말을 다 이해하는 다라니이다.
63 범어 kañkara의 음사. 열여섯 자리의 수이다.
64 범어 bimbara의 음사. 열여덟 자리의 수이다.
65 범어 akṣobhya의 음사. 스무 자리의 수이다.

그때 일월정명덕불께서 일체중생희견보살에게 말씀하셨느니라.

'선남자야, 나는 열반할 때가 이르렀으며 멸도할 때가 이르렀노라. 너는 자리를 편안히 펴라. 나는 오늘밤 열반에 들리라.'

그리고는 또 일체중생희견보살에게 분부하셨느니라.

'선남자야, 내가 부처님의 법으로써 모든 보살과 큰 제자와 너에게 아뇩다라삼먁삼보리의 법을 부촉하노라. 또 삼천대천 7보의 세계와 여러 보배 나무의 좌대와 시봉하는 여러 하늘을 다 너에게 부촉하며, 내가 멸도한 후 있을 사리도 또한 너에게 부촉하나니, 그것을 잘 유포하고 널리 공양토록 하며, 마땅히 몇 천의 탑을 일으킬지니라.'

그리고는 일월정명덕불께서 그날 밤중에 열반에 드셨느니라.

그때 일제중생희견보살이 부처님께서 멸도하심을 보고 슬퍼하고 오뇌하며, 부처님을 연모하여 곧 해차안의 전단향을 쌓아 놓고, 그 위에 부처님을 모시고 불태우고, 불이 다 꺼진 뒤에 사리를 거두어 8만 4천의 보배 항아리를 만들고, 8만 4천의 탑을 일으키되, 3세계 보다 높고 표찰(表刹)[66]을 장엄하게 하며, 여러 가지 번개를 드리우고 가지가지 보배 방울을 달았느니라.

그때 일체중생회견보살이 스스로 생각하였느니라.

---

66 범어 chattra. 탑 위에 세우는 깃대로서 당간을 말한다.

'내가 비록 이와 같이 공양을 하였으나, 마음에 아직 흡족하지 않으니 다시 사리를 공양하리라.'

곧 여러 보살과 대제자와 하늘·용·야차 등의 일체 대중에게 말하였느니라.

'그대들은 일심으로 생각하라. 나는 지금 일월정명덕불의 사리를 공양하려 하느니라.'

그리고는 백복(百福)으로 장엄한 팔을 8만 4천 탑 앞에서 태워 7만 2천 년 동안을 공양하고, 무수히 많은 성문을 구하는 대중과 한량없이 많은 아승기 대중들에게 아뇩다라삼먁삼보리의 마음을 내게 하고, 현일체색신삼매를 다 얻어 머물게 하였느니라. 그때 여러 보살과 하늘과 인간·아수라 등이 그 팔이 없어진 것을 보고 걱정하고 슬퍼하며 말하였느니라.

'저 일체중생희견보살은 우리들의 스승으로 우리들을 교화하시거늘. 이제 팔을 태우셨으니 몸이 구족치 못하시도다.'

이때 일체중생희견보살은 대중 가운데서 이렇게 맹세했느니라.

'나는 이 두 팔을 버렸으니 이제 반드시 부처님의 금색의 몸을 얻으리라. 만일 나의 이런 일이 참되고 헛되지 아니하면 나의 이 두 팔은 옛날처럼 회복되리라.'

이 맹세를 마친 뒤 과연 두 팔이 옛날처럼 회복되니, 이것은 이 보살의 복덕과 지혜가 두터운 까닭이니라. 그때 삼천대천세계가 여섯 가지로 진동하고 하늘에서는 보배꽃이 비오듯 내리며, 모든 하늘과 인간은 미증유함을 얻었느니라."

부처님께서 수왕화보살에게 말씀하셨다.

"수왕화야, 너의 생각은 어떠하냐? 일체중생희견보살이 어찌 다른 사람이겠느냐. 지금의 약왕보살이 바로 그이니라. 그가 이렇게 몸을 버려 보시한 것은 이와 같이 한량없는 백천만억 나유타 수이니라. 수양화야, 만일 발심하여 아뇩다라삼먁삼보리를 얻으려면 손가락이나 발가락 하나를 태워서 부처님의 탑에 공양할지니, 이렇게 하면 국토나 처자나 또는 3천 국토의 산·숲·하천·못 등과 여러 가지 보배나 진귀한 물건으로 공양하는 것보다 나으리라. 또 어떤 사람이 7보를 삼천대천세계에 가득 채워 부처님과 큰 보살과 벽지불과 아라한에게 공양할지라도 이 사람이 얻는 공덕은 『법화경』의 4구 게송 하나를 받아 가져 얻는 복만 못하느니라.

수왕화야, 비유하면 모든 냇물이나 강물 등의 여러 가지 물 가운데서 바다가 제일이듯이, 이 『법화경』도 또한 마찬가지로 모든 여래께서 설법하신 경전 가운데 그 뜻이 가장 깊고 가장 위가 되어 제일이니라. 또 토산(土山)·흑산(黑山)[67]·소철위산·대철위산과 10보산(寶山)[68] 등의 여러 산 가운데 수미산이 제일

---

67 소철위산과 대철위산 사이의 어두운 곳을 말한다.
68 ① 설산(雪山): 온갖 약초가 모여 있다. ② 향산(香山): 온갖 향이 난다. ③ 가리라산(軻梨羅山): 온갖 꽃이 난다. ④ 선성산(仙聖山): 5신통(神通)을 얻은 선인이 산다. ⑤ 유건다라산(由乾多羅山): 야차(夜叉)가 산다. ⑥ 마이산(馬耳山): 온갖 과실이 난다. ⑦ 니진다라산(尼盡陀羅山): 용이 산다. ⑧ 작가라산(斫迦羅山): 자재자(自在者)가 산다. ⑨ 숙혜산(宿慧山): 아수라(阿修羅)가 산다. ⑩ 수미산(須彌山): 온갖 천자(天子)가 모여 산다.

이듯이, 이『법화경』도 또한 마찬가지로 여러 경전 가운데 제일이니라. 또 뭇 별 가운데 달이 제일이듯이 이『법화경』도 또한 마찬가지로 여러 경전 가운데 가장 밝게 비추느니라. 또 태양이 모든 어둠을 제거하듯 이 경도 마찬가지로 일체의 착하지 못한 어둠을 제거하느니라. 또 여러 소왕(小王) 가운데 전륜성왕이 제일이듯이 이 경도 마찬가지로 여러 경전 가운데 가장 높아 위가 되느니라. 또 제석천이 삼십삼천에서 왕이듯이 이 경도 마찬가지로 여러 경전 가운데서 왕이 되느니라. 또 대범천왕이 일체중생의 아버지가 되듯이 이 경도 마찬가지로 일체 현성(賢聖)과 아직 배우는 이나 다 배운 이, 그리고 보살의 마음을 낸 사람들의 아버지가 되느니라.

또 모든 범부 가운데 수다원·사다함·아나함·아라한·벽지불이 제일이듯이 이 경도 마찬가지로 일체 여래와 보살과 성문들의 설법인 여러 경전 가운데서 가장 제일이니라. 또한 이 경을 수지한 이도 이와 같아 일체중생 가운데 제일이니라. 또 일체 성문이나 벽지불 가운데 보살이 제일이듯이 이 경도 마찬가지로 일체 경전 가운데 제일이니라. 부처님께서 모든 법의 왕이 되 듯이 이 경도 또한 마찬가지로 여러 경 가운데 왕이 되느니라.

수왕화야, 이『법화경』은 능히 일체중생을 구원하며, 이 경은 능히 일체중생의 모든 고뇌를 여의게 하고, 이 경은 능히 일체중생을 크게 이익되게 하여 일체중생의 소원을 충만하게 하나니, 맑고 시원한 못이 일체의 목마른 사람들을 채워 주는 것과 같으며, 추워 떨던 사람이 불을 얻은 것과 같고, 벗은 이가 옷을 얻은 것과 같으며, 상인이 물건의 주인을 얻은 것과 같고, 아들이 어머니를 만난 것과 같으며, 나루에서 배를 얻은 것과 같고, 병든 이가 의사를 만난 것과 같으며, 어둔 밤에 등불을 만난 것과 같고, 가난한 사람이 보배를 얻은 것과 같으며, 국민들이 현명한 지도자를 만난 것과 같고, 행상이 바다를 얻은 것과 같으니라.

이와 같이『법화경』은 중생들의 일체 고통과 일체 질병을 여의게 하여 능히 일체 생사 속박에서 해탈하게 하느니라. 그러므로 만일 어떤 사람이 이『법화경』을 듣고 스스로 쓰거나 다른 사람을 시켜 쓰면, 그 얻는 공덕은 부처님의 지혜로 그 많고 적음을 헤아려도 그 끝을 알 수 없느니라. 혹은 이『법화경』을 써서 꽃·향·영락(瓔珞)·소향(燒香)·말향(末香)·도향(塗香)과 번개(幡蓋)·의복과 가지가지의 등[燈]인 소등(酥燈)·유등(油燈)·향유등(香油燈)·첨복유등(瞻蔔油燈)·수만나유등(須曼那油燈)·바라라유등(波邏邏油燈)·바리사가유등(波利師迦油燈)[69]·나바마리유등(那婆摩利油燈)[70]으로 공양하더라도 그 얻는 공덕은 또한 한량없느니라.

수왕화야, 만일 어떤 사람이 이「약왕보살본사품」을 들으면

---

69 바리사가는 vārṣika의 음사. 우화(雨華)라 한역하며 여름의 우기(雨期)에 꽃이 핀다.
70 나바마리는 범어 navamālikā의 음사. 황금빛 꽃이 피며 말리화(末利華)·잡만화(雜鬘花)라고 한다.

또한 한량없고 가없는 공덕을 얻을 것이며, 혹은 어떤 여인이 이「약왕보살본사품」을 듣고 받아 지니면, 그가 여인의 몸을 마친 뒤에는 다시 여인의 몸으로 태어나지 않으리라.

만일 여래께서 멸도하신 후 5백 년[71]에 이르러 어떤 여인이 이 경전을 듣고 그 설한 바와 같이 수행하면, 그 목숨을 다 마친 뒤에 극락세계의 아미타불을 큰 보살 대중들이 둘러 있는 곳에 가서 연꽃 가운데의 보배 자리에 태어나리라.

그리하여 다시는 탐욕하려는 번뇌가 없고, 성내고 어리석은 번뇌도 없으며, 또한 교만하고 질투하는 여러 가지의 더러운 번뇌가 없으리라. 그리고는 보살의 신통과 무생법인(無生法忍)을 얻어서 눈이 청정해지며, 이 청정한 눈으로 7백만 2천억 나유타 항하의 모래 같은 여러 부처님 여래를 보게 되느니라.

이때 여러 부처님들께서 멀리서 칭찬하셨느니라.

'훌륭하고 훌륭하도다. 선남자야, 너희들이 능히 석가모니불의 법 가운데서 이 경을 받아 지녀 읽고 외우며 사유하여 다른 사람들에게 설해 주면, 그 얻는 바의 복덕은 한량없고 가없어 불도 능히 태우지 못하고 물도 능히 빠뜨릴 수 없느니라. 이러한 공덕은 1천 부처님들이 다 함께 설한다 할지라도 능히 다 할 수 없으며, 너희들이 이제 여러 마군[72]을 파하여 생사를 벗어나니, 여러 가지 다른 원수는 자연히 멸하느니라.

---

71 불멸(佛滅) 후 정법(正法)·상법(像法)이 각각 5백 년씩 계속되는데, 상법 5백년을 가리킨다.
72 방해꾼, 불도를 방해하는 온갖 나쁜 무리를 말한다.

선남자야, 백천의 여러 부처님들께서 신통력으로 항상 너희를 보호해 주시리니, 일체 세간의 하늘과 인간 가운데 너희만한 이가 없느니라. 그리고 여래를 제하고는 여러 성문과 벽지불과 여러 보살의 지혜나 선정도 너의 복덕만한 이가 없느니라.'

수왕화야, 이 보살은 이런 공덕과 지혜의 힘을 성취하였느니라. 만일 어떤 사람이 이 「약왕보살본사품」을 듣고 능히 따라 기뻐하고 거룩하다고 칭찬하면 이 사람은 현세에서 입으로부터 푸른 연꽃의 향기가 항상 나고, 몸의 털구멍에서는 우두전단의 향기가 항상 나며, 그 얻는 바의 공덕은 위에서 말한 것과 같으리라.

수왕화야, 그러므로 이 「약왕보살본사품」을 너희에게 부촉하나니, 내가 멸도한 후 5백 년에 이르러 그 세계에서 널리 선포하고 유포해서 끊어지지 않도록 하여라. 그리고 악마나 그 무리와 여러 하늘·용·야차·구반다(鳩槃茶)[73] 등이 그것을 이용하지 못하게 하여라.

수왕화야, 너는 반드시 신통한 힘으로 이 경을 수호할지니, 왜냐하면 이 경은 염부제 사람들에게는 좋은 약이 되나니, 만일 어떤 사람이 병에 걸려 고통을 받다가도 이 경만 들으면 병이 곧 나아 늙지도 죽지도 않느니라.

수왕화야, 만일 네가 이 경전 지니는 이를 보거든 푸른 연꽃

---

73 범어 kumbhāṇḍa의 음사. 사람의 정기(精氣)를 먹는 악귀이다.

과 말향을 가득 채워서 그 위에 공양하고 흩으면서 이와 같이 생각하여라.

'이 사람은 머지않아 도량에 나가 풀을 깔고 앉아서 여러 마군들을 파하고 법소라를 불고 큰 법북을 치며 일체중생의 늙고 병들어 죽는 고통을 제도하여 해탈케 하리라.'

따라서 불도 구하는 이는 이 경전 수지한 이를 보면 마땅히 이와 같이 공경하는 마음을 낼지니라."

이 「약왕보살본사품」을 설하실 때 8만 4천의 보살이 해일체중생어언다라니를 얻었으며, 보배탑 가운데 계시는 다보여래께서는 수왕화보살을 이렇게 칭찬하셨다.

"훌륭하고 훌륭하도다, 수왕화야. 너는 불가사의 공덕을 성취하고, 지금 석가모니불께 이러한 일을 물어서 한량없이 많은 중생들을 이익되게 하였느니라."

妙法蓮華經

묘법연화경

제7권

24. 묘음보살품(妙音菩薩品)

그때 석가모니불께서 대인상(大人相)[1]인 육계(肉髻)[2]에서 광명을 놓으시고, 또 미간의 백호상(白毫相)에서도 광명을 놓아 동방으로 108만억 나유타 항하의 모래 같은 여러 부처님 세계를 비추셨다.

이와 같은 수를 지나서 한 세계가 있으니, 그 이름이 정광장엄(淨光莊嚴)이요, 그 나라에 또한 부처님께서 계시니, 이름은 정화수왕지(淨華宿王智)[3] 여래·응공·정변지·명행족·선서·세간해·무상사·조어장부·천인사·불세존이며, 한량없고 가없는 보살 대중들이 그 부처님을 공경하여 둘러섰고, 부처님께서는 이들을 위하여 설법하시니, 석가모니불의 백호상의 광명이 그 국토를 두루 비추었다.

그때 일체정광장엄 국토 가운데 묘음(妙音)이라 하는 한 보

---

1 32상(相)을 가리킨다. 부처님이나 전륜성왕이 갖추고 있는 뛰어난 신체적 특징을 말한다.
2 32상의 하나로 부처님 정수리의 살이 상투처럼 불룩한 부분을 가리킨다.
3 kamaladalavimalanakṣatrarājasaṃkusumitābhijña. 연꽃잎처럼 더러움 없는 성수(星宿)의 왕에 의해 신통을 나타낸 자라는 뜻이다.

살이 있었으니, 오랜 옛날부터 많은 덕의 근본을 심어서 한량없는 백천만억 부처님을 친근하여 매우 깊은 지혜를 성취하였다. 그리고 묘당상(妙幢相)삼매[4] · 법화(法華)삼매[5] · 정덕(淨德)삼매[6] · 수왕희(宿王戱)삼매[7] · 무연(無緣)삼매[8] · 지인(智印)삼매[9] · 해일체중생어언(解一切衆生語言)삼매[10] · 집일체공덕(集一切功德)삼매[11] · 청정(淸淨)삼매[12] · 신통유희(神通遊戱)삼매[13] · 혜거(慧炬)삼매[14] · 장엄왕(莊嚴王)삼매[15] · 정광명(淨光明)삼매[16] · 정장(淨藏)삼매[17] · 불공(不共)삼매[18] · 일선(日旋)삼매[19] 등의 백천만억 항하의 모래 같은 여러 가지 삼매를 얻었다.

  석가모니불의 광명이 그 몸에 비치니 곧 정화수왕지불께 여쭈었다.

---

4 군대에서 대장이 그 기를 가지고 자기의 존귀함을 나타내듯이 온갖 삼매 중 가장 으뜸가는 삼매이다.
5 제법실상에 통달하는 삼매이다.
6 마음이 청정하여 어디에도 물들지 않는 삼매이다.
7 지혜가 자재하여 아무것에도 집착함이 없는 삼매이다.
8 대상(對象)을 취함이 없는 삼매이다.
9 반야의 지혜가 객관을 인식하되 그러면서도 늘 고요한 삼매이다.
10 일체중생의 언어를 다 이해하는 삼매이다.
11 온갖 공덕을 고루 갖추는 삼매이다.
12 번뇌가 하나도 일어나지 않는 삼매이다.
13 신통 변화가 자유자재한 삼매이다.
14 어리석음을 깨뜨리는 삼매이다.
15 묘행(妙行)을 거두어들이는 삼매이다.
16 미묘한 지혜를 얻는 삼매이다.
17 법안(法眼)을 얻는 삼매이다.
18 2승(乘)이 따를 수 없는 삼매이다.
19 대천(大千)세계를 두루 비추는 삼매이다.

"세존이시여, 제가 마땅히 사바세계에 가서 석가모니불께 예배 친근하고 공양하며, 문수사리법왕자보살과 약왕보살과 용시(勇施)보살과 수왕화보살과 상행의(上行意)보살과 장엄왕(莊嚴王)보살과 약상(藥上)보살을 친견하겠습니다."

정화수왕지불께서 묘음보살에게 말씀하셨다.

"너는 저 국토를 가볍게, 그리고 하열하다고 생각하지 말라. 선남자야, 저 사바세계는 높은 곳과 낮은 곳이 있어 평탄치 않으며, 흙과 돌의 여러 산이 있고 더러움이 충만하며, 부처님의 몸은 아주 작고 많은 보살들도 그 모양이 또한 작으니라. 그러나 너의 몸은 4만 2천 유순이요, 나의 몸은 680만 유순이니, 너의 몸은 제일 단정하고 백천만의 복이 구족하고 광명 또한 특수하지만, 너는 저 세계에 가서 그 국토를 가벼이 하거나 또는 부처님과 보살들을 하열하다고 생각하지 말라."

묘음보살이 그 부처님께 여쭈었다.

"세존이시여, 제가 지금 사바세계에 가는 것은 다 이 여래의 큰 힘이며, 여래의 신통유희이며, 여래의 공덕이며, 여래의 지혜와 장엄입니다."

묘음보살이 자리에서 일어나지도 아니하고 몸은 동요하지도 아니하며, 삼매에 들어 그 힘으로써 기사굴산에서 가까운 법좌에다 8만 4천의 여러 가지 보배 연꽃을 변화로 만드니, 줄기는 염부단금이요, 잎은 백은(白銀)으로 되었으며, 꽃술은 금강이요, 꽃받침은 견숙가보(甄叔迦寶)[20]로 되어 있었다. 그때 문수사리법왕자가 이 연꽃을 보고 부처님께 여쭈었다.

"세존이시여, 지금 저 상서는 무슨 인연입니까? 천만 가지 연꽃 줄기는 염부단금이고, 잎은 백은이며, 꽃술은 금강이고, 그 꽃받침은 견숙가보입니다."

그때 석가모니불께서 문수사리에게 말씀하셨다.

"묘음보살마하살이 정화수왕지불의 국토에서 6만 4천의 보살들에게 둘러싸여 이 사바세계에 와서 나를 공양하고 친근하며 예배하고 『법화경』을 들으려 하느니라."

문수사리가 다시 부처님께 여쭈었다.

"세존이시여, 이 보살은 무슨 선한 근본을 심었으며, 무슨 공덕을 닦아 이렇게 큰 신통력이 있으며, 또 무슨 삼매를 행합니까? 원하옵나니, 저희들을 위하여 이 삼매의 이름을 말씀해 주시옵소서. 저희들도 이런 삼매를 닦고 행하려 하며, 그리고는 그 보살의 색상(色相)의 크고 작음과 위의와 나아가고 머무름을 보려 합니다. 원하옵나니, 세존께서 신통력으로 저 보살이 오는 것을 저희들도 볼 수 있게 하옵소서."

그때 석가모니불께서 문수사리에게 말씀하셨다.

"여기 오래전에 멸도하신 다보여래께서 마땅히 너희들을 위하여 그의 모양을 나타내어 보여 주시리라."

그때 다보불께서 저 보살에게 말씀하셨다.

"선남자야, 어서 오너라. 문수사리법왕자가 너 보기를 원하

---

20 보석 이름으로, 붉은 빛이 나는 보배이다.

노라."

그때 묘음보살이 저 나라에서 8만 4천의 보살과 함께 오니, 지나는 여러 나라는 여섯 가지로 진동하였고, 7보로 된 연꽃이 비오듯이 내렸으며, 백천 가지 하늘 기악과 복이 저절로 울려 퍼졌다. 이 보살은 눈이 광대하기가 푸른 연꽃 잎과 같아서 백천만 개 달을 합한 것보다 그 얼굴이 더 단정하고, 진금색의 몸은 한량없는 백천의 공덕으로 장엄되어 위덕이 치성하고, 광명이 아주 밝게 비치며, 여러 가지 모양을 잘 갖추어 나라연(那羅延)[21]의 견고한 몸과 같았다. 7보의 좌대에 앉아 허공에 오르니 그 높이가 7다라수며, 여러 보살 대중이 공경하여 둘러싸서 이 사바세계에 찾아올새, 기사굴산에 이르러 7보의 좌대에서 일어나 내려서 석가모니불께 머리 숙여 예배하고 백천만 냥이나 되는 영락을 받들어 올리며 부처님께 여쭈었다.

"세존이시여, 정화수왕지불께서 세존께 문안드리기를, '조그만 병도 조그만 고뇌도 없으시며, 기거가 자유로우시고 안락하게 행하십니까? 4대가 잘 조화됩니까? 세상일을 가히 참을 수 있으며, 중생을 쉽게 제도하십니까? 탐욕과 성냄과 어리석음과 질투와 인색함과 교만함은 많지 않습니까? 부모에게 효도하지 않으며 사문을 공경하지 않는 일은 없습니까? 삿된 견해나 착하지 못한 마음으로 5정(情)[22]에 빠지는 일은 없습니

---

21 범어 nārayaṇa의 음사. 금강역사(金剛力士)인데 힘이 센 신이다. 그 힘이 큰 코끼리의 백만 배나 된다고 한다.
22 5근(根)에서 생기는 욕망으로 5욕(欲)이라고도 한다.

까? 중생이 모든 마군이나 원수를 잘 항복합니까? 또 이미 멸도하신 다보여래께서 7보탑과 함께 법을 들으시러 오십니까?' 하셨습니다.

　세존이시여, 제가 지금 다보불의 몸을 뵙고자 하오니 세존께서는 그 부처님을 친견토록 해주옵소서."

　그때 석가모니불께서 다보불께 말씀하셨다.

　"여기 모음보살이 친결코자 합니다."

　다보불께서 모음보살에게 말씀하셨다.

　"훌륭하고 훌륭하도다. 네가 능히 석가모니불을 공양하고『법화경』을 들으며, 문수사리 등의 포장을 만나려고 여기에 왔구나."

　그때 화덕(華德)보살이 부처님께 여쭈었다.

　"세존이시여, 이 모음보살은 어떤 선근을 심었으며, 무슨 공역을 닦아서 이런 신통력이 있습니까?"

　부처님께서 화덕보살에게 말씀하셨다.

　"과거에 부처님께서 계셨으니, 이름이 운뢰음왕(雲雷音王) 다타아가도(多陀阿伽度)·아라하(阿羅訶)·삼먁삼불타(三藐三佛陀)였으며, 나라 이름은 현일체세간(現一切世間)이요, 겁의 이름은 희견(喜見)이었으니, 묘음보살이 1만 2천 년 동안을 10만 가지 기악으로 운뢰음왕불(雲雷音王佛)께 공양하고, 아울러 8만 4천의 7보의 발우[鉢]를 받들어 올린 인연의 과보로 지금 정화수왕지불의 국토에 나고 이런 신통한 힘을 얻었느니라.

　화덕아, 네 생각은 어떠하냐? 그때 운뢰음왕불 계신 곳에서 기악으로 공양하고 보배의 그릇을 받들어 올린 묘음보살이 어찌 다른 사람이겠느냐. 바로 이 묘음보살마하살이었느니라.

화덕아, 이 묘음보살이 일찍이 한량없는 여러 부처님을 공양하고 친근하여 오래도록 덕의 근본을 심었으며, 또한 항하의 모래같이 많은 백천만억 나유타 부처님을 만나 뵈었느니라.

화덕아, 너는 다만 묘음보살의 그 몸이 여기에만 있다고 보느냐? 이 보살은 가지가지 몸을 곳곳에서 나타내서 여러 중생들을 위하여 이『법화경』을 설법하느니라. 범천왕의 몸을 나타내거나 제석천의 몸을 나타내며, 혹은 자재천(自在天)²³의 몸을 나타내거나 대자재천(大自在天)²⁴의 몸을 나타내며, 혹은 전륜성왕의 몸, 여러 소왕의 몸, 장자의 몸, 거사의 몸, 관리의 몸, 바라문의 몸, 비구·비구니·우바새·우바이의 몸을 나타내며, 또는 장자·거사의 부인 몸으로도 나타내며, 혹은 관리의 부인 몸, 바라문의 부인 몸, 동남(童男)·동녀(童女)의 몸으로도 나타내며, 혹은 하늘·용·야차·건달바·아수라·가루라·긴나라·마후라가 등 사람인 듯 아닌 듯한 것 등의 몸으로 나타나 이 경전을 설하며, 여러 지옥·아귀·축생들과 어려운 환난 가운데 있으면서 다 능히 구원하며, 또는 왕의 후궁에서 여자의 몸

---

23 욕계(欲界)의 맨 위인 6욕천(欲天)의 신들. 다른 천계(天界)의 신들이 만들어낸 즐거움을 마음대로 누리게 된다. 타화자재천(他化自在天)이라고도 한다.
24 범어 Maheśvara. 큰 위덕을 지닌 신이다. 초선천(初禪天)의 왕, 또는 제6천(天)의 주인이라고 한다.

으로 변하여 이 경전을 설하느니라.

　화덕아, 이 묘음보살은 능히 사바세계의 모든 중생을 구호하느니라. 이 묘음보살이 이와 같이 가지가지 변화로 몸을 나타내며, 이 사바세계에서 중생들을 위하여 이 경전을 설법하지만 그 신통력이나 지혜는 조금도 감소되지 않느니라. 이 보살이 약간의 지혜로 이 사바세계를 두루 밝게 비춰 일체중생들로 하여금 각각 알게 하며, 시방의 항하 모래 같은 세계 가운데서도 역시 이와 같이 하느니라.

　만일 성문의 몸으로써 제도할 이에게는 성문의 모습을 나타내어 설법하고, 벽지불의 몸으로써 제도할 이에게는 벽지불의 모습을 나타내어 설법하며, 보살의 몸으로써 제도할 이에게는 보살의 모습을 나타내어 설법하고, 부처님의 모습으로써 제도할 이에게는 부처님의 모습을 나타내어 설법하나니, 이와 같이 가지가지 제도할 바를 따라 그 모습을 나타내고, 멸도로써 제도할 이에게는 멸도를 나타내어 보이느니라. 화덕아, 묘음보살마하살이 성취한 큰 신통력과 지혜의 힘은 이와 같으니라."

　그때에 화덕보살이 부처님께 여쭈었다.

　"세존이시여. 이 묘음보살은 깊이 선근을 심었습니다. 이 보살은 어떤 삼매에 머물렀기에 능히 이와 같은 변화를 나타내어 중생을 제도하여 해탈시킵니까?"

　부처님께서 화덕보살에게 말씀하셨다.

　"선남자야, 그 삼매의 이름은 현일체색신으로, 묘음보살은 이 삼매 중에 머물러 능히 한량없는 중생을 이익되게 하느니라."

이 「묘음보살품」을 설하실 때, 묘음보살과 같이 왔던 8만 4천 인이 다 현일체색신삼매를 얻었고, 또한 이 사바세계의 한량없는 보살들도 모두 이 삼매와 다라니를 얻었다.

이때 묘음보살마하살이 석가모니불과 다보불탑에 공양을 마치고 본국으로 다시 돌아갈 때, 그가 지나는 여러 국토는 여섯 가지로 진동하였고, 보배 연꽃이 비오듯 내리어 백천만억 갖가지 기악이 울렸다.

본국에 이르러서는 8만 4천의 보살에 둘러싸여 그들과 함께 정화수왕지불 계신 데로 나아가 부처님께 여쭈었다.

"세존이시여, 제가 사바세계에 가서 중생을 이익되게 하고 석가모니불과 다보불탑을 친견하였으며, 또 예배하고 공양함을 마쳤으며, 문수사리법왕자보살·약왕보살·득근정진력(得勤精進力) 보살·용시보살 등을 만나 뵈었으며, 또 이 8만 4천 보살들로 하여금 모두 현일체색신삼매를 얻게 하였습니다."

이 묘음보살의 내왕품(來往品)을 설할 때에 4만 2천 천자들이 무생법인(無生法忍)을 얻었고, 화덕보살은 법화삼매를 얻었다.

25. 관세음보살보문품(觀世音菩薩普門品)

그때 무진의(無盡意)보살이 자리에서 일어나 오른쪽 어깨를 벗어 드러내고 부처님을 향하여 합장하고 여쭈었다.

"세존이시여, 관세음(觀世音)보살은 무슨 인연으로 관세음이라고 합니까?"

부처님께서 무진의보살에게 말씀하셨다.

"선남자야, 만일 한량없는 백천만억 중생이 여러 가지 고뇌를 받을 때에 이 관세음보살의 이름을 듣고 일심으로 그 이름을 부르면, 관세음보살이 곧 그 음성을 듣고 모두 해탈케 하느니라.

만일 어떤 이가 이 관세음보살의 이름을 받들면, 그가 혹시 큰 불 속에 들어가더라도 불이 그를 태우지 못할 것이니, 이것은 관세음보살의 위신력 때문이며, 혹은 큰물에 떠내려가게 되더라도 그 이름을 부르면 곧 얕은 곳에 이르게 되며, 혹은 백천만억 중생이 금·은·유리·차거·마노·산호·호박·진주와 같은 보배를 구하려고 큰 바다에 들어갔을 때 가령 폭풍이 일어 그들의 배가 나찰귀(羅刹鬼)들의 나라에 닿게 되었을지라도 그 가운데 만일 한 사람이라도 관세음보살의 이름을 부르면, 여러 사람들이 다 나찰의 난으로부터 벗어날 수 있으리니, 이러한 인연으로 관세음이라 이름하느니라.

또 어떤 사람이 만일 해를 입게 되었을지라도 관세음보살의 이름을 부르면, 그들이 가진 칼이나 막대기가 곧 조각조각 부서져 능히 벗어날 수 있으며, 혹은 삼천대천국토에 가득한 야차·나찰들이 와서 사람들을 괴롭히려 하더라도, 관세음보살의 이름만 부르면 여러 악귀가 악한 눈으로 보지도 못하겠거늘, 하물며 어찌 해칠 수 있겠느냐. 또 어떤 사람이 죄가 있거나 죄가 없거나 간에 수갑과 쇠고랑에 손발이 채워지고 몸이 묶였을지라도 관세음보살의 이름만 부르면 이것들이 다 끊어지고 풀어져 곧 벗어나리라.

만일 또 삼천대천국토에 도둑이 가득찬 속을 한 상인의 우두머리가 여러 상인들을 이끌고 귀중한 보물을 가진 채 험한 길을 지나갈 때, 그중에 한 사람이 말하기를 '여러 선남자들이여, 무서워 말고 두려워 말라. 그대들은 진심으로 관세음보살의 이름을 부를지니라. 이 보살이 능히 중생들의 두려움을 없애 주리니, 그대들이 이 이름을 부르면 이 도둑들을 무사히 벗어나리라' 해서, 이에 여러 상인들이 이 말을 듣고 모두 소리를 내어 '나무관세음보살' 한다면 곧 그 난을 벗어나리라.

무진의야, 관세음보살마하살의 위신력이 이와 같이 훌륭하니라.

또 만일 중생이 음욕이 많더라도 관세음보살을 항상 생각하고 공경하면 곧 음욕을 여의게 되며, 혹은 성내는 마음이 많더라도 관세음보살을 생각하고 공경하면 곧 그 마음을 여일 수 있으며, 혹은 어리석음이 많더라도 관세음보살을 항상 생각하고 공경하면 곧 그 어리석음을 떠날 것이니라.

무진의야, 관세음보살이 이런 위신력으로 이롭게 함이 많으니, 중생은 마땅히 마음으로 항상 생각할 것이니라.

또, 만일 어떤 여인이 아들 낳기를 원하여 관세음보살을 예배하고 공경하면 곧 복덕과 지혜가 있는 아들을 낳게 되고, 만일 딸 낳기를 원한다면 곧 단정하고 아름다운 모양을 갖춘 딸을 낳게 되리니, 덕의 근본을 잘 심었으므로 여러 사람의 사랑과 존경을 받으리라.

무진의야, 관세음보살의 힘이 이와 같으니라.

만일 또 중생이 관세음보살을 공정하고 예배하면 복이 헛되이 버려지지 않으리니, 그러므로 중생이 모두 관세음보살의 이름을 받들어야 하느니라.

무진의야, 만일 어떤 사람이 62억 항하의 모래 같은 보살의 이름을 받들어 목숨이 다하도록 음식과 의복·침구와 의약 등으로 공양한다면 너의 생각에는 어떠하느냐? 이 선남자·선여인의 공덕이 얼마나 많겠느냐?"

무진의가 대답하였다.

"매우 많겠습니다, 세존이시여."

부처님께서 다시 말씀하셨다.

"만일 어떤 사람이 관세음보살의 이름을 받들어 한때만이라도 예배하고 공양하면, 이 두 사람의 복이 똑같아 다를 바 없어 백천만억 겁에 이르도록 다 할 수가 없으리라. 무진의야, 관세음보살의 이름을 수지하면 이와 같이 한량없고 가없는 복덕의 이익을 얻느니라."

무진의보살이 부처님께 여쭈었다.

"세존이시여, 관세음보살은 어떻게 이 사바세계에서 노니시며, 어떻게 중생을 위하여 설법하시며, 방편의 힘은 그 일이 어떠하십니까?

부처님께서 무진의보살에게 말씀하셨다.

"선남자야, 어떤 나라의 중생을 부처의 몸으로 제도할 이에게는 관세음보살이 곧 부처의 몸을 나타내어 설법하며, 벽지불의 몸으로써 제도할 이에게는 벽지불의 몸을 나타내어 설법하며, 성문의 몸으로 제도할 이에게는 성문의 몸을 나타내어 설법하며, 범천왕의 몸으로써 제도할 이에게는 범천왕의 몸을 나타내어 설법하며, 제석천의 몸으로써 제도할 이에게는 제석천의 몸을 나타내어 설법하며, 자재천(自在天)의 몸으로써 제도할 이에게는 자재천의 몸을 나타내어 설법하며, 대자재천의 몸으로써 제도할 이에게는 대자재천의 몸을 나타내어 설법하며, 천대장군(天大將軍)[25]의 몸으로써 제도할 이에게는 천대장군의 몸을 나타내어 설법하며, 비사문(毘沙門)[26]의 몸으로써

---

25 범어로는 Cakravartirāja. 전륜성왕(轉輪聖王), 여기서는 천상의 대장군을 지칭한다.
26 범어 Vaiśrabaṇa의 음사. 사천왕(四天王)의 우두머리로서 야차(夜叉)·나

제도 할 이에게는 비사문의 몸을 나타내어 설법하며, 소왕(小王)의 몸으로써 제도할 이에게는 곧 소왕의 몸을 나타내어 설법하며, 장자의 몸으로써 제도할 이에게는 장자의 몸을 곧 나타내어 설법하며, 거사의 몸으로써 제도할 이에게는 곧 거사의 몸을 나타내어 설법하며, 관리의 몸으로써 제도할 이에게는 관리의 몸을 나타내어 설법하며, 바라문의 몸으로써 제도할 이에게는 곧 바라문의 몸을 나타내어 설법하며, 비구·비구니·우바새·우바이의 몸으로써 제도할 이에게는 비구·비구니·우바새·우바이의 몸을 나타내어 설법하며, 장자·거사·관리·바라문의 부인의 몸으로써 제도할 이에게는 그 부인의 몸을 나타내어 설법하며, 동남(童男)·동녀의 몸으로써 제도할 이에게는 동남·동녀의 몸을 나타내어 설법하며, 하늘·용·야차·건달바·아수라·가루라·긴나라·마후라가 등 사람인 듯 아닌 듯한 것 등의 몸으로써 제도할 이에게는 모두 그 몸을 나타내어 설법하며, 집금강신(執金剛神)[27]으로써 제도할 이에게는 곧 집금강신을 나타내어 설법하나니, 무진의야, 이 관세음보살은 이러한 공덕을 성취하여 가지가지 형상으로 여러 국토에 노니시며, 중생을 제도하여 해탈케 하느니라.

그러므로 너희들은 일심으로 관세음보살을 공양할지니라. 이 관세음보살마하살이 두렵고 급한 환난 가운데 능히 두려움

찰(羅刹)의 무리를 이끌고 북방을 수호하는 신이다.
27 금강역사(金剛力士)인데 부처님과 법은 보호하고, 악의 무리는 금강저(金剛杵)로 친다.

을 없애 주므로, 이 사바세계에서는 모두 일컬어 두려움을 없게 해주는 이[施無畏者][28]라고 하느니라."

무진의보살이 부처님께 여쭈었다.

"세존이시여, 제가 이제 관세음보살을 공양하겠습니다."

그리고는 목에 걸었던 백천 냥이나 되는 보배 구슬과 영락을 끌러 받들어 올리며 또 여쭈었다.

"어지신 이여, 법으로써 드리는 이 보배 구슬과 영락을 받아 주옵소서."

그때 관세음보살이 이를 받지 않거늘, 무진의는 다시 관세음보살께 여쭈었다.

"어지신 이여, 저희들을 불쌍히 여기시어 이 영락을 받아 주옵소서."

그때 부처님께서 관세음보살에게 말씀하셨다.

"여기 이 무진의보살과 사부대중과 하늘·용·야차·건달바·아수라·가루라·긴나라·마후라가 등 사람인 듯 아닌 듯한 것들을 불쌍히 여겨 그 영락을 받으라."

곧 관세음보살이 사부대중과 하늘·용 등 사람인 듯 아닌 듯한 것들을 불쌍히 여기어 그 영락을 받더니, 둘로 나누어 한 몫은 석가모니불께 바치고, 남은 한 몫은 다보불탑에 바쳤다.

"무진의야, 관세음보살은 이와 같이 자유스러운 신통력을 가지고 사바세계에 노니느니라."

---

28 두려움에 떠는 사람을 안심하게 하고 용기를 주는 자, 즉 관세음보살을 지칭한다.

그때 무진의보살이 게송으로 물었다.

미묘한 상(相) 갖추신 세존이시여,
이제 다시 저 일을 묻사옵나니
불자는 그 무슨 인연으로
관세음이라 부릅니까.

미묘한 상 갖추신 세존께서
게송으로 무진의에게 대답하시되
곳곳마다 알맞게 응하여 나타나는
관음(觀音)의 모든 행을 잘 들으라.

그 보살의 큰 서원 바다와 같아
헤아릴 수 없이 긴 세월 동안
천억의 부처님 모시고 받들며
크고 청정한 원을 세우니

내 이제 그것들을 간략히 말하리니
이름을 듣거나 몸을 보거나
마음으로 생각함이 헛되지 않으면
능히 모든 고통을 멸하리라.

가령 해치려는 사람에게 떠밀려

큰 불구덩이에 떨어진대도
관음을 염하는 그 힘으로
불구덩이 변하여 연못이 되고

만일 큰 바다에 표류하여
용과 귀신·물고기의 난을 만나도
관음을 염하는 그 힘으로
파도가 능히 삼킬 수 없으며

수미산의 봉우리에서
사람에게 떠밀려 떨어진대도
관음을 염하는 그 힘으로
허공에 머무는 해같이 되며

악인에게 쫓기어
금강산(金剛山)[29]에서 떨어진대도
관음을 염하는 그 힘으로
털끝 하나 다치지 않으며

원한의 도적을 만나
칼 들고 달려와 해치려 해도

---

29 철위산(鐵圍山)을 말한다. 제4권 주 20) 참조.

관음을 염하는 그 힘으로
도적들 마음 돌려 자비하게 하며

법에 잘못 걸려
형벌을 받아 죽게 되더라도
관음을 염하는 그 힘으로
칼이 조각조각 끊어지며

감옥 속에 갇혀 있어서
손발이 형틀에 묶였더라도
관음을 염하는 그 힘으로
그것들의 풀림을 받을 것이며

저주와 여러 가지 독약으로
몸을 해치려고 할 때에도
관음을 염하는 그 힘으로
본인에게 그 화가 돌아가며

악한 나찰 독룡(毒龍)들과
여러 귀신을 만날지라도
관음을 염하는 그 힘으로
감히 모두들 해치지 못하며

사나운 짐승들에 둘러싸여
이빨과 발톱이 무섭더라도
관음을 염하는 그 힘으로
사방으로 뿔뿔이 달아나며

여러 가지 사나운 독사들이
독기가 불꽃처럼 성할지라도
관음을 염하는 그 힘으로
그 소리에 스스로 달아나며

구름에서 천둥 일며 번개 치고
큰비와 우박이 쏟아져도
관음을 염하는 그 힘으로
삽시간에 사라지며

뭇 중생이 곤경과 재앙을 만나
한량없는 고통을 받을지라도
관음의 미묘한 지혜의 힘이
능히 세상 고통 구하느니라.

신통한 힘 구족하고
지혜의 방편 널리 닦아
시방의 여러 국토

몸을 나타내지 않는 곳 없으며

가지가지 악한 갈래
지옥·아귀·축생들의
생로병사 모든 고통
점차로 멸해 주며

진관(眞觀)[30]이며 청정관(淸淨觀)[31]
넓고 큰 지혜관(智慧觀)이며
비관(悲觀)과 자관(慈觀)이니
항상 우러러볼지어다.

때 없어 청정한 빛
지혜의 태양 어둠을 제하나니
풍재(風災)와 화재(火災) 능히 이겨
널리 밝게 세상을 비추니

대비는 체가 되고 계행은 우레 되며[32]
자비로운 마음은 큰 구름 같아

---

30 아름다운 눈, 여기서 관(觀)은 눈[眼]을 뜻한다.
31 맑고 깨끗한 눈이다.
32 중생들에 대한 대비심(大悲心)이 모습으로 나타난 것이 관세음보살의 계(戒)가 되어 우레와 같이 진동해 중생들을 삼가게 만든다는 것이다.

감로의 법비를 내려
번뇌의 타는 불길 멸해 주며

쟁송(諍訟)으로 관청에 가거나
두려운 진중에 있을지라도
관음을 염하는 그 힘으로
모든 원수가 흩어지느니라.

묘음(妙音)과 관세음(觀世音)과
범음(梵音)[33]과 해조음(海潮音)[34]이
저 세간음(世間音)보다 나으니
그러므로 항상 생각하여

의심일랑 잠깐도 하지 말아라.
관세음보살 청정한 성인은
고뇌와 죽음과 액운 당하여
능히 믿고 의지할 바 되리.

일체의 여러 공덕 두루 갖추어
자비로운 눈으로 중생을 보며
그 복이 바다처럼 한량없으니

---
33 범천왕(梵天王)의 소리인데 더없이 청정한 소리이다.
34 바다의 조수 소리이다.

그러므로 마땅히 정례(頂禮) 할지니라.

그때 지지(持地)보살이 자리에서 일어나 부처님 앞에 나아가 여쭈었다.

"세존이시여, 만일 중생이 이 「관세음보살보문품」의 자유로운 업(業)과 널리 보이고 나타내는 신통력을 듣는다면, 그 사람의 공덕은 적지 않겠습니다."

"부처님께서 이 「보문품」을 설하실 때, 대중 가운데 8만 4천 중생이 모두 비할 바 없이 평등한 아뇩다라삼먁삼보리의 마음을 내었다.

26. 다라니품(陀羅尼品)

약왕보살이 자리에서 일어나 오른쪽 어깨를 벗어 드러내고 부처님을 향하여 합장하고 여쭈었다.

"세존이시여, 만일 선남자·선여인이 『법화경』을 받아 지녀 읽고 외우며 영리하게 통달하거나 혹은 그 경전을 옮겨 쓰면 얼마만한 복을 얻습니까?"

부처님께서 약왕보살에게 말씀하셨다.

"만일 어떤 선남자·선여인이 8백만억 나유타 항하의 모래 같은 많은 부처님을 공양하였다면 너의 생각은 어떠하냐? 그 사람이 얻는 복이 어찌 많지 않겠느냐?"

약왕보살이 대답하였다.

"매우 많겠습니다, 세존이시여."

부처님께서 다시 말씀하셨다.

"만일 어떤 선남자·선여인이 이 경을 능히 수지하여 4구게(句偈) 하나라도 읽고 외우며, 해설하고 설한 바와 같이 수행하면 그 공덕이 매우 많으니라."

그때 약왕보살이 부처님께 여쭈었다.

"세존이시여, 제가 이제 설법하는 이에게 다라니주(陀羅尼呪)[35]를 주어 수호하겠습니다."

그리고 곧 주문을 말하였다.

아녜　　마녜　　마녜　　마마녜　　지례　　자리뎨　　샤먀　　샤리
安爾一　曼爾二　摩禰三　摩摩禰四　旨隷五　遮梨第六　賖咩七　賖履

　　　　다위　　션　　뎨　　목뎨　　목다리　　사리　　아위사리
凶雉反　多瑋八　羶輪千反　帝九　目帝十　目多履十一　娑履十二　阿瑋娑履

　　　상리　　사리　　사예　　악사예　　아기니　　션뎨
十三　桑履十四　娑履十五　叉裔十六　阿叉裔十七　阿耆膩十八　羶帝十九

샤리　　　다라니　　　아로가바사　　　바쟈비사니　　　녜비
賖履二十　陀羅尼二十一　阿盧伽婆娑蘇奈反　簸蔗毗叉膩二十二　禰毗

뎨　　아변다　　　라녜리뎨　　　아단다바례슈디
剃二十三　阿便哆都餓反　邏禰履剃二十四　阿亶哆波隷輸地途賣反二十五

구구례　　모구례　　아라례　　바라례　　슈가차
漚究隷二十六　牟究隷二十七　阿羅隷二十八　波羅隷二十九　首迦差初几

아삼마삼리　　몯다비길리질뎨　　달마바리차
反三十　阿三磨三履三十一　佛馱毗吉利袠帝三十二　達磨波利差猜離反

뎨　　싱가녜구사녜　　바사바사슈디　　마다라　　마
帝三十三　僧伽涅瞿沙禰三十四　婆舍婆舍輸地三十五　曼哆邏三十六　曼

다라사야다　　수루다　　수루다교샤라　　　　악사라
哆邏叉夜多三十七　郵樓哆三十八　郵樓哆憍舍略來加反三十九　惡叉邏

악사야다야　　아바로　　아마야　　나다야
四十　惡叉冶多冶四十一　阿婆盧四十二　阿摩若蒦蔗反　那多夜四十三

---

35 다라니의 언구(言句). 곧 주문(呪文).

"세존이시여, 이 다라니 신주는 62억 항하의 모래 같은 부처님께서 설하신 바이니, 만일 누구든지 이 법사(法師)를 침해하거나 훼방하면, 그는 곧 여러 부처님을 침해하고 훼방하는 것이 됩니다."

이때 석가모니불께서 약왕보살을 칭찬하시며 말씀하셨다.

"훌륭하고 훌륭하도다. 약왕아, 네가 그 법사를 불쌍히 생각하여 옹호하려고 이 다라니를 설했으니, 많은 중생들이 이익을 얻으리라."

그때 용시(勇施)보살이 또 부처님께 여쭈었다.

"세존이시여, 저도 또한 『법화경』을 읽고 외우며 받아 지니는 이를 옹호하기 위하여 다라니를 설하리니, 만일 이 법사가 이 다라니를 얻으면, 야차나 나찰 혹은 부단나(富單那)[36] · 길자(吉蔗)[37] · 구반다[38] · 아귀 등이 그의 허물을 찾아내려 하더라도 능히 얻지 못하리이다."

그리고는 곧 부처님 앞에 나아가 주문을 설하였다.

자례 마하자례 욱기 목기 아례 아라바데 네례데
座隸一 摩訶座隸二 郁枳三 目枳四 阿隸五 阿羅婆第六 涅隸第七

녜례다바데 이디 니 위디니 지디니 녜례데
涅隸多婆第八 伊緻猪履反 枳女氏反九 韋緻枳十 旨緻枳十一 涅隸墀

니 녜리데바디
枳十二 涅梨墀婆底十三

---

36 범어 pūtana의 음사. 열병(熱病)의 귀신이다.
37 범어 kṛtya의 음사. 시체에 붙는 귀신이다.
38 제2권 주 21) 참조.

"세존이시여, 이 다라니 신주는 항하의 모래 수 같은 여러 부처님께서 설하신 것이고 따라 기뻐하셨나니, 만일 이 법사를 침해하고 훼방하면, 곧 이 여래 부처님을 침해하고 훼방하는 것이 되오리다."

그때 비사문천왕(毘沙門天王) 호세자(護世者)가 부처님께 여쭈었다.

"세존이시여, 저도 또한 중생을 불쌍히 여겨 법사를 옹호하기 위해 이 다라니를 설하겠습니다."

그리고는 곧 주문을 설하였다.

아리 나리 노나리 아나로 나리 구나리
阿梨$_-$ 那梨$_-$ 毗那梨$_=$ 阿那盧$_{四}$ 那履$_{五}$ 拘那履$_{六}$

"세존이시여, 이 신주로써 법사를 옹호하고, 저도 또한 이 경 가진 이를 옹호하여, 여러 가지 쇠함과 환난을 1백 유순 내에 없애오리다."

그때 지국천왕(持國天王)[39]이 이 대회 가운데 있다가 천만억 나유타 건달바들에게 둘러싸여 부처님 앞에 나아가 합장하고 여쭈었다.

"세존이시여, 저도 또한 다라니 신주로써 『법화경』 가진 이를 옹호하리다."

그리고는 곧 주문을 설하였다.

---

39 범어 Dhṛtarāṣtra. 사천왕의 하나. 수미산의 동쪽을 수호하며, 건달바(乾闥婆)·비사차(毘舍遮)를 수호한다.

아가녜　가녜　구리　건다리　전다리　마등기　상구리
阿伽禰一 伽禰二 瞿利三 乾陀利四 旃陀利五 摩蹬耆六 常求利七

부루쇠니　아디
浮樓莎柅八 頞底九

"세존이시여, 이 다라니 신주는 42억의 많은 부처님께서 설하신 바이니, 만일 이 법사를 침해하고 훼방하면, 곧 이 많은 부처님을 침해하고 훼방함이 되오리다."

그때에 또 나찰녀(羅刹女)들이 있었으니, 첫째 이름은 남바(藍婆), 둘째 이름은 비람바(毘藍婆)이며, 셋째 이름은 곡치(曲齒)이고, 넷째 이름은 화치(華齒)이며, 다섯째 이름은 흑치(黑齒)이고, 여섯째 이름은 다발(多髮)이며, 일곱째 이름은 무염족(無厭足)이고, 여덟째 이름은 지영락(持瓔珞)이며, 아홉째 이름은 고제(皋帝)이고, 열째 이름은 탈일체중생정기(奪一切衆生精氣)였다.

이 열 명의 나찰녀는 귀자모(鬼子母)[40]와 아울러 그 아들의 권속들과 함께 부처님 앞으로 나아가 다 같이 여쭈었다.

"세존이시여, 저희들도 또한 『법화경』을 읽고 외우며 받아 지니는 이를 위하여 옹호하고, 그의 쇠함과 환난을 없애 주오리다. 만일 어떤 이가 이 법사의 허물을 찾아내려 하여도 능히 얻지 못하리이다."

---

40 범어로는 Hāriti. 어린아이를 수호하는 신. 본래 아이들을 잡아먹는 나찰 귀신이었으나, 부처님께서 그녀의 막내아들을 감추고 교화하신 결과 부처님께 귀의했다.

그리고는 곧 주문을 설하였다.

이디리   이디미   이디리   아디리   이디리   니리   니리
伊提履₁   伊提泯₂   伊提履₃   阿提履₄   伊提履₅   泥履₆   泥履₇
니리   니리   니리   루혜   루혜   루혜   루혜   다혜
泥履₈   泥履₉   泥履₊₁₀ 褸醯₊₁₁ 褸醯₊₁₂ 褸醯₊₁₃ 褸醯₊₁₄ 多醯₊₁₅
다혜   다혜   도혜   누혜
多醯₊₁₆ 多醯₊₁₇ 兜醯₊₁₈ 㝹醯₊₁₉

차라리 내 머리 위에 오를지언정 법사를 괴롭히지 못하게 하리니, 야차거나 나찰·아귀·부단나·길자·비다라(毘陀羅)[41]· 건타(健駄)[42]·오마륵가(烏摩勒伽)[43]·아발마라(阿跋摩羅)[44]·야차길자(夜叉吉蔗)[45]·인길자(人吉蔗)[46]·열병(熱病)으로써 하루, 이틀, 사흘, 나흘 내지 이레 동안 앓는 열병이거나 항상 앓는 열병이거나, 남자의 형상이나 여자의 형상, 혹은 남자 아이의 형상이나 여자 아이의 형상을 한 악귀들이 꿈 속에서라도 괴롭지 못하게 하리라."

그리고 곧 부처님 앞에서 게송으로 말하였다.

만일 나의 주문 순종치 않고

---

41 vetāla의 음사. 기시(起尸)라고 한역하며 청색귀(靑色鬼)이다.
42 건달바(乾闥婆)와 같다.
43 사람의 정기(精氣)를 빨아먹는 귀신이다.
44 범어 apasmāra. 사람의 기억력을 상실하게 하는 귀신이다.
45 마술을 부리는 야차이다.
46 사람 마술사이다.

설법하는 이를 괴롭게 하면
아리수(阿梨樹) 나무의 가지처럼
머리통을 일곱으로 쪼개버리며

부모를 죽인 원수와 같이
기름 짤 때 속인 죄[47]와 같이
말[斗]이나 저울눈을 속인 사람과 같이
조달(調達)[48]이 화합승을 깨뜨린 죄같이

누구라도 이 법사를 해치는 자는
마땅히 그와 같은 재앙 받으리라.

여러 나찰녀가 이 게송을 다 설하고 부처님께 여쭈었다.
"세존이시여, 저희들도 또한 이 경을 받아 지녀 읽고 외우며 수행하는 이를 안온케 하고, 여러 가지 쇠함과 환난을 여의게 하며, 여러 독약도 없애주겠습니다."
부처님께서 여러 나찰녀들에게 말씀하셨다.
"훌륭하고 훌륭하도다. 너희들이 다만 『법화경』의 이름만을 받아 가지는 이를 옹호할지라도 그 복이 헤아릴 수 없겠거늘,

---

47 깨를 찧은 뒤에 놓아두면 벌레가 생기는데, 이 벌레와 같이 짜면 기름이 많아진다. 이것을 순수한 기름인 양 속여서 파는 데 따른 죄이다.
48 Devadatta의 음사. 제바달다(提婆達多)의 이역(異譯)이다. 조달은 부처님의 교단을 파괴하려 했던 악인이었다.

하물며 갖추어 받아 지니며, 경전에 공양하기를 꽃·향·영락·
말향·도향·소향·번개·기악으로 하며, 가지가지 등불을 켜되
소등·유등과 여러 가지 향유등인 소마나화유등·첨복화유등·
바사가화유등·우발라화유등 같은 백천 가지로 공양하는 이를
지켜줌이야 말할 것이 있겠느냐.

고제(皐帝)야, 너희들과 너희 권속들은 마땅히 법사를 이와
같이 옹호할지니라.”

이 다라니품을 설할 때에 6만 8천 인이 모두 무생법인(無生
法忍)을 얻었다.

27. 묘장엄왕본사품(妙莊嚴王本事品)

그때 부처님께서 모든 대중들에게 말씀하셨다.

"지난 과거 한량없고 가없어 헤아릴 수도 없는 아승기겁에 부처님께서 계셨으니, 그 이름은 운뢰음수왕화지(雲雷音宿王華智)[49] 다타아가도·아라하·삼먁삼불타이다. 나라 이름은 광명장엄(光明莊嚴)이요, 겁의 이름은 희견(喜見)이었느니라.

그 부처님 법 가운데 묘장엄(妙莊嚴)이라고 하는 한 왕이 있었으니, 그 왕 부인의 이름은 정덕(淨德)이며, 또 두 아들이 있었으니, 하나는 정장(淨藏)이요, 또 하나는 정안(淨眼)이었느니라. 이 두 아들은 큰 신통력과 복덕과 지혜가 있었으니, 이것은 오래도록 보살의 행을 닦은 까닭이니라.

이른바 단바라밀(檀波羅蜜)·시라(尸羅)바라밀·찬제(羼提)바라밀·비리야(毘梨耶)바라밀·선(禪)바라밀·반야(般若)바라밀·방편(方便)바라밀[50]과 자(慈)·비(悲)·희(喜)·사(捨)와 37조도법

---

[49] 범어로는 Jaladharagarjitaghoṣasusvaranakṣatrarājasṁkusumitābhijña. 구름에서 울리는 뇌성처럼 좋은 음성을 지닌 성수(聖宿)의 왕에 의해 신통을 발휘한 자라는 뜻. 여기서 숙(宿)은 수로 읽는다.

(助道法)⁵¹을 모두 잘 통달하였느니라. 또 보살의 정삼매(淨三昧) · 일성수(日星宿)삼매 · 정광(淨光)삼매 · 정색(淨色)삼매 · 정조명(淨照明)삼매 · 장장엄(長莊嚴)삼매 · 대위덕장(大威德藏)삼매 등 이러한 삼매에 또한 잘 통달하였느니라.

그때 그 부처님께서 묘장엄왕을 인도하여 또한 중생을 불쌍히 생각하시어 이『법화경』을 설하셨느니라. 그러자 정장과 정안 두 아들은 그들의 어머니한테 나아가 열 손가락을 모아 합장하고 말하였느니라.

'원하오니, 어머님이시여, 운뢰음수왕화지불 계신 데로 가시옵소서. 저희들도 모시고 따라가서 친근하고 공양하며 예배하오리다. 왜냐하면 그 부처님께서 지금 모든 하늘과 인간들에게『법화경』을 설하시니, 그를 듣고 받으려는 때문입니다.'

그러자 어머니가 아들에게 말하였느니라.

'너희 아버지께서 외도(外道)를 믿고 받아 바리문법에 깊이 탐착하셨으니, 너희들은 응당 아버지께 말씀드려 함께 갈지어다.'

이에 정장과 정안이 열 손가락을 모아 합장하고 그들의 어머니에게 말하기를 '저희들은 법왕의 아들이거늘 어찌하여 이 삿된 집에 태어났습니까?'

어머니가 아들에게 대답하였느니라.

---

50 방편의 완성. 교묘한 방법으로 중생을 구제하는 일.
51 깨달음을 얻기 위해 수행하는 37가지 방법. 4념처(念處) · 4정근(正勤) · 4신족(神足) · 5근(根) · 력(力) · 7각지(覺支) · 8정도(正道).

'너희들은 마땅히 너희 아버지를 생각하고 위하여 신통 변화를 나타낼지니, 만일 아버지께서 이를 보시면 필시 마음이 청정해져서 후 우리들을 부처님 계신 데로 가도록 허락하시리라.'

이때 두 아들이 그 아버지를 생각하여 허공으로 일곱 다라수쯤 올라가서 가지가지 신통 변화를 나타내었느니라. 허공 중에서 가고 서고 앉고 누워 보이기도 하고, 상반신에서는 물을 뿜어내고, 하반신에서는 불을 뿜어내며, 또는 하반신에서 물을 뿜어내고, 상반신에서 불을 뿜어내기도 하고, 혹은 몸을 크게 하여 허공을 가득 차게 하기도 하며, 공중에서 없어져 홀연히 땅에 서기도 하고, 혹은 물 속에 들어가듯 땅 속에 들어가기도 하며, 또는 물 위를 땅 위에서 걷는 것처럼 잘 걷는 등 이러한 가지가지 신통 변화를 나타내어 그 아버지로 하여금 마음이 청정해져 믿게 하였느니라.

그때 아버지는 아들의 이러한 신통력을 보고 마음이 크게 환희하여 미증유를 얻어 아들을 향하여 합장하고 말하였느니라.

'너희들의 스승은 누구이며 또한 누구의 제자이냐?'

두 아들이 대답하였느니라.

'대왕이신 아버지시여, 저 운뢰음수왕화지불께서 지금 7보의 보리수 아래 법좌(法座)에 앉으셔서 모든 세상의 천신과 인간을 위하여 널리 『법화경』을 설하시니, 그가 곧 저희들의 스승이요. 저희들은 또한 그의 제자입니다.'

아버지가 다시 아들에게 말하였느니라.

'나도 이제 너희 스승을 만나 뵙고자 하니 나와 함께 가자.'

그때 두 아들은 공중에서 내려와 그들의 어머니에게 나아가 합장하고 말하였느니라.

'부왕께서 이제 믿고 이해하여 아뇩다라삼먁삼보리의 마음을 내셨습니다. 저희들이 아버지를 위하여 이런 불사(佛事)[52]를 하였으니, 원컨대 어머니께서는 저희들이 저 부처님 계신 데에 가서 출가하여 수도하도록 허락하여 주소서.'

그때 두 아들이 그 뜻을 거듭 밝히려고 게송으로 어머니께 말하였느니라.

원컨대 어머님은 저희들이 출가하여
사문으로 수도토록 허락하여 주소서.
부처님 만나 뵙기 매우 어렵나니
저희들이 찾아가서 따라 배우렵니다.

오랜 겁에 한 번 피는 우담바라보다
부처님 만나기는 그 더욱 어려우며
여러 가지 많은 환난 해탈키도 어렵나니
원컨대 저희들의 출가 허락하소서.

---

52 부처님과 불교를 위하는 일로 여기서는 부처님의 교화를 돕는 일이다.

그때 어머니는 두 아들에게 말하였느니라.

'너희들의 출가를 허락하노라. 왜냐하면 부처님을 만나 뵙기가 매우 어렵기 때문이니라.'

이에 두 아들이 부모님께 말하였느니라.

'거룩하시도다, 부모님이시여. 원하오니 운뢰음수왕화지불 계신 데에 가시어 친근하고 공양하옵소서. 왜냐하면 부처님 만나기 어려움이 우담바라꽃과 같으며, 또 애꾸눈의 거북이 바다에 뜬 나무 구멍 만남과 같습니다. 저희들은 숙세에 지은 복이 두터워 부처님의 법을 만났습니다. 그러므로 부모님께서 마땅히 저희들을 출가하도록 하소서. 왜냐하면 부처님을 만나기 어렵고, 이런 시기도 만나기 어려운 탓입니다.'

그때 묘장엄왕의 후궁 8만 4천 인이 모두 다 이『법화경』을 받아 가졌으며, 정안보살은 법화삼매에 오래 머물러 통달하였으며, 정장보살은 이미 한량없는 백천만억 겁에 이제악취삼매(離諸惡趣三昧)를 통달하였으니, 일체중생들로 하여금 여러 가지 악한 것을 여의게 하려 함이었으며, 그 왕의 부인은 제불집삼매(諸佛集三昧)를 얻어 여러 부처님의 비밀한 법장을 알았느니라.

두 아들의 이러한 방편의 힘은 그 아버지를 잘 교화하여 부처님 법을 마음으로 믿어 이해하게 하고 즐겨 기쁘게 하였느니라. 이에 묘장엄왕은 여러 신하와 그 권속, 그리고 정덕부인은 후궁의 채녀(綵女)[53]와 그 권속들과 함께, 그 두 왕자는 14만

---

53 범어로는 nāri. 궁녀를 말한다.

2천 인과 함께 일시에 부처님 계신 곳에 가서 머리를 발에 대어 예배하고, 부처님 주위를 세 번이나 돌고 한쪽에 물러나 있었느니라. 그러자 운뢰음수양화지불께서 왕을 위하여 설법하여 보여 주고 가르치고 이익케 하고 기쁘게 하시니, 왕이 크게 환희하였느니라.

그때 묘장엄왕과 그 부인이 백천만 냥이나 되는 진주 영락을 목에서 끌러 부처님 위에 흩으니, 그것이 공중에서 화하여 네 기둥의 보배 대(臺)가 되었고, 그 대 가운데 큰 보배 상(狀)이 있어 백천만의 하늘옷을 깔았는데, 그 위에 부처님께서 가부좌를 틀고 앉으시어 큰 광명을 놓으셨느니라.

그때 묘장엄왕이 생각하였느니라.

'부처님의 몸은 희유하시어 단정하고 장엄하기가 특별하시며 제일 미묘하신 색을 성취하셨도다.'

이때 운뢰음수왕화지불께서 사부대중에게 이렇게 말씀하셨느니라.

'너희들은 이 묘장엄왕이 지금 내 앞에서 합장하고 서 있는 것을 보느냐? 이 왕은 내 법 가운데서 비구가 되어 부지런히 정진하고 수행하며 부처님 법을 돕다가 마땅히 성불하리니, 그 이름은 사리수왕불(娑羅樹王佛)이고, 그 나라의 이름은 대광(大光)이며, 겁의 이름은 대고왕(大高王)이니라.

그 사리수왕불의 국토에는 한량없는 보살 대중과 한량없는 성문들이 있으며 나라의 땅은 평평하리니, 그 공덕이 이와 같으리라.'

그 묘장엄왕은 즉시 나라를 동생에게 맡기고, 부인과 두 아들, 그리고 여러 권속들과 부처님 법 가운데 출가하여 도를 닦았느니라. 왕이 출가해서는 8만 4천 년 동안 부지런히 정진하여 『묘법연화경』을 수행하였고, 그 뒤에 일체정공덕장엄삼매(一切淨功德莊嚴三昧)를 얻더니, 허공으로 7다라수를 솟아올라 부처님께 여쭈었느니라.

'세존이시여, 저희 두 아들이 이미 불사를 하여 신통한 변화로 저의 삿된 마음을 돌이켜 부처님 법 가운데 편안히 머물게 하고 세존을 또한 만나 뵙게 했으니, 이 두 아들은 저희 선지식(善知識)으로서 숙세에 심었던 선근을 다시 일으켜 저를 이익케 하려고 저의 왕가에 태어났습니다.'

그때 운뢰음수왕화지불께서 묘장엄왕에게 말씀하셨느니라.

'그와 같으니라. 네가 말한 것과 똑같으니라. 만일 선남자·선여인이 선근을 심은 연고로 선지식을 만나게 되면, 그 선지식이 능히 불사를 지어 보여주고 가르치며 이익케 하여 아뇩다라삼먁삼보리에 들도록 하느니라. 대왕아, 마땅히 알라. 선지식은 큰 인연이니, 이른바 교화하고 인도하여 부처님을 만나 뵙고, 아뇩다라삼먁삼보리의 마음을 내게 하느니라. 대왕아, 너는 이 두 아들을 보느냐. 이 두 아들은 일찍이 65백천만 나유타 항하의 모래 수 같은 부처님을 공양하고 친근하고 공경했으며, 여러 부처님들께서 계신 곳에서 『법화경』을 수지하고 삿된 견해에 빠진 중생을 불쌍히 여겨 바른 견해에 들어 머물도록 하였느니라.'

묘장엄왕은 즉시 허공에서 내려와 세존께 여쭈었느니라.

'세존이시여, 여래께서는 매우 희유하시어 공덕과 지혜를 가지신 까닭으로 이마 위에 욕계의 광명을 놓아 밝게 비추시며, 그 눈은 길고 넓으시고 감청색이며, 미간의 백호상은 구슬이 모여서 된 달과 같으며, 이[齒]는 희고 치밀하며 광명이 있고, 입술 색은 알맞게 붉어 빈바(頻婆)⁵⁴의 열매와 같습니다.'

그때 묘장엄왕이 부처님의 이와 같은 한량없는 백천만억 공덕을 찬탄하고는, 부처님 앞에서 일심으로 합장하고 다시 그 부처님께 여쭈었느니라.

'세존이시여, 오직 놀라울 뿐입니다. 여래의 법은 헤아릴 수 없는 미묘한 공덕을 구족하게 성취하시어 그 가르치는 계를 행하면 안온하고 쾌락하오리다. 저는 이제부터 다시는 제 마음대로 행하지 않고 또한 삿된 견해와 교만한 마음과 성내는 일 등 여러 가지 악한 마음을 내지 않겠습니다.'

그리고는 부처님께 예배하며 물러났느니라."

부처님께서 대중들에게 말씀하셨다.

"너희들 생각에는 어떠하냐? 묘장엄왕이 어찌 다른 사람이겠느냐. 지금의 화덕보살이 바로 그 몸이요, 정덕부인은 지금 내 앞에 있는 광조장엄상(光照莊嚴相)보살이 바로 그이니라. 묘장엄왕과 그 여러 권속을 불쌍히 여겨 그 가운데 태어났던 두 아들은 지금의 약왕(藥王)보살과 약상(藥上)보살이 바로 그이니

---

54 범어 Vimba의 음사. 흰색의 꽃이 피고 붉은 열매가 열린다. 씨는 기름을 짜고, 나무는 고무의 원료로 쓴다.

라. 이 약왕·약상보살이 이와 같은 큰 공덕을 성취하고 한량없는 백천만억 여러 부처님 계신 데서 여러 가지 덕의 근본을 심어 헤아릴 수 없는 많은 선근 공덕을 성취했으니, 만일 어떤 이가 이 두 보살의 이름만 들어도 모든 세간과 모든 하늘과 인간이 마땅히 예배하리라."

부처님께서 이「묘장엄왕본사품」을 설하실 때에 8만 4천 인이 더러운 마음과 몸을 여의고, 여러 법 가운데서 청정한 법의 눈을 얻었다.

28. 보현보살권발품(普賢菩薩勸發品)

그때 자재한 신통력과 위덕이 널리 알려진 보현(普賢)[55]이 한량없고 가없어 헤아릴 수도 없는 큰 보살들과 함께 동방으로부터 오는데, 지나는 국토마다 크게 진동하고 보배의 연꽃이 비오듯 하였으며, 한량없는 백천만억 가지 많은 기악들이 울렸으며, 또 무수한 여러 하늘·용·야차·건달바·아수라·가루라·긴나라·마후라가 등 사람인 듯 아닌 듯한 것들의 많은 대중에게 둘러싸여 각각 위덕과 신통력을 나타내어 사바세계의 기사굴산 중에 이르러서는, 석가모니불께 머리 숙여 예배하고 오른쪽으로 일곱 바퀴 돌더니 부처님께 여쭈었다.

"세존이시여, 저는 보위덕상왕불(寶威德上王佛)의 국토에 있다가 이 사바세계에서 『법화경』을 설하시는 것을 멀리서 듣고, 한량없고 가없는 백천만억 여러 보살들과 함께 설법을 들으러

---

55 범어로는 Samantabhadra. 문수(文殊)보살과 더불어 부처님의 좌우 협시보살이다. 부처님의 왼편에 모셔지며 지덕(智德)과 체덕(體德)을 맡고 있다. 중생들의 목숨을 길게 하는 덕을 가졌으므로 연명(延命) 보살이라고도 한다.

왔사오니, 원컨대 세존께서는 설하여 주옵소서. 선남자·선여인들이 여래 멸도하신 후에는 어떻게 해야 이 『법화경』을 얻을 수 있겠습니까?"

부처님께서 보현보살에게 말씀하셨다.

"만일 선남자 선여인이 다음의 네 가지 법을 성취하면 여래 멸도하신 뒤에도 마땅히 『법화경』을 얻으리라. 그 첫째는 부처님께서 보호하고 생각하시는 바가 있어야 하며, 둘째는 여러 가지 덕의 근본을 심어야 하고, 셋째는 정정취(正定聚)[56]에 들어야 하며, 넷째는 일체중생을 구원하려는 마음을 내야 하느니라. 선남자·선여인이 이 네 가지 법을 성취하면, 여래께서 멸도하신 뒤에 반드시 이 경전을 얻으리라."

그때 보현보살이 다시 부처님께 여쭈었다.

"세존이시여, 훗날 흐리고 악한 세상에서 이 경전을 수지한 이가 있으면, 제가 마땅히 수호하여 그 쇠함과 환난을 없애 주어 안온하게 하고, 혹 누가 그의 잘못을 찾으려 해도 그 흠을 찾지 못하게 하오리다. 미군이나 마군들의 아들, 마녀나 마녀의 무리, 마가 들린 사람이나 야차·나찰·구반다·비사사(毘舍闍)·부단나·위타라(韋陀羅)[57] 등의 사람을 괴롭히는 것들이 모두 그 흠을 찾지 못하게 하오리다. 이 사람이 걷거나 서서 이 경전을 읽고 외우면, 저는 그때에 여섯 이빨의 희고 큰 코끼리를 타고 큰 보살들과 함께 그가 있는 곳을 찾아서 스스로 몸을

---

56 범어로는 niyata-rāṣi. 반드시 성불할 것이 결정되어 있는 성자이다.
57 범어 vetāda의 음사. 기시귀(起尸鬼)이다.

나타내어 공양하고 수호하여 그의 마음을 편안하게 위로하리니, 또한 『법화경』에도 공양하기 때문입니다. 만일 이 사람이 앉아서 이 경을 사유하면, 제가 다시 큰 흰 코끼리를 타고 그 사람 앞에 나타나며, 그 사람이 만일 『법화경』의 한 구절이나 한 게송을 잊게 되더라도, 제가 마땅히 가르쳐 같이 읽고 외워서 다시 통달하도록 하겠습니다.

그때 『법화경』을 받아 지녀서 읽고 외우는 이가 나의 몸을 보게 되면, 매우 환희하여 다시 정진할 것이며, 나를 보았으므로 삼매와 다라니를 얻을 것이니, 그 이름은 선다라니(旋陀羅尼)며, 백천만억 선다라니[58]며, 법음방편선다라니(法音方便旋陀羅尼)[59] 등이니, 이러한 다라니를 얻으오리다.

세존이시여, 훗날 악하고 흐린 세상에 비구·비구니·우바새·우바이로서 이 『법화경』을 수행하고 배우기 위하여 구하는 이나 받아 지니는 이나 외우고 읽는 이는 삼칠일 동안 일심으로 정진할 것이며, 삼칠일 간의 정진이 끝나면 제가 마땅히 여섯 이빨의 흰 코끼리를 타고 한량없는 보살들에게 둘러싸여 일체중생이 기뻐할 몸으로 그 앞에 나타나 그를 위하여 설법하고, 가르쳐 보여 이익되게 하며, 또한 그에게 다라니의 주문을 주려니, 이 다라니를 얻었기 때문에 아무도 그를 파괴하

---

58 천태(天台)교학에 의하면, 선다라니가 가(假)에서 공(空)으로 들어가는 다라니인 데 비해, 이것은 공에서 다시 가로 나와 백천만억의 사물의 도리에 통달하는 지혜라고 한다.
59 온갖 음성에 교묘한 다라니이다.

지 못할 것이며, 또는 여자에게 유혹되어 뇌란치 않고, 또 제가 항상 그를 보호하겠사오니, 원컨대 세존께서는 제가 이 다라니의 주문을 설하도록 허락하여 주소서."

그리고 부처님 앞에 곧 나아가 주문을 설하였다.

아단디 　　단다바디 　단다바데 　단다구사례 　단다슈
阿檀地途賣反一 檀陀婆地二 檀陀婆帝三 檀陀鳩舍隸四 檀陀修
다례 　슈다례 　슈다라바디 　몬다바 　　살바다라니아바
陀隸五 修陀隸六 修陀羅婆底七 佛陀波膻爾八 薩婆陀羅尼阿婆
다니 　살바바사아바다니 　슈아바다니 　　싱가바리사니
多尼九 薩婆婆沙阿婆多尼十 修阿婆多尼十一 僧伽婆履叉尼
　　싱가네가다니 　　아싱기 　　싱가바가디 　　데례아슈
十二 僧伽涅伽多尼十三 阿僧祇十四 僧伽婆伽地十五 帝隸阿修
싱가도라 　아라데바라데 　살바싱가삼마디가란디
僧伽兜略盧遮反 阿羅帝婆羅帝十六 薩婆僧伽三摩地伽蘭地十七
살바달마슈바릭사데 　살바살다루다교샤라아노가디
薩婆達磨修波利刹帝十八 薩婆薩埵樓馱憍舍略阿㝹伽地十九
신아비기리디데
辛阿毗吉利地帝二十

"세존이시여, 만일 보살이 이 다라니를 들으면 그는 이것이 보현의 신통력인 줄을 알 것이며, 만일 이 『법화경』이 사바세계에서 유행할 적에 수지하는 이가 있으면 그는 이것이 모두 보현의 위신력인 줄을 알 것입니다. 만일 이 경을 받아 지녀 읽고 외우며 바르게 생각하고 그 뜻을 잘 이해하여 설한 바와 같이 수행하면, 그 사람은 보현의 행(行)을 행하여 한량없고 가없는 많은 부처님 계신 데서 선근을 깊이 심음이 되며, 이는 많은 여래께서 자비로운 손으로 그의 머리를 어루만져 주심이 될 것입니다.

다만 이 경전을 옮겨 쓰기만 하여도 그 사람은 죽어서 도리천(忉利天)에 태어나게 되고, 그곳에 태어날 때는 8만 4천 천녀(天女)들이 뭇 기악을 연주하며 영접하고, 그 사람은 또 보관을 쓴 채 채녀(婇女)들 가운데 즐겨 놀게 될 것이거늘, 하물며 받아 지녀 읽고 외우며, 바르게 생각하고 그 뜻을 잘 이해하며, 설한 바와 같이 수행함이야 더 말할 것이 있겠습니까?

만일 어떤 사람이 이 경전을 받아 지녀 읽고 외우고 그 뜻을 잘 이해하면, 그 사람은 죽은 후 1천 부처님께서 손을 주어 두렵지 않게 해주시고, 악한 갈래에 떨어지지 않게 해주시므로 도솔천(兜率天)[60]의 미륵보살 계신 곳에 태어날 것입니다.

또한 그 미륵보살은 32상(相)을 잘 갖추고 큰 보살들에게 둘러싸여 백천 만억 많은 천녀(天女)들과 그 권속들이 있는 가운데 나게 할 것입니다. 이와 같은 큰 공덕과 이익이 있으므로 지혜 있는 이는 마땅히 일심으로 이 경전을 받아 지녀 읽고 외우며 바르게 생각하여 설한 바와 같이 수행하여야 할 것입니다.

세존이시여, 제가 이제 신통력으로써 이 경전을 수호하여

---

60 범어로는 Tusita-deva. 욕계(欲界) 6천의 제4천. 수미산 꼭대기에서 12만 유순되는 곳에 7보로 된 궁전이 있고, 그 궁전의 내원(內院)에서 미래세에 부처가 될 미륵보살이 설법하고 있다.

여래께서 멸도하신 후 사바세계 안에서 널리 유포하여 끊어지지 않게 하겠습니다."

그때 석가모니불께서 찬탄하시며 말씀하셨다.

"훌륭하고 훌륭하도다. 보현아, 네가 능히 이 경전을 보호하고 도와서 많은 중생을 안락케 하고 이익케 하겠느냐? 너는 이미 헤아릴 수 없이 많은 공덕을 성취하여 깊고 큰 자비를 이루고, 오랜 옛날부터 아뇩다라삼먁삼보리의 뜻을 일으켜, 능히 이렇게 신통한 원을 세워 이 경전을 수호하나니, 나도 또 한 신통력으로써 보현보살의 이름을 받아 지니는 이가 있으면 마땅히 수호해 주리라.

보현아, 만일 어떤 이가 이 『법화경』을 받아 지녀 읽거나 외우거나 바르게 생각하거나 수행하고 배우거나 옮겨 쓰면, 이는 곧 석가모니불을 만나 뵙고 그로부터 직접 경전을 들은 것과 같으니라. 마땅히 알라. 이런 사람은 석가모니불을 공양함이 되며, 또 이 사람은 부처님께서 착하다고 칭찬하심을 받으며, 또한 석가모니불께서 그를 위하여 손으로 머리를 어루만져 주심이 되느니라.

또 마땅히 알라. 이는 석가모니불께서 옷으로 덮어 주심이 되느니라. 이런 사람은 세속의 5욕락에 탐착하지 아니하며, 외도의 경서나 그들이 쓴 글을 좋아하지 아니하고, 또한 여러 가지 악한 사람들로 혹은 백정이나 혹은 돼지·양·닭·개 등을 기르는 자이거나 혹은 사냥하고 혹은 여색을 파는 이들과 가까이하기를 기뻐하지 아니하리라.

또한 이런 사람은 마음과 뜻이 정직하여 바르게 생각하고, 복덕이 있어 3독의 시달림 당하지 아니하며, 또 질투·아만·삿됨·증상만의 괴롭힘을 당하지 아니하며, 이런 사람은 욕심이 적고 만족할 줄을 알아 능히 보현의 행을 닦으리라.

보현아, 여래가 멸도한 뒤 흐리고 악한 세상[濁惡世][61]에서 어떤 이가 이 『법화경』을 받아 지녀 읽고 외우는 것을 보면 너는 이렇게 생각하라.

'이 사람은 머지않아 도량에 나아가서 여러 마군들을 깨뜨리고 아뇩다라삼먁삼보리를 얻게 될 것이며, 법륜을 굴려 법북을 치고 법소리를 불며 법비를 내리고, 마땅히 하늘과 인간 가운데서 사자의 법자리에 앉게 되리라.'

보현아, 뒷세상에 만일 이 경전을 받아 지녀 읽고 외우는 이가 있으면, 이 사람은 의복·침구·음식 등의 생활 용품을 탐내지 않을 것이며, 소원이 헛되지 않으며 또한 현세에서 그 복의 과보를 받으리라.

만일 어떤 사람이 부처님의 법 수행하는 이를 경멸하고 훼방하여 '너는 미친 사람이다. 공연히 이런 행을 하는 것이요, 끝내 아무것도 얻는 것이 없으리라' 하면, 그 사람은 죄의 과보로 세세에 눈이 없이 태어날 것이며, 공양하고 찬탄하는 이는

---

61 겁탁(劫濁)·견탁(見濁)·번뇌탁(煩惱濁)·중생탁(衆生濁)·명탁(命濁)의 5탁(濁)과 살생·도둑질·사음·거짓말·꾸밈말·욕·이간질·탐욕·성냄·어리석음의 10악(惡)이 왕성한 시기를 말한다. 말법(末法)세상이 되면 더욱 왕성하게 나타난다고 한다.

마땅히 현세에서 좋은 과보를 받으리라.

또 이 경전 수지한 이의 허물과 죄악을 꼬집어 내면, 그것이 사실이거나 아니거나 이런 사람은 현세에서 문둥병[白癩病]을 얻을 것이며. 만일 수행하는 이를 경멸하여 비웃으면, 이런 사람은 세세에 어금니가 성글고 이지러지며, 입술은 추하고 코는 납작하며, 손과 다리가 삐뚤어지고 눈이 틀어지고 몸에서는 추악한 냄새가 나며, 고약한 피고름이 나고 곱창병과 숨가쁜병 등의 여러 가지 악한 중병을 앓으리라.

그러므로 보현아, 만일 이 경전을 받아 가진 이를 보거든 마땅히 일어나 멀리서부터 환영하기를 부처님께 공경하듯이 할지니라."

이 「보현보살권발품(普賢菩薩勸發品)」을 설하실 때 항하의 모래 수 같은 한량없고 가없는 보살이 백천만억 선다라니(旋陀羅尼)를 얻었으며, 삼천대천세계의 티끌같이 많은 보살들은 보현(普賢)의 도를 갖추었으며, 또한 부처님께서 이 『법화경』을 설하실 때 보현 등의 많은 보살들과 사리불 등의 많은 성문들, 그리고 여러 하늘·용 등 사람인 듯 아닌 듯한 것[人非人] 등의 모든 대중들이 모두 크게 환희하여 부처님의 말씀을 받아 가지고 예배하고 물러갔다.

찾아보기

(ㄱ)

가가루라왕(迦樓羅王) 28
가릉빈가(迦陵頻伽) 241, 449
가야가섭(伽耶迦葉) 24, 280
가야성(伽耶城) 392, 393, 400
가타(伽陀) 82
건달바 29, 50, 72, 122, 240, 297, 312, 340, 448, 479, 489, 510, 531, 543
건달바왕(乾闥婆王) 27
건타(健馱) 531
겁빈나(劫賓那) 24, 281
견가라(甄迦羅) 493
견보탑품(見寶塔品) 312
견숙가보(甄叔迦寶) 506
결가부좌(結跏趺坐) 28, 50, 492
경법(經法) 30, 254, 322
고제(皐帝) 530, 533
고제(苦諦) 48, 123, 153
곡치(曲齒) 530
공법(空法) 114, 256, 273
공왕불(空王佛) 292
관세음(觀世音) 26, 51, 524
관세음보살 513, 524
관세음보살보문품(觀世音菩薩普門品) 513

광덕(光德) 213
광명대범(光明大梵) 27
광명장엄(光明莊嚴) 534
광음천(光音天) 450, 459
광조장엄상(光照莊嚴相)보살 541
괴일체세간포외(壞一切世間怖畏) 255
교담미(憍曇彌) 342
교로만(交露幔) 44
교범바제(憍梵波提) 24
교신여(憍陳如) 280
교칠포(膠漆布) 93
교향(膠香) 490
구반다(鳩槃茶) 137, 500, 528, 544
구비다라(拘鞞陀羅) 453
구일체(救一切) 236
구족천만광상(具足千萬光相) 343
권지품(勸持品) 341
귀자모(鬼子母) 530
금강산(金剛山) 520
기야(祇夜) 83
긴나라(緊那羅) 340
긴나라왕(緊那羅王) 27
길자(吉蔗) 528

(ㄴ)

나라(那羅) 353

나라연(那羅延) 508
나무불(南無佛) 96
나제가섭(那提迦葉) 24, 280
나찰(羅刹) 463, 514, 528
나찰귀(羅刹鬼) 513
나한(羅漢) 346
난생(卵生) 435
난처(難處) 163
난타(難陀) 25
난타용왕(難陀龍王) 27
남바(藍婆) 530
넓고 긴 혀 479
네 가지 법 352, 374, 544
네 발 가진 것 436

(ㄷ)

다가라향(多伽羅香) 453
다라니(陀羅尼) 25, 337
다라니주(陀羅尼呪) 527
다라니품(陀羅尼品) 526, 533
다라수(多羅樹) 14, 426
다리가 많은 것 436
다마라발전단향(多摩羅跋栴檀香) 225, 227, 312
다마라발전단향신통(多摩羅跋栴檀香神通) 255
다마라발향(多摩羅跋香) 453
다발(多髮) 530
다타아가도(多陀阿伽度) 52, 119, 509, 534
단바라밀(檀波羅蜜) 419, 534

당(幢) 44
당번(幢幡) 222
대고왕(大高王) 539
대광(大光) 539
대덕(大德) 237
대력(大力)보살 26
대만(大滿)가루라왕 28
대목건련(大目犍連) 24, 216, 225, 226
대법(大法)긴나라왕 27
대보장엄(大寶莊嚴) 118
대비(大悲) 239
대사(大士) 38, 297
대상(大相) 229
대성(大成) 470
대신(大身)가루라왕 28
대요설(大樂說)보살 313, 314
대위덕(大威德)가루라왕 28
대위덕장(大威德藏)삼매 535
대인상(大人相) 504
대자재(大自在)천자 27
대자재천(大自在天) 101, 464, 510, 516
대장엄(大莊嚴) 213
대전륜왕(大轉輪王) 455, 461
대철위산(大鐵圍山) 316, 464, 496
대통지승(大通智勝) 229
덕장(德藏) 51
덕차가(德叉迦)용왕 27
도루바(兜樓婆) 491
도리천(忉利天) 26, 44, 232, 312, 408, 454, 547
도법(道法) 64
도사(導師) 191

도사(導師)보살 26
도솔천(兜率天) 412, 547
도일체세간고뇌(度一切世間苦惱) 255
도제(道諦) 48, 123, 154
도칠보화(蹈七寶華) 293
도향(塗香) 222, 498
두 가지 열반 258
두 지위 258
두려움을 없게 해주는 이 518
두타행(頭陀行) 329
둘째 친근할 곳 355
득근정진력(得勤精進力)보살 512
득대세(得大勢)보살 26, 470
등정각(等正覺) 224

(ㄹ)

라후(羅睺)아수라왕 28
라후라(羅睺羅) 25, 289, 342
리바다(離婆多) 24, 281

(ㅁ)

마나사(摩那斯)용왕 27
마노(碼碯) 35, 93
마왕(魔王) 116, 339
마하가섭(摩訶迦葉) 24, 169, 198, 213, 280
마하가전연(摩訶迦旃延) 24, 169, 216
마하구치라(摩訶拘絺羅) 25
마하만다라꽃 29, 50, 122, 413, 417, 453, 491

마하만수사꽃 29, 50, 453
마하목건련(摩訶目犍連) 169
마하목진린타산(摩訶目眞隣陀山) 317
마하파사파제(摩訶波闍波提) 25, 342
마후라가(摩睺羅伽) 29, 340
만다라꽃 29, 31, 50, 54, 122, 312, 413, 453, 458, 491
만수사꽃 29, 31, 50, 453, 458
만월(滿月)보살 26
말리화(末利華) 453, 498
말향(末香) 222, 498
민괴(玫瑰) 222
멸도(滅度) 52
멸제(滅諦) 48, 123, 154
명명새[命命] 449
명색(名色) 48, 252
명월천자(名月天子) 26
명행족(明行足) 47, 118, 199, 213, 274, 334, 470, 504
모양이 없는 것[無形] 435
모양이 있는 것[有形] 435
목진린타산(目眞鄰陀山) 316
묘광(妙光) 51
묘광보살 51, 57
묘법(妙法) 10, 243
묘법(妙法)긴나라왕 27
묘법연화경(妙法蓮華經) 14, 51, 118, 168, 253, 297, 303, 540
묘음(妙音) 504, 524
묘음변만(妙音遍滿) 290
묘음보살 506
묘음보살품(妙音菩薩品) 504

묘장엄(妙莊嚴) 534
묘장엄왕 535
묘장엄왕본사품(妙莊嚴王本事品) 534
무량력(無量力)보살 26
무량의(無量義) 49
무량의경(無量義經) 15, 53
무량의처삼매(無量義處三昧) 28
무루법(無漏法) 112, 187, 234
무루법성(無漏法性) 466
무명(無明) 48, 251, 262
무변행(無邊行) 382
무사지(無師智) 132
무상(無上) 35
무상사(無上士) 47
무생법인(無生法忍) 334, 412, 499, 512
무생인(無生忍) 334
무여열반(無餘涅槃) 51, 96
무염족(無厭足) 530
무진의(無盡意)보살 513
문수보살(文殊菩薩) 31, 45
문수사리법왕자(文殊師利法王子) 30, 507
문수사리법왕자보살 352, 506, 512
문수사리보살(文殊師利菩薩) 26, 31, 361
문지다라니(聞持陀羅尼) 412
미(美)건달바왕 27
미루산(彌樓山) 446
미륵(彌勒)보살 26
미륵보살마하살(彌勒菩薩摩訶薩) 46, 384, 393, 419, 434
미음(美音)건달바왕 27

미증유(未曾有) 16, 45, 65, 82, 111, 153, 170, 272, 318, 418, 495, 536
밀행(密行) 294

(ㅂ)

바라나(波羅奈) 103, 122
바라라화(波羅羅華) 453
바라문(婆羅門) 51, 117, 171, 246, 347, 361, 462, 510
바치(婆稚)아수라왕 28
박구라(薄拘羅) 24, 281
반열반(般涅槃) 30
발난타(跋難陀)용왕 27
발우 509
발이 없는 것 435
발타바라(跋陀婆羅) 26, 474
방편품(方便品) 12, 64
배우는 이와 다 배운 이[學無學] 125, 289, 294, 341
백천만억 선다라니 545
백호상(白毫相) 29, 31, 50, 504, 541
번(幡) 44, 418
번개(幡蓋) 94, 312, 414, 418, 498
번뇌마(煩惱魔) 370
범상(梵相) 255
범음(梵音) 33, 102, 524
범지(梵志) 114, 353
범천왕(梵天王) 27, 101, 122, 208, 232, 497, 510
범행(梵行) 48, 214
법(法)긴나라왕 27

찾아보기 — 555

법기(法器) 339
법륜(法輪) 25
법보(法寶) 104, 409
법복(法服) 37
법사(法師) 528
법사공덕품(法師功德品) 445
법사품(法師品) 11, 297
법음방편선다라니(法音方便旋陀羅尼) 545
법의(法意) 49
법인(法印) 155
법자(法子) 293
법장(法藏) 57, 133, 289
법화경 9, 57, 156, 263, 352, 434, 445, 487, 526
법화삼매 512, 538
벽지불(辟支佛) 34, 48, 64, 131, 254, 334, 366, 400, 448
변정천(遍淨天) 450, 459
보리(菩提) 330
보명(寶明) 275
보명(普明) 280
보살도 73, 121, 212, 226, 263, 281, 305, 313, 342, 366, 395, 402
보살마하살이 친근할 곳 353
보살마하살이 행할 곳 352
보살행 120, 276, 340, 359
보상(寶相) 294
보시(布施) 36, 49, 333, 419, 487
보월(寶月)보살 26
보위덕상왕불(寶威德上王佛) 543
보의(寶意) 49

보장(寶掌)보살 26
보적(寶積)보살 26
보현보살 544
보현보살권발품(普賢菩薩勸發品) 543, 550
본말(本末) 388
본사(本事) 82
본생(本生) 82
부단나(富單那) 528
부루나미다라니자(富樓那彌多羅尼子) 25, 272
부촉(付囑) 319, 486
분별공덕품(分別功德品) 412
불공(不共)삼매 505
불사(佛事) 537
불신(佛身) 339
불안(佛眼) 99
불자 35, 166, 177, 275, 464
불자(拂子) 171
불지(佛智) 132
불퇴륜(不退輪) 221
불퇴전(不退轉) 156, 209, 221, 344
불퇴지(不退智) 377, 392, 398, 415
불휴식(不休息)보살 26
비관(悲觀) 523
비다라(毘陀羅) 531
비람바(毘藍婆) 530
비리야(毘梨耶)바라밀 419, 534
비마질다라(毘摩質多羅)아수라왕 28
비사문(毘沙門) 516
비사문천왕(毘沙門天王) 호세자(護世者) 529

비사사(毘舍闍) 544
비유(譬喩) 83
비유품(譬喩品) 110
빈궁한 아들 171
빈바(頻婆) 541
빈바라(頻婆羅) 493

(ㅅ)

사가라(娑伽羅) 27
사갈라(娑竭羅) 335
사다함(斯多含) 436
사대천왕(四大天王) 26
사라수왕불(娑羅樹王佛) 539
사람인 듯 아닌 듯한 것 29, 50, 237, 240, 297, 479, 489, 510, 543, 550
사리불(舍利弗) 16, 24
사마(死魔) 370
사미(沙彌) 252
사바세계 46, 255, 315, 340, 380, 480, 489, 506, 518, 543
사부대중[四衆] 28, 32, 46, 122, 253, 273, 306, 313, 370, 414, 473, 518, 539
사불(思佛) 474
사슴 수레 127, 143
사자상(師子相) 255
사자월(師子月) 474
사자음(師子音) 255
사자좌(師子座) 144
사제화(闍提華) 453
사천왕(四天王) 101, 412

사천하(四天下) 413, 471
산왕(山王) 316
산해혜자재통왕(山海慧自在通王) 290, 291
산해혜자재통왕불 290
삼계(三界) 36, 129
삼계의 불타는 집 130, 148
삼매(三昧) 51, 65
삼먁삼불타(三藐三佛陀) 52, 119, 509, 534
삼십삼천(三十三天) 312, 454
삼전십이행(三轉十二行) 251,
삼천대천세계(三千大天世界) 274, 316, 339, 388, 400, 413, 445, 464, 496, 550
상립승번(常立勝幡) 290, 291
상멸(常滅) 255
상법(像法) 119, 213, 282, 471, 499
상불경(常不輕) 471
상불경보살 474
상불경보살품(常不輕菩薩品) 20, 470
상정진(常精進)보살 26, 445
상행(上行) 381, 481
상호(相好) 87
색(色) 123, 370, 465
생(生) 48, 252, 360, 435
생각이 없는 것 435
생각이 없지도 않은 것[非無想] 435
생각이 있지도 않은 것[非有想] 435
서원(誓願) 87
서품(序品) 11, 24
석범(釋梵) 417

찾아보기 — 557

석사자(釋師子) 61
석제환인(釋提桓因) 26
선근(善根) 383
선근력(善根力) 304
선다라니(旋陀羅尼) 412, 415, 545, 550
선서(善逝) 47
선의(善意) 49
선적력(善寂力) 473
선정 39, 65, 71, 86, 131, 151, 208, 254, 318, 426
선정(善淨) 275
선정(禪定) 38, 49, 56, 113, 419
선지식(善知識) 333, 540
선총지(旋總持) 415
성문(聲聞) 9, 17, 436
성문승 63, 132, 258
성주(聖主) 33, 59, 241
세 가지의 괴로움 176
세간음(世間音) 524
세간의 눈 249, 329
세간해(世間解) 47
셋째 진리 154
소 수레 127
소겁(小劫) 51
소등(酥燈) 424, 498
소전륜왕 455, 461
소천국토(小千國土) 413
소천세계 413, 416
소철위산 496
소향(燒香) 222, 498
손타라난타(孫陀羅難陀) 25
수(受) 48, 123, 252, 370

수(銖) 41
수기(授記) 46, 52
수기품(授記品) 213
수다라(修多羅) 82
수다원(須陀洹) 436
수만나화(須曼那華) 453
수미산(須彌山) 26, 316, 412, 496
수미상(須彌相) 255
수미정(須彌頂) 255
수보리(須菩提) 25
수왕(樹王) 44
수왕화보살 489, 496, 501, 506
수학무학인기품(授學無學人記品) 11, 289
수희공덕품(隨喜功德品) 434
습생(濕生) 435
승보(僧寶) 104, 409
시기(尸棄) 247
시기대범(尸棄大梵) 27
시라(尸羅)바라밀 419, 534
시주(施主) 487
식(識) 48, 123, 251, 370
신력(信力) 304
신발의보살(新發意菩薩) 394
신통유희(神通遊戲)삼매 505
신해품(信解品) 169
실상(實相) 16, 336, 378
실상인(實相印) 87

(ㅇ)

아가니타천(阿迦膩吒天) 30

아귀 33, 88, 130, 136, 223, 316, 435, 449, 490, 510, 523
아나파달다(阿那婆達多)용왕 27
아나함(阿那舍) 436
아난(阿難) 25
아뇩다라삼먁삼보리(阿耨多羅三藐三菩提) 25, 49, 80, 110, 122, 169, 231, 289, 368, 413, 470, 525, 549
아누루타(阿㝹樓馱) 24, 281
아라하(阿羅訶) 52, 509
아라한(阿羅漢) 24, 346, 436
아련야(阿練若) 346
아미타(阿彌陀) 255
아발마라(阿跋摩羅) 531
아비발치(阿鞞跋致) 156
아비지옥(阿鼻地獄) 30, 445
아사(阿私) 331
아사세왕(阿闍世王) 28
아수라 28, 33, 58, 74, 122, 199, 223, 248, 289, 297, 312, 376, 408, 448, 543
아수라왕(阿修羅王) 28
아야교진여(阿若憍陳如) 28
아제목다가 429
아직 배우는 이와 다 배운 이 25, 294
아촉(阿閦) 255
아촉바(阿閦婆) 493
안락행품(安樂行品) 352
안립행(安立行) 382
애(愛) 252
야간(野干) 135
야수다라(耶輸陀羅) 25

야차 29, 50, 115, 297, 312, 461, 479, 489, 510, 543
야차길자(夜叉吉蔗) 531
약상(藥上)보살 506, 541
약왕(藥王)보살 26, 297, 341, 489, 541
약왕보살본사품(藥王菩薩本事品) 489
약초유품(藥草喩品) 198
양 수레 127, 143
양족존(兩足尊) 72
여덟 왕자 49, 52
여래수량품(如來壽量品) 16, 399
여래신력품(如來神力品) 11, 479
여섯 가지로 진동 29, 50, 236, 340, 480, 508
여의(如意)가루라왕 28
연각 17, 130, 208, 276, 420
연각법[緣覺] 34, 70
연등불(燃燈佛) 18, 60, 401
열반 18, 51, 80, 114, 208, 319, 401, 479, 494
염부나제금광(閻浮那提金光) 223
염부단금(閻浮檀金) 425, 506
염부제(閻浮提) 436, 471, 491, 500
영취산 24, 335, 407
오마륵가(烏摩勒伽) 531
오백제자수기품(五百弟子受記品) 272
오종불남(五種不男) 354
왕사성(王舍城) 24, 335
외도(外道) 168, 535
요설변재력(樂說辯才力) 473
용시(勇施)보살 26, 506, 528
우두전단(牛頭栴檀) 194

우루빈라가섭(優樓頻螺迦葉) 24, 280
우바새(優婆塞) 28, 47
우바이(優婆夷) 28, 29
우바제사(優婆提舍) 83
우발라(優鉢羅)용왕 27
우타이(優陀夷) 281
운뢰음수왕화지(雲雷宿王華智) 534
운뢰음수왕화지불 536, 540
운자재(雲自在) 255
운자재등왕불(雲自在燈王佛) 473
운자재왕(雲自在王) 255
월광(月光)보살 26
월삼계(越三界)보살 26
위음왕(威音王) 470
위제희(韋提希) 28
위타라(韋陀羅) 544
유(有) 48, 201, 225, 252
유리 55, 92, 118, 146, 170, 213, 290, 312, 369, 464, 513
유여열반(有餘涅槃) 51, 191
유의(有意) 49
유정천(有頂天) 30, 37, 445
육계(肉髻) 504
응공(應供) 24, 47, 437
의근(意根) 445, 466
의락(意樂) 225
이구(離垢) 118, 120
이근(耳根) 448, 452
이쇠(離衰) 470
이승 18, 79
이제악취삼매(離諸惡趣三昧) 538
이천중국토(二千中國土) 413

인간 아닌 것[非人] 340
인길자(人吉蔗) 531
인연(因緣) 83
인욕(忍辱) 40, 306, 419
일대사인연(一大事因緣) 17, 77
일선(日旋)삼매 505
일성수(日星宿)삼매 535
일월등명(日月燈明) 47, 473
일월등명불 50
일체정공덕장엄삼매(一切淨功德莊嚴三昧) 540
일체종지(一切種智) 49, 78, 200, 366, 424
일체중생희견불(一切衆生喜見佛) 342
일체중생희견(一切衆生喜見)보살 493
일체지(一切智) 132, 269, 284, 416
일체지지(一切智地) 198

(ㅈ)

자관(慈觀) 523
자비 26, 72, 208, 363, 486, 523, 548
자비희사(慈悲喜捨) 333
자연지(自然智) 132, 300
자재(自在)천자 27
자재천(自在天) 101, 412, 464, 510
잘난 체하는 이 40
장엄왕(莊嚴王)삼매 505
장자(長子) 293
장장엄(長莊嚴)삼매 535
전다라(旃茶羅) 353, 355
전단(栴檀) 41

전륜성왕(轉輪聖王) 25, 29, 462, 516
전에 없던 일 29, 110, 313
정광(淨光)삼매 535
정광명(淨光明)삼매 505
정광장엄(淨光莊嚴) 504
정덕(淨德) 534
정덕(淨德)삼매 505
정덕부인 538, 541
정덕왕(淨德王) 492
정법(正法) 119, 213, 282, 471, 499
정변지(正遍知) 47
정삼매(淨三昧) 535
정색(淨色)삼매 535
정신(淨身) 다타아가도(多陀阿伽度) 52 아라하(阿羅訶)·삼먁삼불타(三藐三佛陀) 52, 509
정안(淨眼) 534
정장(淨藏) 534
정장(淨藏)삼매 505
정정취(正定聚) 544
정조명(淨照明)삼매.535
정행(淨行) 48, 114, 382
제바달다(提婆達多) 20, 333, 532
제바달다품(提婆達多品) 12, 330, 335
제불집삼매(諸佛集三昧) 538
제상(帝相) 255
제석(帝釋) 339
제석천 26, 101, 208, 316, 417, 438, 497
제의의(除疑意) 49
조달(調達) 333, 532
조어장부(調御丈夫) 47

종성(種性) 272
종지용출품(從地踊出品) 380
중성(中性) 457
중천세계 413, 415
증개(繒蓋) 222, 225, 298, 424
증상만(增上慢) 40, 75
증의(增意) 49
지견(知見) 77, 253
지국천왕(持國天王) 529
지법(地法)긴나라왕 27
지영락(持瓔珞) 530
지옥 30, 40, 88, 163, 223, 316, 435, 449, 465, 510, 523
지원력(志願力) 304
지인(智印)삼매 505
지적(智積) 232, 335
지지(持地)보살 525
지혜관(智慧觀) 523
진관(眞觀) 523
집금강신(執金剛神) 517
집일체공덕(集一切功德)삼매 505

(ㅊ)

찬제(羼提)바라밀 419, 534
찰리(刹利) 171
찰제리 171, 175, 185
채녀(婇女) 547
천대장군(天大將軍) 516
천도(天道) 334
천룡팔부(天龍八部) 340
천상 26, 33, 106, 115, 205, 299, 335,

431, 516, 431
천안(天眼) 216, 447
천왕(天王) 334
천이(天耳) 448, 452
천인(天人) 58
천인사(天人師) 47
천자(千子) 462
천자(天子) 26, 496
천중왕(天中王) 241
천중천(天中天) 60
철위산(鐵圍山) 316, 520
첨복 429, 491
첨복화(瞻葡華) 453
첫째 친근할 곳 354
청신녀 477
청신사 477
청정관(淸淨觀) 523
촉(觸) 48, 252
촉루품(囑累品) 486
축생 33, 88, 130, 159, 223, 316, 335, 435, 465, 490, 510, 523
취(取) 48, 252

(ㅌ)

탈일체중생정기(奪一切衆生精氣) 530
탑(塔) 12, 43
태생(胎生) 435
토산(土山) 496

(ㅍ)

파리 55, 92, 170
파리질다라(波利質多羅) 44, 453
파순(波旬) 116
표찰(表刹) 226, 428, 494
피안(彼岸) 26
필력가(畢力迦) 491
필릉가바차(畢陵伽婆蹉) 24

(ㅎ)

한 해탈[一解脫] 71
해일체중생어언다라니(解一切衆生語言陀羅尼) 493, 501
해일체중생어언(解一切衆生語言)삼매 505
해조음(海潮音) 524
해차안(海此岸)의 전단향(栴檀香) 491
해차안의 전단향 492, 494
행(行) 48, 123, 251, 370, 546
향의(響意) 49
허공주(虛空住) 255
현겁(賢劫) 274
현일체색신삼매(現一切色身三昧) 490, 512
혜거(慧炬)삼매 505
혜명(慧命) 169
호성(好城) 229
화광여래 118
화덕(華德)보살 509
화생(化生) 111, 274, 435, 492

화성유품(化城喩品) 12, 229
화수길(和修吉)용왕 27
화신불 19, 322
화족안행(華足安行) 119
화치(華齒) 530
환희국(歡喜國) 255
회향(廻向) 36
훈륙(薰陸) 491
흑산(黑山) 496
흑치(黑齒) 530
희만(喜滿) 225

(기타)

1불승(佛乘) 17, 78
1세계 412
2승(乘) 17, 78, 258, 505
3독(毒) 129, 276
3명(明) 150, 208, 252, 275, 440
3승(乘) 70, 85, 118, 131, 258
3악도(惡道) 88, 242
4무량(無量) 64
4무소외(無所畏) 65
4무애 277
4무애변(無礙辯) 65, 273
4무애지(無礙智) 273, 275
4생 413, 435
4섭법(攝法) 333
4제(諦) 123, 154, 251, 261
4제법(諦法) 48, 470
5비구 103
5신통(神通) 38, 496

5욕락 100, 178, 331, 356, 548
5음마(陰魔) 370
5정(情) 508
5중(衆) 123
5탁악세(濁惡世) 79
6근(根) 48, 252, 445, 448
6도 435
6도 중생 99
6바라밀(婆羅蜜) 48, 61, 263, 330, 470
6신통(神通) 150
6취(趣) 435
6통(通) 252, 275
7보탑 30, 226, 275, 312,, 334, 381, 414, 509
8생 413, 416
8해탈(解脫) 65, 221, 275, 437
9방(方) 414
10력(力) 65, 112, 269
10보산(寶山) 496
10호(號) 49
12부경(部經) 326
12인연(因緣) 251
12인연법(因緣法) 48
18불공법(不共法) 113, 333
37조도법(助道法) 534
62견(見) 89
80종호 333, 338, 340

묘법연화경

1990년 6월 20일 초　판　1쇄 발행
2024년 7월 17일 개정판 10쇄 발행

옮긴이　이운허
펴낸이　정묵

발행인　박기련
발행처　동국역경원

출판등록　제1964-000001호
주소　04626 서울시 중구 퇴계로36길2 신관1층 105호
전화　02-2264-4714
팩스　02-2268-7851
Homepage　http://dgpress.dongguk.edu
E-mail　abook@jeongjincorp.com

편집디자인　나라연
인쇄처　신도인쇄

ISBN 978-89-5590-996-8 (03220)

값 20,000원

이 책의 무단 전재나 복제 행위는 저작권법 제98조에 따라 처벌받게 됩니다.